龍神のコード《暗号》

太陽のライン《聖軸》が告げる日本の深層

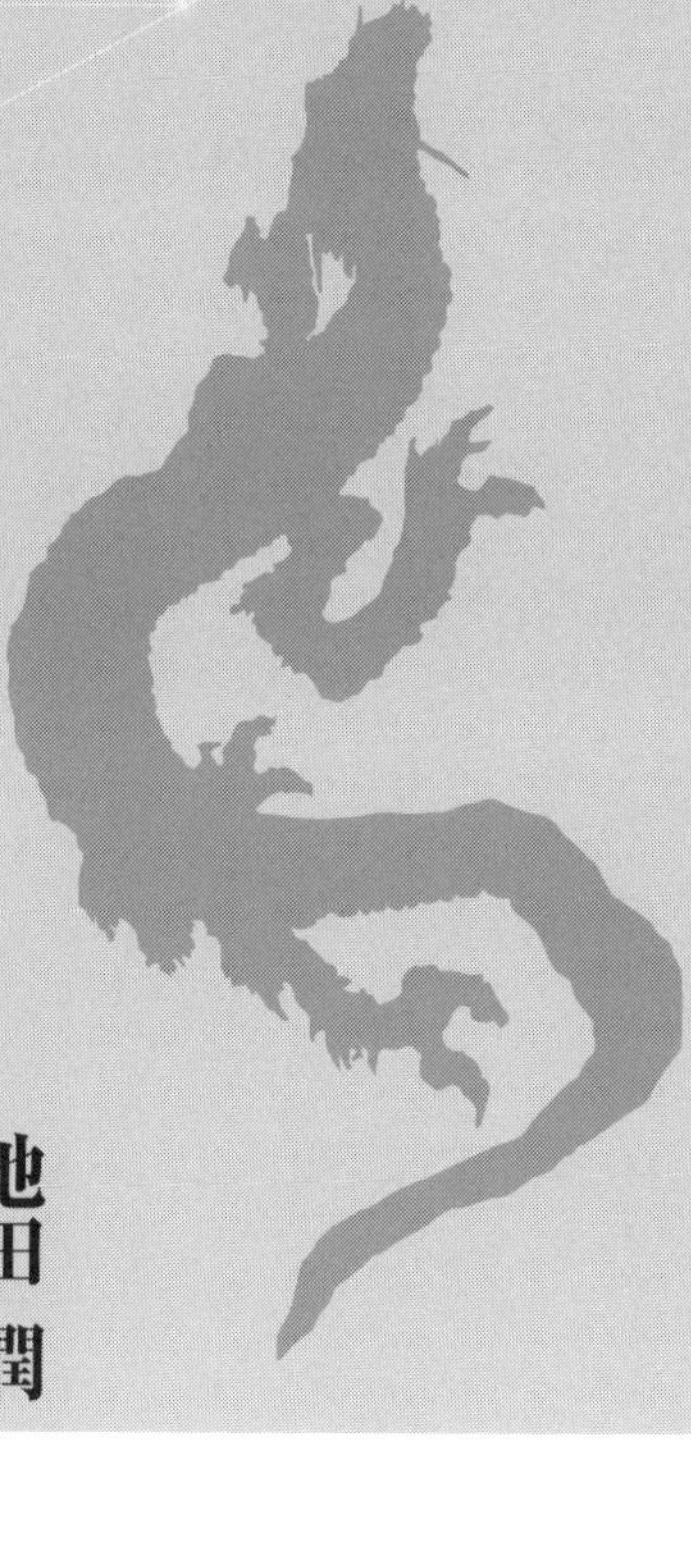

池田潤

戎光祥出版

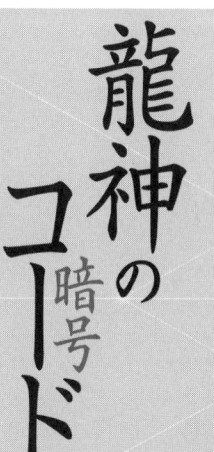

目次

第二章　宇迦之御魂の正体

第三章　スサノオの原像

プロローグ

暮れも押し迫った一九八七年十二月二十二日の夕暮れ間近、僕は大和盆地の南に位置する近鉄大和八木駅からタクシーに乗り込み、一路、東へと向かっていた。目指す場所は大和の三輪山麓にある大神《おおみわ》神社だった。

太陽はすでに西の空低くへと傾きかけていた。正面のフロントガラス越しに近づく山並みをじっと見つめていた僕は、時おり後方を振り返り、背後にある太陽の位置を確かめた。太陽が山の端に隠れるまでにはもう少しだけ時間があるようだった。山際に迫る夕日から発せられた冬のまばゆい光が車内を満たしていた。

その日、僕は大学を卒業してから八年近く勤めていた建設会社を辞めた。その会社では東京で四年余りを過ごした後に大阪に転勤となり、建築技術関係の業務に携わっていた。当日は昼間のうちにお世話になった人々に最後の御礼を伝え、退社のための事務手続きなどを済ませていた。予定では当日深夜の夜行列車で大阪を発ち、再び、新しい仕事場が待つ東京に向かうつもりだった。

この節目となる日は偶然にも冬至にあたっていた。そのことに気付いた僕は、夕方から夜にかけて少しばかり時間の余裕があったこともあり、当時よく通っていた大和に向かい、そこで沈みゆく最後の夕日を眺めようと急に思い立ったのだ。それには、古代からの大和の聖山である三輪山あたりから望むのが、最もふさわしいように思われた。三輪山の麓から眺める冬至の太陽は、西南西方向に位置する葛城山の山頂付近へと沈んでいくはずだった。

そのためには、太陽が沈んでしまう前に、何としても目的の場所にたどり着く必要があった。

この節目となる日の日没風景を、どうしても大和の聖なる山である三輪山の麓で、自身の目に焼き付けておかなければならないという思いが、僕の心を無性に駆り立てていた。

冬の夕暮れは早く、大神《おおみわ》神社の鳥居をくぐる時にはもう薄闇が迫ってきていた。神社の境内は人影がまばらで、静けさの漂う木陰はすでに暗がりに覆われ始めていた。僕は見晴らしのきく広がりのあるほうへと急いで向かっていった。

三輪山の麓から見る大和の夕暮れの景色は、穏やかで美しかった。淡い夕闇の中に溶け込んでいく大和盆地の中に、畝傍山や耳成山といった山々の起伏が所々影を成し、そのはるか先に当麻や葛城の山々が稜線を際立たせていた。古代から延々とつながってきた時間が、あたり一面に滲《にじ》み出してきているような気がした。

そして間もなく、赤く輝く太陽が低く転がりこむように葛城山の稜線の向こうへと滑り込み、静かに姿を消していった。葛城山のずっと手前には、大和盆地の中に、畝傍山がこんもりとその姿を浮かび上がらせていた。印象的な冬の太陽は、ちょうど前後に立ち並ぶその二つの山の突起が指し示す方向へと沈んでいったのだ。

夕日が沈んでいった後も僕はその場に立ち尽くし、しばらくの間、広大な夕暮れの風景の中に身を委ねながら、二十代後半を過ごした大阪での思い出を振り返っていた。

大阪に転勤してきた当初は知り合いがまだあまりいなかったこともあり、古い建物のスケッチをしながら週末の京都や奈良を一人で歩き回ることが多かった。昔ながらの街並みの残る古都にも、方々で巨大な建物が建ち始めていた。世の中全体がバブル景気で浮き立ち始めようとしていた時代でもあった。

ちょうどその頃、仕事帰りの大阪梅田の書店で一冊の古代史の本に出合った。『知られざる古代』というタイトルのハードカバーの本だった。著者は当時NHKのチーフディレクターをされていた水谷慶一氏で、その何年か前にNHKのドキュメンタリー番組で同名の番組を見た記憶があり、引き込まれるようにして一気に読んだ。

『知られざる古代』は本のサブタイトルに「謎の北緯34度32分をゆく」と記されていた。北緯34度32分とは大和の三輪山が位置する緯度線である。この本は三輪山を中心とした東西同緯度線上に古代の聖地が並ぶという「発見」をドキュメンタリータッチで追いかけた異色の古代史本だった。

三輪山の真東には長谷寺や室生寺などの古刹が並び、そのはるか東の伊勢には伊勢神宮を祭祀する斎王の宮所である斎宮《いつきのみや》が位置している。また、三輪山の西側をたどって行くと多神社《おおじんじゃ》や二上山を越え大阪湾に面する大鳥神社に至り、さらには淡路島にあるもう一つの伊勢である伊勢の森に至る。それは三輪山を中心にして東西に相対する二つの伊勢を結びつける古代史ミステリーとも呼ぶべき驚くべき内容の本だった。

水谷氏はこの書の中で、三輪山を中心にして東西に並ぶ歴史の痕跡直線を「太陽の道」と呼んでいた。東西を走る「太陽の道」とは、春分や秋分という彼岸の中日に、太陽が昇り沈みする方位を結ぶシンボリックな道である。暦を分けるこれらの節目の日には、三輪山山頂から望む朝日は真東に位置する伊勢の斎宮の方角から昇り、夕日は西の海に浮かぶ淡路島のもう一つの伊勢の方角へと沈んでいく。

この『知られざる古代』には、その著作のきっかけとなった写真家小川光三氏の著書『大和の原像』についても紹介されており、その本も急いで買い求めた。「太陽の道」が小川氏の命名によるものであることもこの時知った。写真家として立体造形を追いかける小川氏の視点は、建築を目指していた僕自身の感覚にもよく通じ合う部分があった。

これら二冊の本によって、そのころ実際に歩き始めていた大和の風景が、書物の中で繰り広げられる歴史と共に現実味を帯びながら自分自身の中で重なり合っていった。そして、僕の脳裏を「太陽の道」が一筋の輝きとなって照射し始めていったのだった。

それからというもの、まるで何かに取り憑かれたかのように、毎週末、大和通いを続けた。当時、勤務先の会社は大阪市内の西区西本町にあったのだが、土曜日午前中の仕事を終えると一目散に地下鉄で難波へと向かい、そこから近鉄に乗り換えて大和を目指した。土曜日の午後と日曜日の終日は、これら二冊の本と共に国土地理院発行の詳細地図を抱えながら、ほとんど全ての時間を大和やその周辺地域を歩くことに費やした。

それまで、僕にとっての歴史というものは、仕事の分野でもあった建築という一要素を通して見ることが比較的多かった。しかし、大和周辺で過ごしたこの数年間の週末の時間は、そういった一部分に偏りがちだった自分自身の歴史観が、地平を切り開くようにして一気に広がっていくための貴重な時間となった。それは歴史という時間と、「太陽の道」を道しるべにしながら歩いた空間とが、現実のものとして一体化していく不思議な体験であったようにも思う。

三輪山の麓で関西最後の夕べを迎えようと思ったのは、そんな数年間のいきさつの結末でもあった。しかも、その日の夕暮れは冬至の夕日という特別な太陽が幽《かく》れゆく時間とも重なっていた。冬至の太陽とは最も力が衰弱した極みにあるが、同時に、翌日から昇り始める新たな太陽の再生へとつながる希望の光を放つ。

東京では年明けから、ある建築家のアトリエで働くことになっていた。その新しい仕事に就く前に、古代から続くこの大和の冬至の日没の風景を自分の目にしっかりと焼き付けておきたかった。

拙著『古事記のコード（暗号）――太陽のライン（聖軸）と隠された古代地図』を出版してから五年近くの歳月が経った。おかげさまで多くの方々に読んでいただくことができ、貴重なご意見なども賜ることができた。前著では主に神代《かみよ》の時代の神話や物語を中心としながら、『古事記』や『日本書紀』に記された地名や聖地の謎を追いかけていった。その結果、古代においてこの列島全域にわたって張り巡らされていた「太陽の道」のネットワークの一端をあぶり出していくことができたように思う。

本書では、もう少し時代を下り、大和王権の実質的な曙の時代とも考えられる崇神《すじん》朝から垂仁《すいにん》朝にかけての時代にスポットを当てながら、太陽信仰と重なり合うもう一つの原始信仰である水の信仰についても読み解いていきたいと思っている。

また、『古事記』や『日本書紀』などに描かれる古代神話がいかなる意図のもとに構成されてきたのか、その真意についても迫ってみたい。そこからは古代権力がいったい何を抹消し、何を創造してきたかということを含めて、より深い複雑な歴史の綾が浮かび上がってくるはずである。

そういう意味では、前著『古事記のコード（暗号）』の続編として読んでいただけるとありがたい。

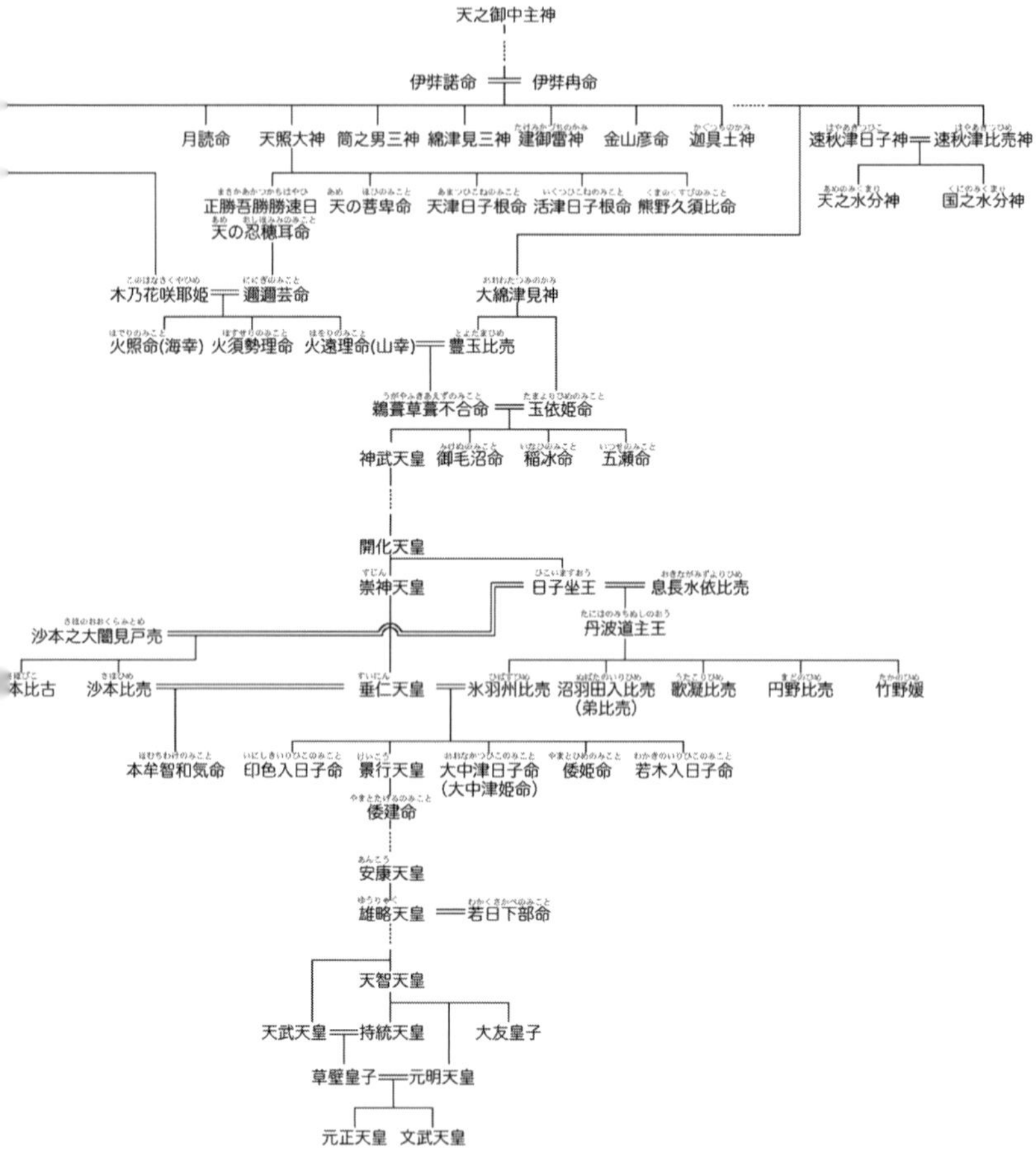

天之御中主神
伊弉諾命
伊弉冉命
月読命
天照大神
筒之男三神
綿津見三神
建御雷神《たけみかづちのかみ》
金山彦命
迦具土神《かぐつちのかみ》
速秋津日子神《はやあきつひこ》
速秋津比売神《はやあきつひめ》
天之水分神《あめのみくまり》
国之水分神《くにのみくまり》
正勝吾勝勝速日《まさかあかつかちはやひ》
天の忍穂耳命《あめおしほみみのみこと》
天の菩卑命《あめほひのみこと》
天津日子根命《あまつひこねのみこと》
活津日子根命《いくつひこねのみこと》
熊野久須比命《くまのくすびのみこと》
木乃花咲耶姫《このはなさくやひめ》
邇邇芸命《ににぎのみこと》
大綿津見神《おおわたつみのかみ》
火照命《ほでりのみこと》(海幸)
火須勢理命《ほすせりのみこと》
火遠理命《ほをりのみこと》(山幸)
豊玉比売《とよたまひめ》
鵜葺草葺不合命《うがやふきあえずのみこと》
玉依姫命《たまよりひめのみこと》
神武天皇
御毛沼命《みけぬのみこと》
稲氷命《いなひのみこと》
五瀬命《いつせのみこと》
開化天皇
崇神天皇《すじん》
日子坐王《ひこいますおう》
息長水依比売《おきながみずよりひめ》
沙本之大闇見戸売《さほのおおくらみとめ》
丹波道主王《たにはのみちぬしのおう》
本比古
沙本比売《さほひめ》
垂仁天皇《すいにん》
氷羽州比売《ひばすひめ》
沼羽田入比売《ぬばたのいりひめ》
(弟比売)
歌凝比売《うたこりひめ》
円野比売《まどのひめ》
竹野媛《たかのひめ》
本牟智和気命《ほむちわけのみこと》
印色入日子命《いにしきいりひこのみこと》
景行天皇《けいこう》
大中津日子命《おおなかつひこのみこと》
(大中津姫命)
倭姫命《やまとひめのみこと》
若木入日子命《わかきのいりひこのみこと》
倭建命《やまとたけるのみこと》
安康天皇《あんこう》
雄略天皇《ゆうりゃく》
若日下部命《わかくさかべのみこと》
天智天皇
天武天皇
持統天皇
大友皇子
草壁皇子
元明天皇
元正天皇
文武天皇

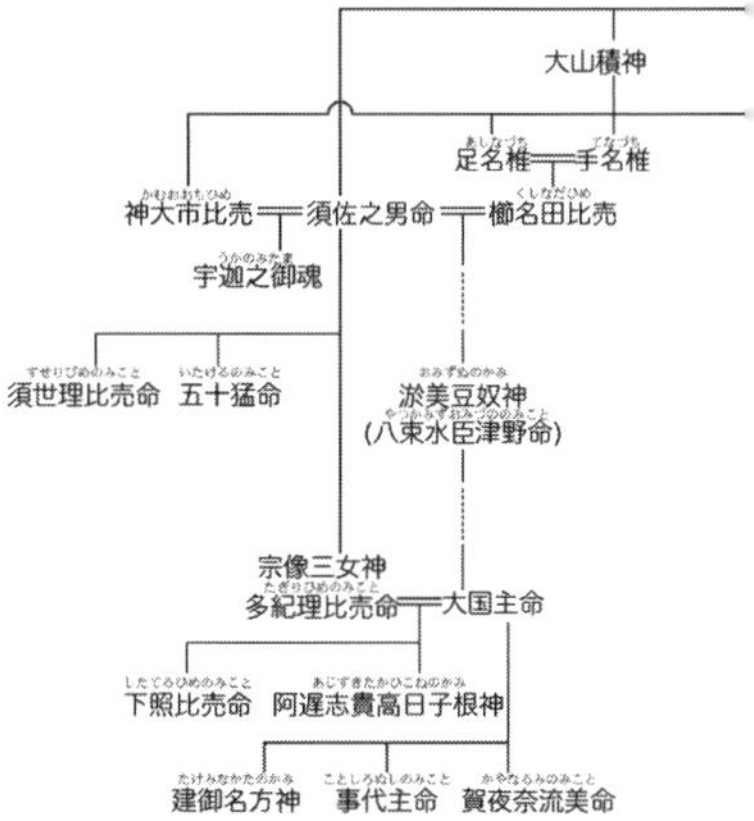
大山積神
足名椎《あしなづち》
手名椎《てなづち》
神大市比売《かむおおいちひめ》
須佐之男命
櫛名田比売《くしなだひめ》
宇迦之御魂《うかのみたま》
須世理比売命《すせりびめのみこと》
五十猛命《いたけるのみこと》
淤美豆奴神《おみずぬのかみ》
(八東水臣津野命《やつかみずおみづののみこと》)
宗像三女神
多紀理比売命《たぎりひめのみこと》
大国主命
下照比売命《したてるひめのみこと》
阿遅志貴高日子根神《あじすきたかひこねのかみ》
建御名方神《たけみなかたのかみ》
事代主命《ことしろぬしのみこと》
賀夜奈流美命《かやなるみのみこと》

‖ 神々の系譜 ‖

第一章

埋められた龍神

1 三輪山《みわやま》の神

蛇神神話

大和の三輪山には蛇の神様が棲んでいる。これはとても有名な話だ。三輪山に関わる数々の神話にもそのことが伝えられてきた。例えば、『日本書紀』崇神《すじん》天皇一〇年九月の条には次のような記事が載っている。

倭迹迹日百襲姫命《やまとととびももそひめのみこと》は三輪山の神である大物主神《おおものぬしのかみ》の妻となった。しかし、その夫神は昼間には一切姿を見せず、夜にしかやってこなかった。姫命《ひめみこ》はそのことを悲しみ、朝まで一緒に過ごして一度その顔を見たいと懇願した。すると大物主神《おおものぬしのかみ》はその願いを聞き入れ、翌朝、姫命の櫛箱《くしばこ》の中に入っていようと答えた。次の朝、姫命《ひめみこ》が櫛箱を開けてみると、そこには衣紐《したひも》ほどの大きさの小蛇が入っていた。それを見た姫命《ひめみこ》が驚いて声を発すると、恥をかかせられたことにがまんできなくなったその蛇神は、人の姿に変身し恨み言を述べながら三輪山に戻っていってしまった。そのことを悔いた姫命《ひめみこ》は、思わず尻餅をついたときに箸が陰部に撞《つ》き刺さり亡くなってしまった。そのために姫命《ひめみこ》が葬られた墓を箸墓《はしはか》と名付けたという。

この神話に登場する倭迹迹日百襲姫命《やまとととびももそひめのみこと》は孝霊天皇（もしくは孝元天皇）の娘で、三輪山の西麓にある箸墓古墳に埋葬されている人物であると言われている。箸墓古墳は元々周囲に濠状の池を巡らせた前方後円墳で、これを邪馬台国の女王卑弥呼の墓とする説もある。ここに記した神話によれば、三輪山の神である大物主神の姿を知らぬままその妻となった倭迹迹日百襲姫命《やまとととびももそひめのみこと》は、夫神が蛇であったことを知った時、驚きのあまり尻餅をつき、その際に箸が陰部に突き刺さり亡くなってしまったと書かれている。

三輪山に隠れ棲む蛇神とその妻となる人間との間の、成就できない交わりの様子が倭迹迹日《やまとととび》百襲姫命《ももそひめのみこと》の死という形で神話化され、現実世界の中で大和にそびえる三輪山とその麓に祀られる箸墓という構図の光景に投影される。それは神の領域でもある三輪山と人の領域である山里との、近くて遠い関係を示唆する物語でもある。里に住む人々は神の山である三輪山を間近に仰ぎ見ながら、そこに偉大な霊力を持つ神としての蛇神の姿を重ね合わせてきた。

また、同じく『日本書紀』雄略天皇七年七月三日の記事にも三輪山に祀られる神が蛇であったことを示す次のような記述がある。

雄略天皇は家臣である少子部連蜾蠃《ちいさこべのむらじすがる》に三輪山の神の姿を一度見てみたいので捉えてくるように命じた。するとその家臣は三輪山に登って大蛇を捕まえてきた。大蛇は雷《いかづち》のような音を立て、眼《まなこ》は光り輝いていた。天皇は畏れ入って自分の目を覆い隠し、その姿を見ずに殿中に引きこもってしまった。そのために大蛇は再び三輪山に放された。そのようなことがあったので、少子部連蜾蠃《ちいさこべのむらじすがる》に雷《いかづち》という名が与えられた。

この少子部連蜾蠃《ちいさこべのむらじすがる》に関わる三輪山の神話では、三輪山の神の正体が白日の下にさらけ出された時、その蛇神は驚くべき威光を放ちながら雄略天皇に相対したとある。

雄略天皇と言えば、皇位につく前に二人の兄たちを殺害し、さらには有力な皇位継承者であった市の辺《いちのべ》の押歯王《おしはのおう》をも殺害したという猛々しい人物として知られている。その他にも数々の武勇伝を残してきた雄略天皇ではあったが、その天皇でさえも、三輪山に棲む蛇神の霊力には耐えることができず、すごすごと奥に引き下がり隠れてしまったと、この神話は伝えている。

このことからも、三輪山に棲む蛇神が人々にいかに恐れられていた存在であったかがよくわかる。雄略天皇の瞳を射抜いた大蛇の眼《まなこ》は、鋭く光り輝きながら、あらゆるものにも勝る不気味な威力を持ち合わせていたのだろう。

三輪山のように古代から信仰の対象とされてきた円錐状の美しい山は神南備山《かんなびやま》とも呼ばれてきた。神南備山《かんなびやま》は神々が舞い降りる聖なる山でもあったが、同時に古代の人々はその均整の取れた山の形に蛇がとぐろを巻いた姿をイメージ化し、蛇神として重ね合わせてきたのだ。さらに、神《かん》奈備山《なびやま》の「なび」とは蛇のことを表すという説もある。いずれにしても、三輪山と蛇神は様々な観点から一体のイメージとして結びつけられてきた。

しかも、このように古代の人々が蛇を聖なるものとして恐れ祀ってきたのは、何もこれらの神話に描かれた時代に限られたことではない。ここに挙げた神話の時代から数千年前へと遡る縄文時代早期に作られた縄文土器には、すでに蛇の姿が明瞭に象られている。蛇をモチーフとした装飾は、蛇紋や蛇の目紋などの多様な展開を繰り広げながら、その後に作られた土器や土偶などの主要な装飾要素となっていった。

また、神社各所に飾られている注連縄《しめなわ》も、本来は蛇体が絡み合う姿を表象化したものであると言われている。これもはるか彼方の時代から続く人々の蛇神信仰が、洗練されたデザインとなって後の世に残されてきた物の一例だろう。これらのことからもわかるように、三輪山に棲む蛇神の神話も数千年もの時間の積み重ねの中で築き上げられ、語り継がれてきた歴史の痕跡であったと言えよう。

三輪山と太陽信仰

そして、もう一つ、数千年以上にもわたる原始的な信仰の痕跡がこの山に隠されている。それが冒頭に紹介した「太陽の道」にもつながる太陽信仰だ。三輪山の山頂や山麓には古代の祭祀跡と考えられる磐座《いわくら》が多数存在しているが、かつて三輪山山頂の「神の峰《こう》」と称された場所には、日向《ひむかい》神社と称される神社が祀られていた。現在、日向《ひむかい》神社は三輪山の山麓に遷座されているが、その名が示すように、古代においては、この山頂で朝日・夕日に向かっての祭祀が行われていた。春
【図1】に三輪山山頂から望む春分・秋分の日の出、日没の様子をシミュレーションした。春分及び秋分の日の早朝、三輪山山頂に立つと、朝日は真東の方向に位置する奈良県と三重県の県境をなす高見山地の倶留尊山《くろそやま》の山頂付近から昇ってくる。その太陽が昇る山頂のはるか真東には、

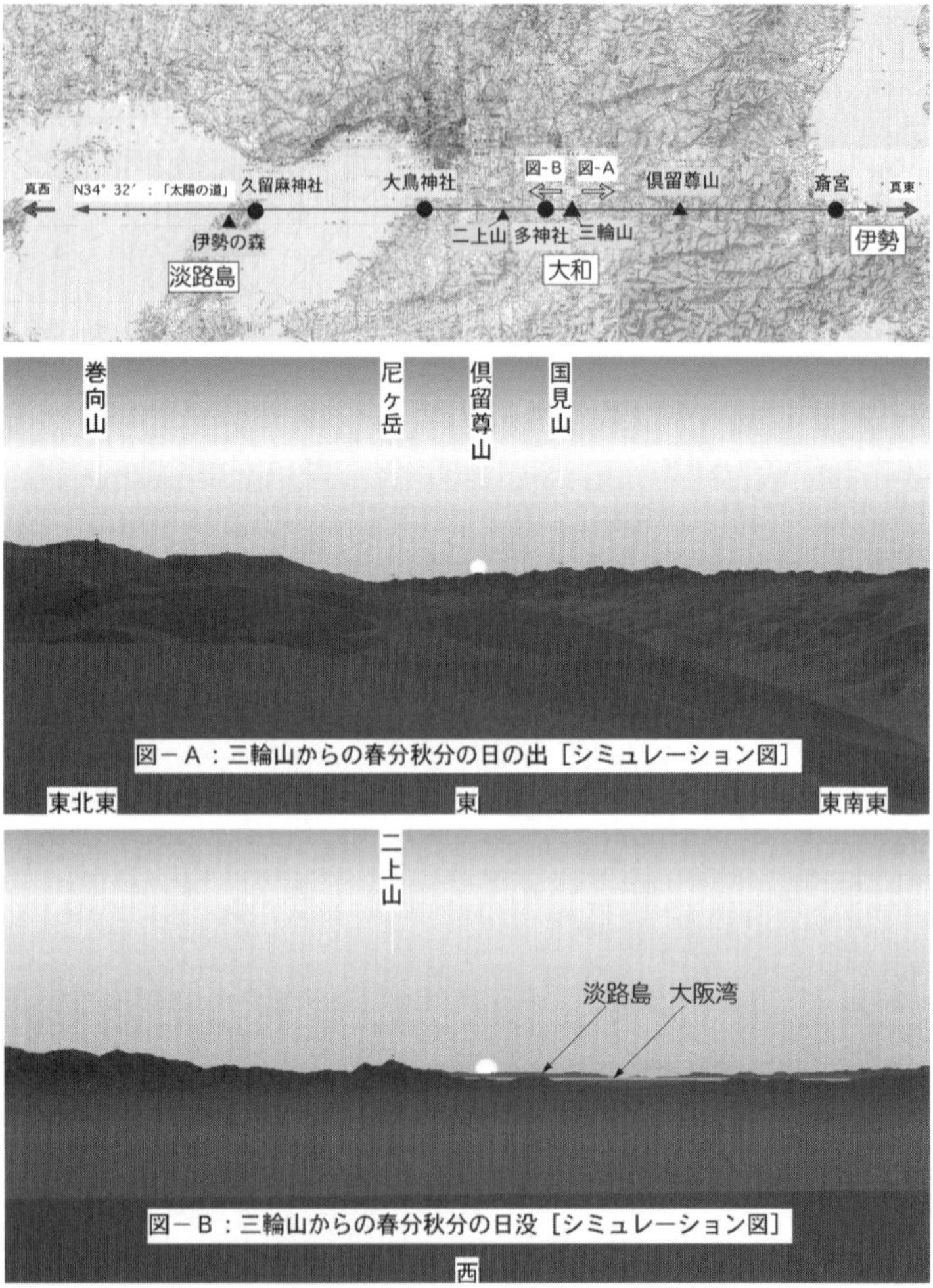

【図１】 三輪山からの風景〔シミュレーション図〕 三輪山の真東に「伊勢の斎宮」が位置し、真西に淡路島の「伊勢の森」が位置する。春分・秋分の日に三輪山山頂から真東を望むと朝日は倶留尊山から昇る。また、夕暮れ時に真西の方向を望むと、二上山を越えた大阪湾の向こう側に淡路島が浮かぶのが直に見え、太陽はその先へと沈んでいく。

伊勢が位置している。

また、その日の夕方、真西の方向を望むと、奈良と大阪の境をなす二上山を越えたはるか向こう側の大阪湾に淡路島が浮かぶのが直に見え、太陽はその先へと沈んでいく。淡路島は『日本書紀』神代紀によれば、伊弉諾尊《いざなぎのみこと》と伊弉冉尊《いざなみのみこと》が最初に国生みをした島であり、その伊弉諾尊《いざなぎのみこと》が亡くなる時に幽宮《かくりのみや》を築き葬られた場所でもある。また、『古事記』仁徳天皇条では、朝夕、枯野という船で難波宮から淡路島まで海を渡って清水を汲みに行ったと伝えている。三輪山山頂から眺める風景はこれらの神話が物語る世界を一望のもとに映し出している。

伊弉諾尊《いざなぎのみこと》が淡路島に葬られたことと、そこに夕日が沈んでいくこととの間には、仏教で言うところの西方浄土に通じる共通した宗教観や世界観がある。そういった普遍的な意味においても、まさに三輪山は古代の太陽信仰を体現する聖地だった。

また、人々の暮らしが営まれていた大和盆地においても、三輪山から昇る太陽が生活の暦を知る上での重要な指標となっていた。三輪山の真西にあたる奈良県磯城郡田原本町大字多字宮ノ内には、古代有数の氏族である多氏の祭祀する多神社《おおじんじゃ》が位置しているが、ここからは春分や秋分の日に三輪山の山頂から朝日が昇ってくる様子を拝することができる。多氏は神武天皇の御子である神八井耳命《かむやいみみのみこと》を祖としている。神八井耳命《かむやいみみのみこと》は弟の神沼河耳命《かむぬなかわみみのみこと》に王位を譲り、自らは忌人《いわいびと》として専ら神事や祭祀に携わった。

三輪山を聖なる山と仰いだ大和王権の継承者たちは、三輪山から昇る朝日に自らの皇祖神である天照大神《あまてらすおおみかみ》の姿を重ね合わせた。この聖なる太陽は三輪山の真東に位置する伊勢の方角から昇ってくる。その太陽が生まれる地である伊勢には伊勢神宮が建造され、天照大神がそこに祀られた。天皇の皇女たちはその神を祀るために三輪山の真東に位置する伊勢の斎宮に籠もり、神に仕えたのである。

墨坂の神・大坂の神

三輪山を中心とする東西軸の重要性については、『古事記』崇神《すじん》天皇の記事からもうかがうことができる。そこには次のように記されている。

この天皇の時代に疫病が流行し多くの人々が病に倒れた。それを憂いた崇神天皇の夢に大物主神が現れ、「意富多多泥古《おおたたねこ》（大田田根子《おおたたねこ》）によって三輪山を祀れば国が治まるであろう」と託宣した。それで河内の美努《みの》の村にいた意富多多泥古《おおたたねこ》を神主として呼び寄せ、三輪山の神を祀らせた。

また伊迦賀色許男命《いかがしこおのみこと》に天の八十平瓮《やそびらか》を作らせ、天神地祇の社を定め祀られた。さらに宇陀の墨坂の神に赤の楯矛を、大坂の神に黒の楯矛を祀り、坂の御尾の神や河の瀬の神に幣帛《ぬさ》を祀った。これによって疫病が終息して国家も安泰となった。

疫病が蔓延していた状況を治めようとした崇神《すじん》天皇は、三輪山の大物主神の要求を聞き入れて、大田田根子《おおたたねこ》を探し出し手篤く祭祀をさせた。その後、「宇陀の墨坂の神に赤の楯矛を、大坂の神

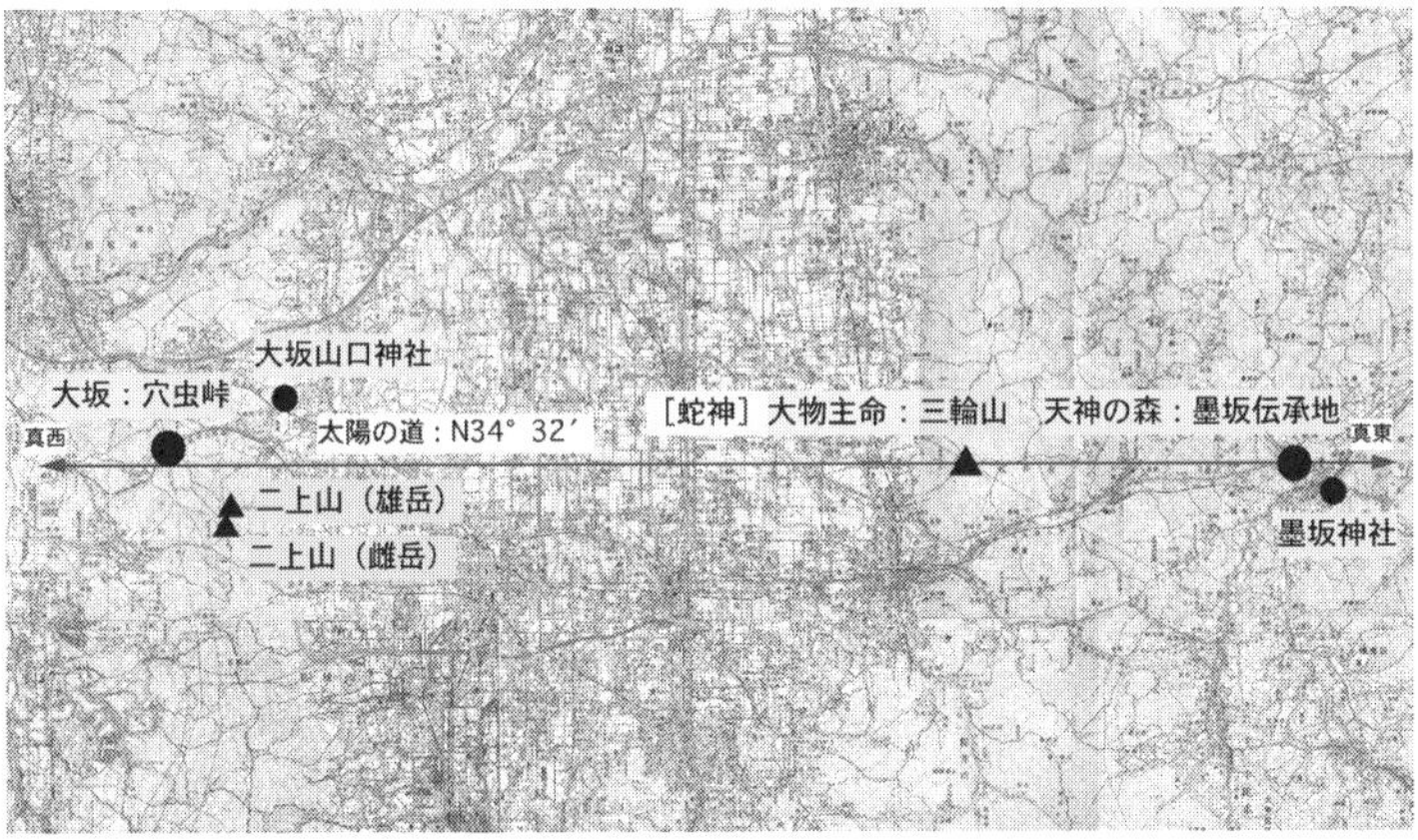

【図２】　三輪山の東西　『古事記』崇神天皇条には三輪山の神を大田田根子に祀らせた後、三輪山の東西に位置する宇陀の墨坂と大坂（穴虫峠）に赤と黒の楯矛を祀らせたとある。

に黒の楯矛を祀った」と『古事記』には記されている。この「宇陀の墨坂の神」について、本居宣長は『古事記伝』で大和国宇太郡宇太水分《みくまり》神社としているが、この神社は現在の宇陀郡榛原町の墨坂神社と見られており、かつては現社地の北西約１kmの天神の森付近にあった。また、「大坂の神」とある大坂とは二上山の北に位置する穴虫峠付近を言い、北葛城郡香芝町穴虫には大坂山口神社が祀られている。

これらの二つの場所を地図上に落とし込んでみると、そこは大和盆地に通じる東西の道の出入口にあたり、三輪山を挟んで真東と真西の境目の場所に位置していることがわかる。（【図２】）

崇《す》神《じん》天皇は大和の信仰の中心である三輪山を丁重に祀った後で、その東端と西端にあたる場所に赤い楯矛と黒い楯矛を祀っている。それはおそらく、三輪山を中心とした東西の太陽の出入口を祀ることによって自らが支配する大和の領域を明確にし、都から疫病を追い払い、他界からの疫神の侵入を封じ込めようとしたのだろう。

春分と秋分という一年の節目の日に、赤と黒の楯矛を祀った東西の二つの場所に身を置くと、赤い楯矛を祀った「宇陀の墨坂」からは大和の聖山であり蛇神が棲む三輪山の方向に夕日が沈むのを眺めることができる。また、黒い楯矛を祀った「大坂」からは三輪山から朝日が昇ってくるのを眺めることができる。これらの場所はまさしく「太陽の道」の上に位置し、三輪山に伝わる太陽信仰と深く関わっている場所でもあるのだ。

こういった三輪山を太陽の聖地として見立てるための場所が大和には他にもいくつかある。実は、次に述べるように、この神話に語られている「河の瀬の神」を祀る所もまた、その一つなのだ。そこにも三輪山と同じく、龍蛇にまつわる不思議な伝説が残されているのである。

2　水足池《みずたるいけ》の龍神

大和川の流れ

大和の長谷寺の下を流れる初瀬川は、三輪山の山裾を巻き込むようにしながら旋回して流れている。この川の名前でもある「初瀬」は『万葉集』に「こもりくの泊瀬」と詠《うた》われてきたように、山々に囲まれた隠れ里としての隠国《こもりく》であり、「泊瀬」、「長谷」とも表記されてきた。

初瀬街道に沿いながら流れてきた初瀬川が、山々に囲まれた峡谷を抜け出て大和盆地へと一気に流れ出るあたりに至ると、急に川のまわりの視界が開けてくる。「こもりく」から抜け出たこの周辺には、古代の市場として賑わいをみせた海石榴市《つばいち》があったとされている。『万葉集』には「海石榴市《つばいち》の八十《やそ》の衢《ちまた》」とも詠まれてきたが、「八十《やそ》の衢《ちまた》」とは多くの道々が交わり合う土地を意味する。まさにこの海石榴市《つばいち》付近では山の辺の道や上ツ道、横大路などの古代の主要道路や初瀬川などの水路などが交わり合い、陸運、水運を利用した経済、交通の要所にふさわしい場所として賑わってきた。

三輪山を右手に見ながら流れ下る初瀬川沿いには大神《おおみわ》神社や巻向遺跡をはじめとした著名な神社や史跡が数多く点在している。それらの自然と人工が混じり合う風景からは、古代大和の聖山である三輪山と一体になった祭祀や政治経済の中心地としての面影を偲ぶことができる。

吉田東伍編纂の『大日本地名辞書』には、三輪山の「みわ」とは本来「水曲《みわ》」のことを指し、この山が初瀬川の流れが曲がりこむ所に位置していることから名付けられたものであろうと記されている。元来、御諸山《みもろやま》と呼ばれてきたこの山に親しんできた古代の人々は、川の流れとともに移りゆく視点の中で自然の地形を読み取り、改めてこの神秘の山に「水曲山《みわ》」という優雅で柔らかな呼び名を与えたのだろう。

初瀬川は三輪山に連なる山並みに沿いながらしばらく北に向かって流れた後、大きく蛇行して大和郡山方面から流れてきた佐保川と合流し、西向きへと一気に流れを変える。合わせ集まった川並みはこのあたりからは大和川とも総称される。

大和川は瀬戸内海と内陸の大和を結ぶ水運上の重要な河川として、長らく利用されてきた。かつては大和を流れ出た後、生駒山地の西側を北上して淀川方面（古代の河内潟湖）へと流れていたが、江戸時代に大規模な付け替え工事が行われ、現在の流れのように真西方向の大阪湾へと直接注ぎ込むようになった。

広瀬の川曲《カワワ》

さて、三輪山の麓を流れた後、佐保川と合流した大和川は、この下流付近で飛鳥川や曽我川など複数の河川と合流する。その地形の有様を示すかのように、この幾多の川が合流する地域一帯の住所を奈良県北葛城郡河合町大字川合と称している。吉田東伍の『大日本地名辞書』は、この地名について次のように説明している。

【河合】　広瀬郡の北部を河合村と曰《い》ふ。佐保初瀬飛鳥の諸水相会して此に至り、更に広瀬川（百済川葛城川）と会し富小川を容れて益大なり、故に大川の名あり、河合村即其南畔に居る。日本書紀に広瀬の川曲《カワワ》と記す所之に同じ、広瀬神社あり、謂《いは》ゆる川合神〔正倉院文書〕是なり。広瀬川は本葛城川の広瀬を云ふ、今百済村に在り、広瀬神社この川合に立ちたるより大川（大和川）をも広瀬川と呼ぶ。

『日本書紀』には現在地の呼称「河合」は「広瀬の川曲《カワワ》」と称されており、そこに「川合神」が祀られていたという。それらのことから察すると、古代においてもこの地が現在と同じように川が曲がり込み、合流していた場所であったことがわかる。

『大日本地名辞書』にも記されているように、この「河合」の地には広瀬神社が祀られてきた。広瀬神社は広瀬大社と称される場合も多く、古代から多くの尊崇を集めてきており、平安時代の延長五年（九二七）にまとめられた『延喜式』神名帳には名神大社の社格を担った「広瀬坐《ひろせにいます》和《わ》加《か》宇《う》加売命《かのめのみこと》神社」として記載されている。

広瀬大社については、『日本書紀』天武天皇四年（六七五）四月十日の条に、

小紫《しょうし》美濃王《みののおおきみ》・小錦下《しょうきんげ》佐伯連広足《さえきのむらじひろたり》を遣わして、風神《かぜのかみ》を竜田《たつた》の立野《たつの》に祀らしむ。小錦《しょうきん》中間人連大蓋《ちゅうはしひとのむらじおおふた》・大山中《だいせんちゅう》曽禰連韓犬《そねのむらじからいぬ》を遣わして、大忌神《おおいみのかみ》を広瀬の川曲《カワワ》に祭らしむ。

と記されるのが、最も古い出典となっている。ここに風神《かぜのかみ》を竜田《たつた》の立野《たつの》に祀ったとあるのは、奈良県生駒郡三郷町立野に鎮座する龍田大社のことを指している。

龍田大社は広瀬大社から大和川を西に7kmばかり下った川沿いに位置している。現在は天御柱命《あめのみはしらのみこと》と国御柱命《くにのみはしらのみこと》の二柱の神々を祀っているが、これらの神々は風の神である志那都比古命《しなつひこのみこと》と志那都比売命《しなつひめのみこと》の別名であるとも考えられている。

『日本書紀』に記される天武天皇四年（六七五）というのは、壬申の乱に勝利した天武天皇が新政府の基盤を築きつつあった時代である。政《まつりごと》としての宗教政策についても新たな施策が施されようとしていた。例えば、その前年の十一月には、それまで天照大神を祭祀させるために大和の泊瀬の斎宮に住まわせていた大来皇女《おおくのひめみこ》を伊勢に向かわせ、伊勢神宮の祭祀を行わせている。また、その二ヶ月後の天武天皇四年一月には、天文観測を行うための占星台《せんせいだい》を初めて建てたという記録もある。

そして、この『日本書紀』天武天皇四年の記事に初めて登場して以降、『日本書紀』には天武天皇が春四月と夏七月にこの竜田の立野に祀られた龍田大社と広瀬の川曲《カワワ》に祀られた広瀬大社を祭祀したという記事が毎年のように頻繁に登場することになる。その回数は天武天皇の在位期間だけで実に合計十九回にも及んでいる。

さらに天武天皇亡き後も、皇后であった持統天皇によって祭祀が続けられ、『日本書紀』に記録される龍田大社と広瀬大社の同時祭祀の回数は、持統天皇の時代だけでも合計十六回に及ぶ。

天武、持統両天皇の両時代を合わせると実に合計三十五回にも及ぶ度重なる祭祀の報告は、他のいかなる神社の場合に比べて、とりわけ尋常ではない頻度の高さを誇っている。この二人の天皇がいかにこの龍田、広瀬の両神社に対して配慮を払い、国家的な祭祀化に努めていたかが見えてくる。

しかし、この二つの神社がなぜ突然、国の正史である『日本書紀』に登場し、これほど度重なる記載が続くような重要視される存在になっていったのかということに関しては詳しい説明もなく、不明な点が多い。おそらく、そこには新しい国家を築いていく上で重要な何らかの理由があったからに違いあるまい。

その理由を解き明かすために、まずはこれらの神社に伝わる縁起や伝承を紐解きながら、その一端を探っていきたい。

広瀬大社の縁起

広瀬大社については『河相宮縁起』や『広瀬社縁起』などの縁起書が伝えられている。広瀬大社では永正三年（一五〇六）に大火が起きているが、その十七年後の大永二年（一五二三）に百済寺の僧学弁が『河相宮縁起』を書写したとされている。また、『広瀬社縁起』については天文二十四年（一五五五）に卜部朝臣兼右によって記されたという奥書がある。

これら二つの縁起には共に、広瀬大社が建っている場所に、かつて「水足池《みずたるいけ》」という池があったことが記されている。この「水足池《みずたるいけ》」の奥底には龍宮があるといわれ、そこは龍王の棲む池でもあったという。

『河相宮縁起』によれば、崇神《すじん》天皇が天津神《あまつかみ》や国津神《くにつかみ》を祀り始めた頃に、この龍神が棲む池のほとりに藤時という里長《さとおさ》が住んでいたという。ある日の夕方、藤時が家の門の外に立っていると不思議な容貌をした人が現れ、池を平坦に埋め立ててやるのでその上に社壇を建立するようにとの言葉を残し立ち去った。翌朝、藤時が池に行ってみるとその言葉通り、一夜にしてこの「水足《みずたる》池《いけ》」が平らな陸地と化していた。驚いた藤時がこの事情を公家に奏聞すると直ちに勅命が下り、そこに社殿を建てたのが広瀬大社の由縁であると縁起は伝えている。

この縁起ではさらに続けて別の奇譚も綴られている。そこでは、かつて「水足池《みずたるいけ》」のほとりに貴い女性が住んでいたと書かれている。ある時、疲れ果てた一人の旅人が通りかかったので、この女性が懐にあった橘の実を分け与えた。すると旅人は大変喜び、女性に「この橘は私が大変愛しているものです。私はここに住みたいと思います。必ず橘の木をここに生やします」と言って立ち去った。翌朝、女性が「水足池《みずたるいけ》」に行ってみると、池が平らに埋め尽くされ、そこには高さ二丈ほどの橘の木が一万本余りも生い茂っていたという。

この話には続きがある。後に持統天皇が広瀬大社に参詣された時に、地面に落ちた橘の実を犬が食べたところ、たちまち狂い始めた。このことを怪しんだ持統天皇がその子細を占わせると、それが橘神の祟りであることがわかったという。そのため、河合の森の犬はその後一切、橘の実を食べないという。なお、このようないわれもあり、現在、広瀬大社の社紋には「橘」が用いられている。

また、『広瀬社縁起』でも同様に、崇神《すじん》天皇の時代に、河合村の長《おさ》であった藤時の前に美しい容貌をした神（異人）が現れ、「水足池《みずたるいけ》」の上に社殿を建てるように告げたと記されている。池の上に社殿を建てるなどということは尋常なことではないと藤時が考えていると、翌朝、「水足《みずたる》池《いけ》」は平坦な陸地になっていたという。藤時はこの託宣に従って、埋め戻された池の跡地に社殿を建てたという。

広瀬大社の建立にまつわるこの二つの縁起では共に、藤時という男が受けた神託によって、龍神の棲む「水足池《みずたるいけ》」という池が埋め立てられ、そこにこの神社の基となる社殿が建立されたことになっている。そして、その社殿に新たな神が祀られた。神の名は二つの縁起では共に「水足明神」と記されている。

現在、広瀬大社には若宇加能売命《わかうかのめのみこと》、櫛玉命《くしたまのみこと》、穂雷命《ほのみかづちのみこと》が祭神として祀られている。このうち主祭神として祀られている若宇加能売命《わかうかのめのみこと》は水の守り神として、五穀豊穣をもたらす神とされてきた。両縁起に登場する「水足明神」や『日本書紀』において天武天皇が広瀬の川曲《カワワ》に祀ったという「大忌神《おおいみのかみ》」も、この神を指すものと考えられている。また、『広瀬社縁起』には、この若宇加能売命《わかうかのめのみこと》が倉稲魂《うかのみたま》であり、伊勢神宮外宮の神の分身であるとも記されている。

崇神《すじん》天皇の国政

さて、これら二つの縁起は共に崇神《すじん》天皇の時代の出来事として語り始められている。崇神《すじん》天皇は『日本書紀』に「御肇国天皇（ハックニシラススメラミコト）」という別名で呼称されているように、大和王権を確立し初めて国土を治めた人物と見られており、その実在の可能性も高い。

しかし、崇神《すじん》天皇が現れた当初は国土を治めることが並大抵のことではなかったようで、『日本書紀』崇神《すじん》天皇五年及び六年の条には、次のような国の厳しい状況が列記されている。

国内に疫病が多く発生し死亡する民が半分以上に及んだ。（崇神天皇五年）

百姓の流離するもの、或いは反逆するものあり、その勢いは徳を以て治めようとしても難しかった。それで朝夕天神地祇にお祈りをした。（崇神天皇六年）

崇神《すじん》天皇が国土を治めるにあたっては、多くの災いや困難が降り掛かってきたため、その難を逃れるために各所で天津神《あまつかみ》、国津神《くにつかみ》である天神地祇を祀ったと記されている。おそらく崇神《すじん》天皇は、新勢力として自分たちの国を築き上げていくにあたって、新しく系統立てられた神々による統治システムを構築していく必要に迫られていたのだろう。そのためにはかつてこの列島に祀られていた古い神々の世界を打ち破り、あるいは整理して、この列島の各所に新しい神々の世界を重ね合わせていかなければならなかったに違いない。

広瀬大社に伝わる『河相宮縁起』によれば、「崇神《すじん》天皇が天津神《あまつかみ》や国津神《くにつかみ》を祀り始めた頃」に、「水足池《みずたるいけ》」にまつわる不思議な出来事が起こり、新しい社殿が建てられ、そこに新たな神が祀られたと記されていた。そのことは、『古事記』や『日本書紀』の崇神《すじん》天皇条に記される「天神地祇の社を定め祀」り、「河の瀬の神に幣帛《ぬさ》を祀った」という記載に非常によく似ているように思われる。なぜならば、広瀬大社そのものが大和を流れる幾多もの河川が交じり合う特別な「河の瀬」に祀られている神社だからである。

このように、広瀬大社に伝わる二つの縁起に示された出来事は、『古事記』や『日本書紀』に記される記事と同じような時間と場所に基づいて描かれていると考えられるのだ。

そこで問題となってくるのは、なぜ広瀬大社の縁起が龍の棲みついた由緒ある池を埋めてそこに新しい神を祀ったと伝えているのかという点だ。また、新しく祀られた「水足明神」とはいかなる神であったのかということも大変気になるところだ。

ここで、かつてこの「水足池《みずたるいけ》」に棲みついていた龍神こそが、古くから人々によって信奉されていた地主神だったのではないかということは、容易に想像がつく。元々この列島で信仰されていた古い神が葬り去られ、新勢力である大和王権によって新しい神が祀られていくという構図をそこに見出すことができるからだ。

そして、由緒ある龍神池である「水足池《みずたるいけ》」を平らにし、そこに棲む龍神を埋め殺してしまったからこそ、天武天皇や持統天皇は広瀬の川曲《カワワ》に祀った神の名を「大忌神《おおいみのかみ》」と呼び、その祟りを恐れ、長年にわたりこの神を祀り続けていったのではないのだろうかと想像されるのだ。

確かに、日本列島の各地には、こういった龍神信仰の逸話が数えきれないくらい数多く残っていることも事実である。広瀬大社の縁起に語られる物語もそれらの多大な龍神伝説の一つにすぎないのかもしれない。しかし、大和を中心としたこの国の始まりについて考えていく上において、広瀬大社に語り継がれてきた龍神神話には他の神話にはない特殊な要素がいくつも秘められているのである。そこには大和王権が始まる前の世界を垣間見ていく上で、見逃すことができない非常に重要な事柄も多数含まれている。

その特殊な要素とは、一つには広瀬大社が祀られている河合という場所の問題である。そして、もう一つの要素が、初めてそこに祀られたと記される神の名前の問題である。

広瀬大社と三輪山の関係

広瀬大社に新たに祀られることになった神の名前の問題解明については次章に譲ることにして、まずはこの河合という場所の問題から見ていくことにしたい。

冒頭にも記したように、大和の三輪山を中心とする東西には東の伊勢から西の淡路島へとつながる北緯34度32分の「太陽の道」が走っている。この「太陽の道」とは、三輪山山頂を通る春分・秋分の日の出・日没方位軸である。

ところが、三輪山にはそれとは異なるもう二つの別の「太陽の道」が存在している。それが夏至の日の出方位⇅冬至日没方位を結ぶ軸線と冬至の日の出方位⇅夏至の日没方位を結ぶ軸線の二本の「太陽の道」である。これらの二つの軸線を二至線と呼ぶ場合もあるが、夏至・冬至の日の出・日

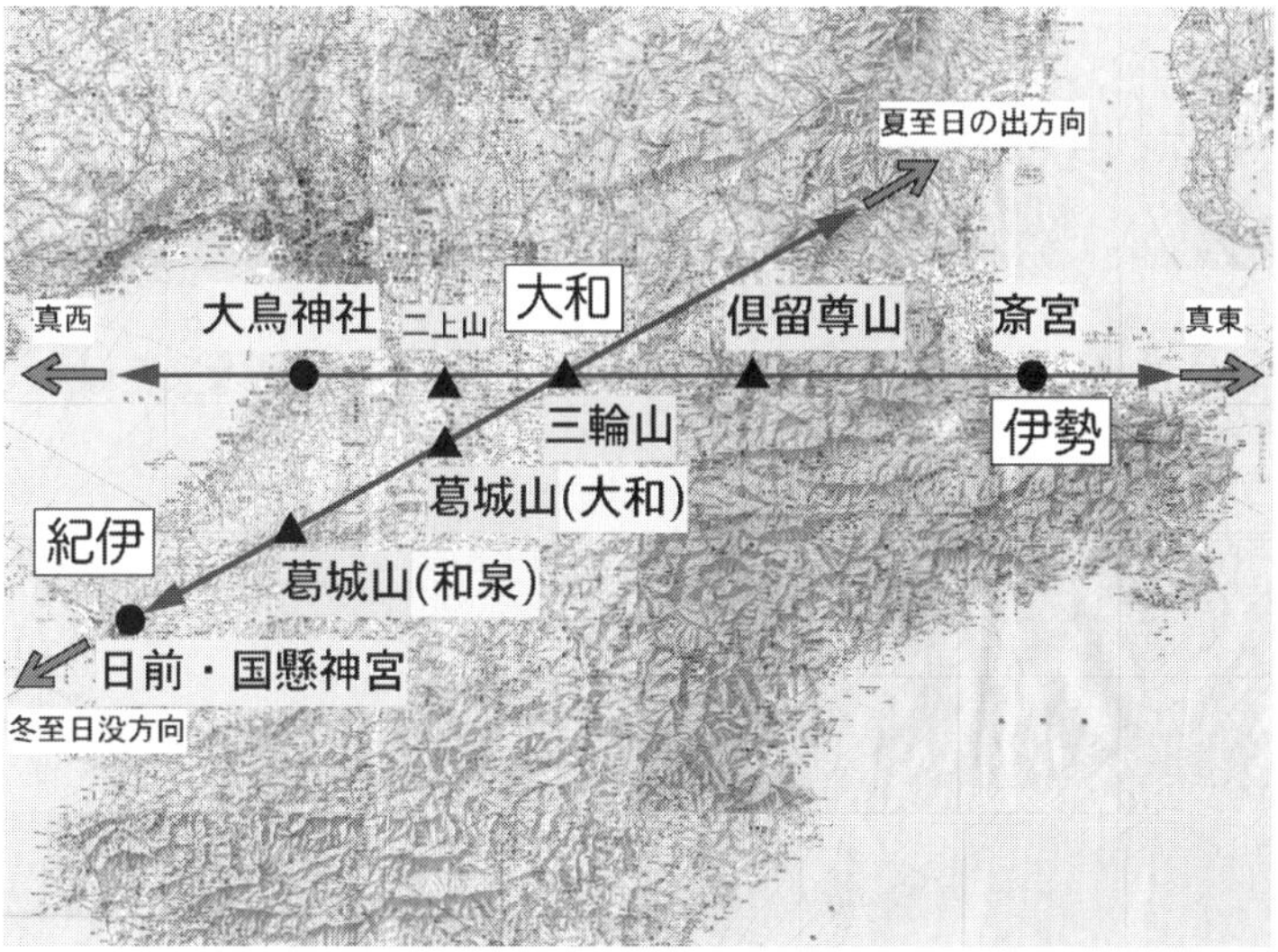

【図３】　三輪山と紀伊の関係　三輪山から見て冬至の日没方向につながる「太陽の道」は、畝傍山や大和の葛城山を越え、紀伊にあるもう一つの葛城山（和泉葛城山）を越えて和歌山市に至る。そこには紀伊国一宮の日前・国懸神宮が祀られている。

没方位に至る「太陽の道」はそれぞれ真東・真西方向から30度前後北あるいは南方向に振れた方位軸になる。三輪山山頂から眺めた時には、夏至の日没方向への「太陽の道」と冬至の日没方向への「太陽の道」では、真西を中心にして60度近い方位の振れがある。

　三輪山から見て冬至の日没方向につながる「太陽の道」は、プロローグで語ったように、畝傍山や葛城山の方向に通じている。この「太陽の道」をさらにたどっていくと、紀伊と和泉の間にあるもう一つの葛城山（和泉葛城山）を越えて、紀伊国和歌山市にまで至る。そこには紀伊国一宮の日前《ひのくま》・国懸《くにかかす》神宮が祀られている。（【図3】）

　それに対して、夏至の日の夕暮れ時に

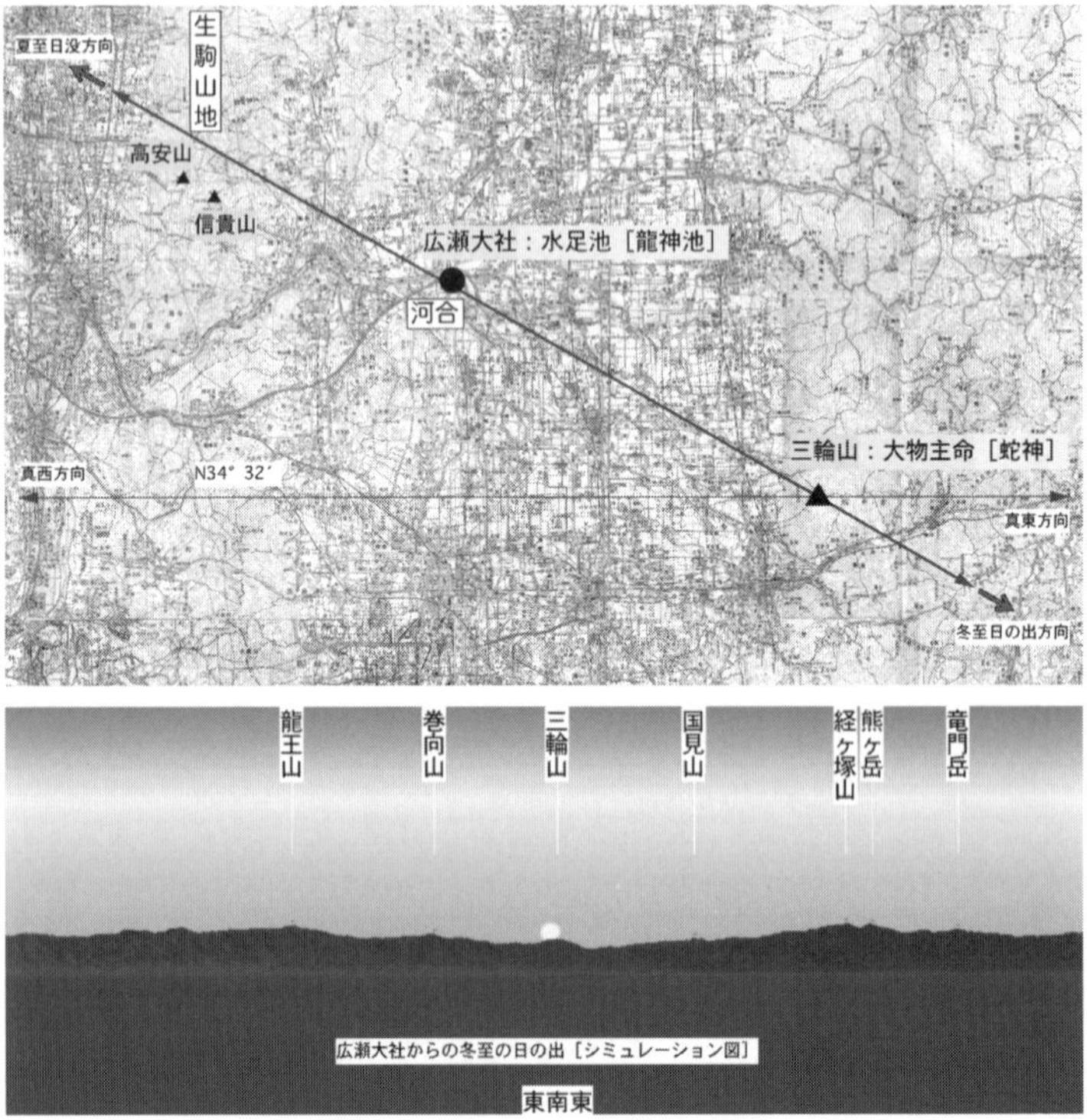

【図４】　三輪山と広瀬大社〔シミュレーション図〕三輪山山頂から夏至の日没を眺めると太陽は生駒山地方向へと沈んでいくが、その方位軸上に広瀬大社が位置している。この広瀬大社からは冬至の朝日が三輪山の山頂から昇ってくるのを眺めることができる。

三輪山山頂から夕日の日没を眺めたとき、太陽は生駒山地方向へと沈んでいくが、その方位軸上に「水足池《みずたるいけ》」の龍神伝説を持つ広瀬大社が位置しているのである。これは逆の見方をすると、冬至の日の早朝、現在広瀬大社が祀られている大和川沿いの場所に立った時、三輪山の山頂から太陽が昇ってくるのを眺めることができることを示している。

【図４】に広瀬大社

から見た冬至の日の出の様子をシミュレーションしたが、この図が示すように、冬至の日の太陽は正確に三輪山の山頂から昇ってくることがわかる。つまり、三輪山と広瀬大社とは、冬至の日の出―夏至の日没方向を結ぶ「太陽の道」によって、しっかりとつながりあった関係に位置しているわけである。

広瀬大社を祀る河合という場所は大和盆地各所からの河川が一挙に集まってくる場所であると同時に、大和の神奈備山である三輪山から聖なる冬至の朝日が昇ってくるのを、直接遥拝することができる特別な場所だったのである。そこは言わば、大和の「水の聖地」であり、「太陽の聖地」でもあったわけだ。

「蛇の神」が棲むと言われる三輪山と、「龍の池」を埋め立てて造られたと縁起が伝える広瀬大社が冬至の日の出―夏至の日没方位を結ぶ「太陽の道」によってつながりあっている。古代中国においては「蛇」と「龍」の元々の信仰の起源は必ずしも一致してはいなかったが、それらが日本に入ってきた時点では両者が混在化し、「龍蛇」として類似の性質を持つようになっていた。それと同様に、大和における「蛇の山」と「龍の池」についても、お互いが必ずしも別々の関係にあったわけではなかった。「蛇」と「龍」の両者の根底には、三輪山を中心とする太陽信仰に基づいた密接な関連性が秘められていたのである。

3 水分《みくまり》神社の謎

水分神社の位置

広瀬大社が鎮座する「河合」の地の付近には、初瀬川、佐保川、寺川、飛鳥川、曽我川、葛城川、富雄川などの大和盆地各所を流れる河川が一斉に集まってくる。まさに大和を満たす水の合流地である「河合」の名にふさわしい場所だが、そのことを示すかのように、広瀬大社境内には水分《みくまり》神社が末社として祀られている。

『大和志料』には、この広瀬大社末社の水分《みくまり》神社を若宮社と呼んでいたとあり、和加宇加売命《わかうかめのみこと》の分身である水分《みくまり》神を祭神として祀ると記されている。また、『延喜式』神名帳に広瀬郡の式内社として掲載される於《うえ》神社をこの広瀬の水分《みくまり》神社にあてる考えもあると記される。

水分《みくまり》神社とは本来、水の配分を司る水分《みくまり》神を祀る神社で、『古事記』には伊弉諾尊《いざなぎのみこと》と伊弉冉《いざなみの》尊《みこと》が神産みした速秋津日子神《はやあきつひこのかみ》と速秋津比売神《はやあきつひめのかみ》の子神として、天之水分神《あめのみくまりのかみ》と国之水分神《くにのみくまりのかみ》が登場する。日本各地にこの水分《みくまり》の名を冠した神社があるが、『延喜式』神名帳に式内社として載る水《みく》分《まり》神社の数はわずかで、以下に記すように、大和国に四社、河内国に一社、摂津国に一社の計六社が掲載されているのみである。

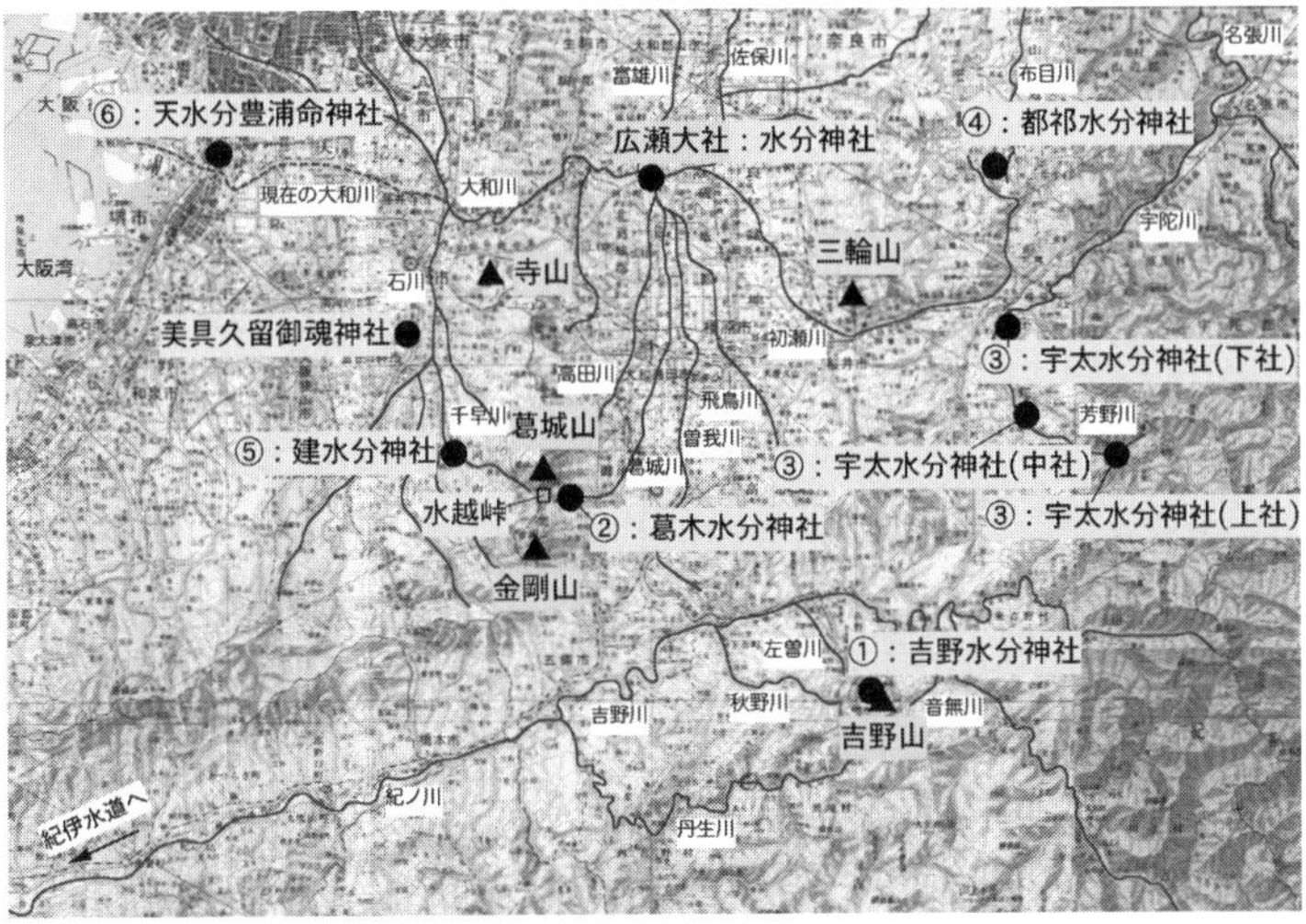

【図5】　水分神社の配置　大和国、河内国、摂津国の六社の水分神社は大和やその周辺地域を潤す河川の源流地付近や河口付近に祀られている。

大和国　式内社　四社
①吉野水分《みくまり》神社〔奈良県吉野郡吉野町吉野山〕
②葛木《かつらぎ》水分《みくまり》神社〔奈良県御所市関屋〕
③宇太水分《みくまり》神社〔奈良県宇陀市菟田野町上芳野、古市場、榛原町下井足〕
④都祁《つげ》水分《みくまり》神社〔奈良県奈良市都祁友田〕
河内国　式内社　一社
⑤建水分《たけみくまり》神社〔大阪府南河内郡千早赤阪村〕
摂津国　式内社　一社
⑥天水分豊浦命《あめのみくまりとようらのみこと》神社〔大阪市住之江区足立町〕

【図5】にそれぞれの水分《みくまり》神社の位置と地形の関係を図示した。この図からもわかるように、これらの神社が大和やその周辺地域を潤す河川の源流地付近や河口付近に位置していることを読み取ることができる。

順に詳しく見ていくと、①吉野水分《みくまり》神社は吉野山（８５８ｍ）に発する吉野川水系の水源地近くに祀られている。しかも、元来は「芳野水分峯の神」として吉野山の主峰である青根ヶ峯《あおねがみね》山頂に祀られていたという。青根ヶ峯《あおねがみね》は『万葉集』に、

神さぶる巌根《いわね》こごしきみ吉野の水分《みくまり》山を見れば悲しも（巻七―一一三〇）

と詠まれるように、東の音無川、南の丹生《にう》川、西の秋野川、北の喜佐谷《きさだに》川へと水を配分する水分《みくまり》山である。山肌を四方に分かれて流れ落ちるこれらの川は、山域を取り巻くように流れる吉野川へと注ぎ込むが、この吉野川も下流域では紀ノ川と名称を変え、大和と紀伊をつなぎながら和歌山市付近で紀伊水道に流れ込んでいる。

次に、大和の②葛木水分《みくまり》神社と河内の⑤建水分《たけみくまり》神社は共に、大和の葛城山（９５９ｍ）山頂の南東側と西側に位置していて、葛城山や金剛山（１１２５ｍ）を基点とする水源地近くに祀られている。②葛木水分《みくまり》神社の上流を源とする葛城川は葛城山の東側の大和盆地を流れた後、広瀬大社の位置する奈良県北葛城郡河合町川合付近で大和川に合流する。

葛城山と金剛山の間の水越峠を流れ下り、⑤建水分《たけみくまり》神社の脇を流れる千早川は、二上山などが連なる金剛山地の西側を流れ周囲の川と合流した後、石川と名を変えて大和川に合流する。大和の葛城山を中心とし、②葛木水分《みくまり》神社方面と⑤建水分《たけみくまり》神社方面に分岐する二つの水系は、金剛山地の両側をそれぞれ北上し、共に大和川に注ぎ込んでいくのである。

その大和川の現在の河口流域付近に⑥天水分豊浦命《あめのみくまりとようらのみこと》神社が祀られている。大和川の下流域については江戸時代の宝永元年（一七〇四）に大規模な付け替え工事が行われており、その結果、現在の流れのように大阪平野を真西に一直線に突っ切り、住吉の河口付近で大阪湾へと注ぎ込むようになった。それまでの大和川は石川と合流する付近から大阪平野を北上して淀川に合流しており、時代を遡る古代においては大阪湾の奥に広がっていた潟湖（河内湖）に流れ込んでいた。

③宇太水分《みくまり》神社については、宇陀川の支流である芳野《ほうの》川流域に、下流から順に、榛原町下井足の宇太水分《みくまり》神社（下社）、宇陀市菟田野町古市場の宇太水分《みくまり》神社（中社）、宇陀市菟田野町上芳野の惣社水分《みくまり》神社（上社）があり、それぞれが『延喜式』神名帳記載の「宇陀水分《みくまり》神社」を称している。宇陀盆地を流れる芳野《ほうの》川は宇陀川に合流後、名張を経て名張川となり、伊賀方面から流れてきた柘植川と合流して、木津川となる。

また、④都祁水分《みくまり》神社のある都祁《つげ》盆地から流れ出た水系は布目川となり、同じく木津川に流れ込む。木津川は京都府南部を北上し、京都府八幡市の石清水八幡宮付近で淀川へと流れ込んでいる。

これらの主要な河川の流れを追っていくだけでも、各所の水分《みくまり》神社が祀られている大和の山々を源流とする水の流れが、いかに畿内全般の広域を網羅し、潤しているかがよくわかる。そして、広瀬大社末社の水分《みくまり》神社や①〜⑥のそれぞれの水分《みくまり》神社が、その水源地付近や合流点や河口などの特別な場所に置かれている。

水分神社と「太陽の道」

しかし、ここに列挙した水分《みくまり》神社には、単に大和やその周辺を潤す水源地に祀られているということだけにはとどまらない、別の謎が秘められている。その謎とは、各所の水分《みくまり》神社が祀られている場所の相互関係の謎であり、それらが祀られ始めた時期の謎である。

そこで、これらの水分《みくまり》神社の配置図の上に、それぞれの地点を基点とした夏至や冬至、春分・秋分の日の出・日没の太陽方位軸を重ね合わせてみることにする。すると、これらの水分《みくまり》神社の間に実に不思議な関係があることが見えてくるのである。【図6】を眺めながら、その関係について順に説明していこうと思う。

先に広瀬大社は三輪山と夏至日没⇅冬至日の出の関係にあると記したが、広瀬大社を基点として冬至日の出方向に位置する三輪山の先の方向に目を移していくと、何とそこには③宇太水分《みくまり》神社の上社である惣社水分《みくまり》神社が位置している。惣社水分《みくまり》神社は芳野川の最上流に祀られる水分《みくまり》神社であり、神幸渡御の神事の際、ここから古市場の宇太水分《みくまり》神社（中社）と下井足の宇太水分《みくまり》神社（下社）に神霊の分霊鎮座式が行われたという記録が社記に残されている。惣社水分《みくまり》神社は、いわば三社ある③宇太水分《みくまり》神社の始点に位置する神社でもある。

また、広瀬大社から真東方向にあたる春分・秋分の日の出方向をたどると石上神宮《いそのかみ》付近に向かい、さらに笠置山地を越え、都祁《つげ》盆地の④都祁水分《つげみくまり》神社に至る。しかも、この東西線上に位置する天理市杣之内町東垣内には小高い山があり、そこに④都祁水分《つげみくまり》神社と深い関係を持つ式内社

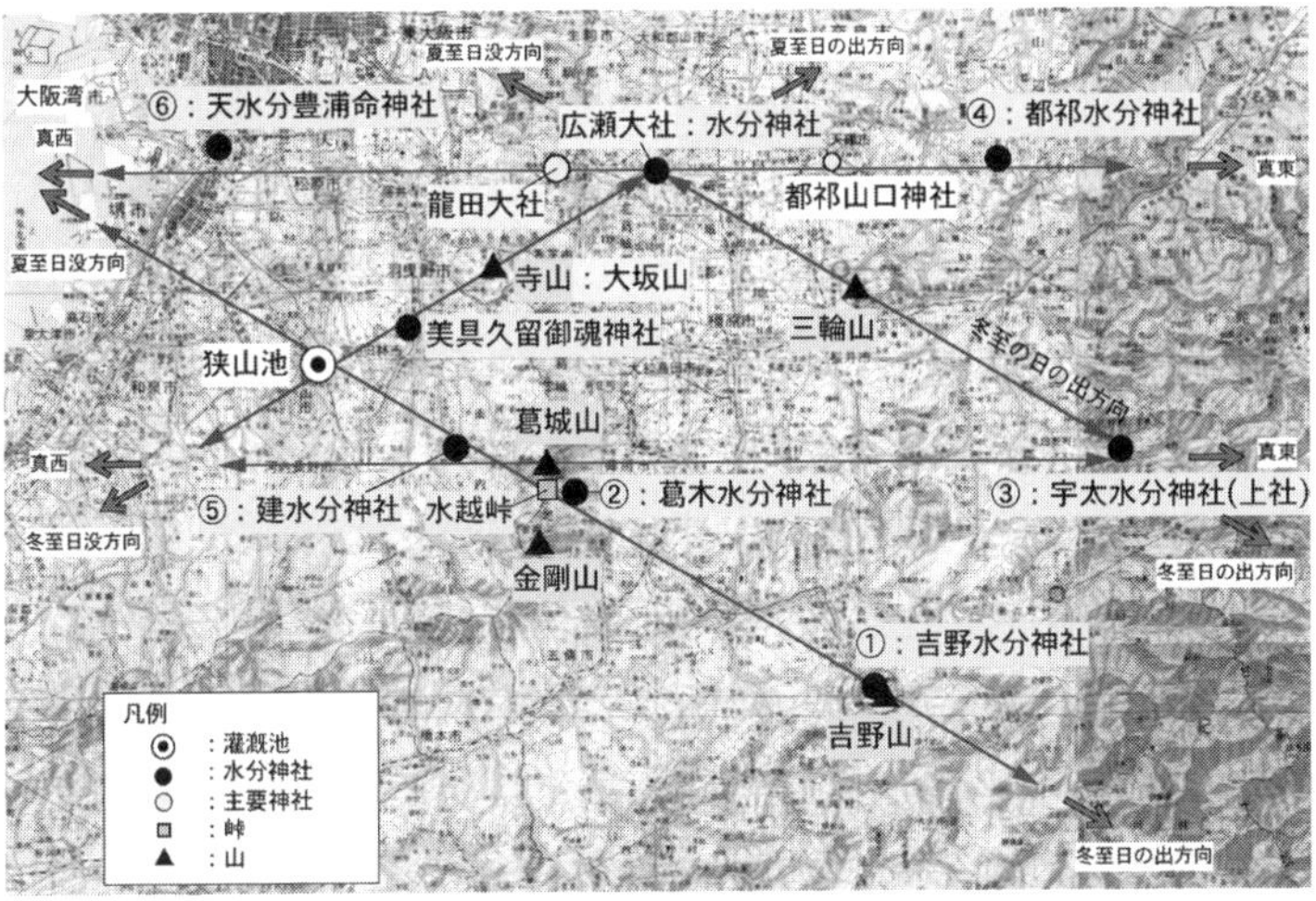

【図６】　水分神社の配置と「太陽の道」　大和、河内、摂津の水分神社の配置は春分・秋分、夏至、冬至の日の出・日没方位である「太陽の道」によって関連付けられる。

の都祁《つげ》山口神社が鎮座しているのである。

都祁《つげ》山口神社についてはもう一社、④都祁《つげ》水《みく》分《まり》神社南方の奈良市都祁《つげ》小山戸に同名の都祁《つげ》山口神社があるが、古代においてはこの三社共に都祁《つげ》氏によって祭祀がなされていた。都祁《つげ》氏は多氏系の氏族で、『古事記』神武天皇条には、神武天皇の御子の神《かむ》八《や》井《い》耳命《みみのみこと》が多氏や都祁《つげ》氏などの祖先であることが注記されている。

多氏が祀る多神社は三輪山の真西に位置し、春分・秋分の朝日を拝する場所にあったが、同様に、都祁《つげ》氏も三輪山から昇る冬至の朝日を拝する広瀬大社の真東の地に、都祁《つげ》山口神社と④都祁《つげ》水分《みくまり》神社を祀り、互いに春分・秋分の朝日・夕日を拝する関係にある。

広瀬大社には末社として水分《みくまり》神社が祀られていることは先に述べたが、広瀬大社の水分《みくまり》神社、③宇太水分《みくまり》神社（上社）、④都祁《つげ》水分《みくまり》神社が二本の「太陽の道」の関係で結ばれているわけである。

しかも、④都祁《つげ》水分《みくまり》神社に伝わる縁起書の『水分大明神垂跡記』〔中世末〜近世初頭の作〕や『老翁伝』〔延宝二年（一六七四）〕には、

元慶三年（八七九）、伊勢国度会郡玉造村の丸が伊勢の御裳濯川《みもすそがわ》（五十鈴川）の霊水を持って遊行していたところ、その霊水が二匹の白龍となって舞い上がり、一匹が宇陀水分《みくまり》神となり、もう一匹が都祁《つげ》水分《みくまり》神となった。

という記載がある。ここに出てくる伊勢の御裳濯川《みもすそがわ》（五十鈴川）とは伊勢神宮内宮の脇を流れる五十鈴川の別称だが、この縁起では、伊勢の聖水信仰と大和の宇陀、都祁《つげ》の聖水信仰とが龍の飛翔という空間移動神話によって結び付けられている。

先に記したように、宇陀と都祁《つげ》の水分《みくまり》神社を冬至の日の出、春分・秋分の日の出方位で望む関係にある広瀬大社には「水足池《みずたるいけ》」に埋められた龍神伝説が伝えられてきた。広瀬大社を中心にして、③宇太水分《みくまり》神社と④都祁《つげ》水分《みくまり》神社とは冬至、春分・秋分の日の出方位という「太陽の道」の関係で結ばれ、その創始を伝える縁起には共に水の神としての龍神伝説が存在しているのである。

広瀬大社の脇を流れる大和川は大和国から河内国へと流れ出るが、現在の大和川の河口付近に⑥天水分豊浦命《あめのみくまりとようらのみこと》神社が位置しており、その⑥天水分豊浦命《あめのみくまりとようらのみこと》神社と広瀬大社がほぼ東西の位置関係にある。しかも、その東西軸上の大和川に沿った所に天武天皇、持統天皇が広瀬大社と共に何度も祀った龍田大社が位置している。つまり、④都祁《つげ》水分《みくまり》神社―都祁《つげ》山口神社（天理市杣之

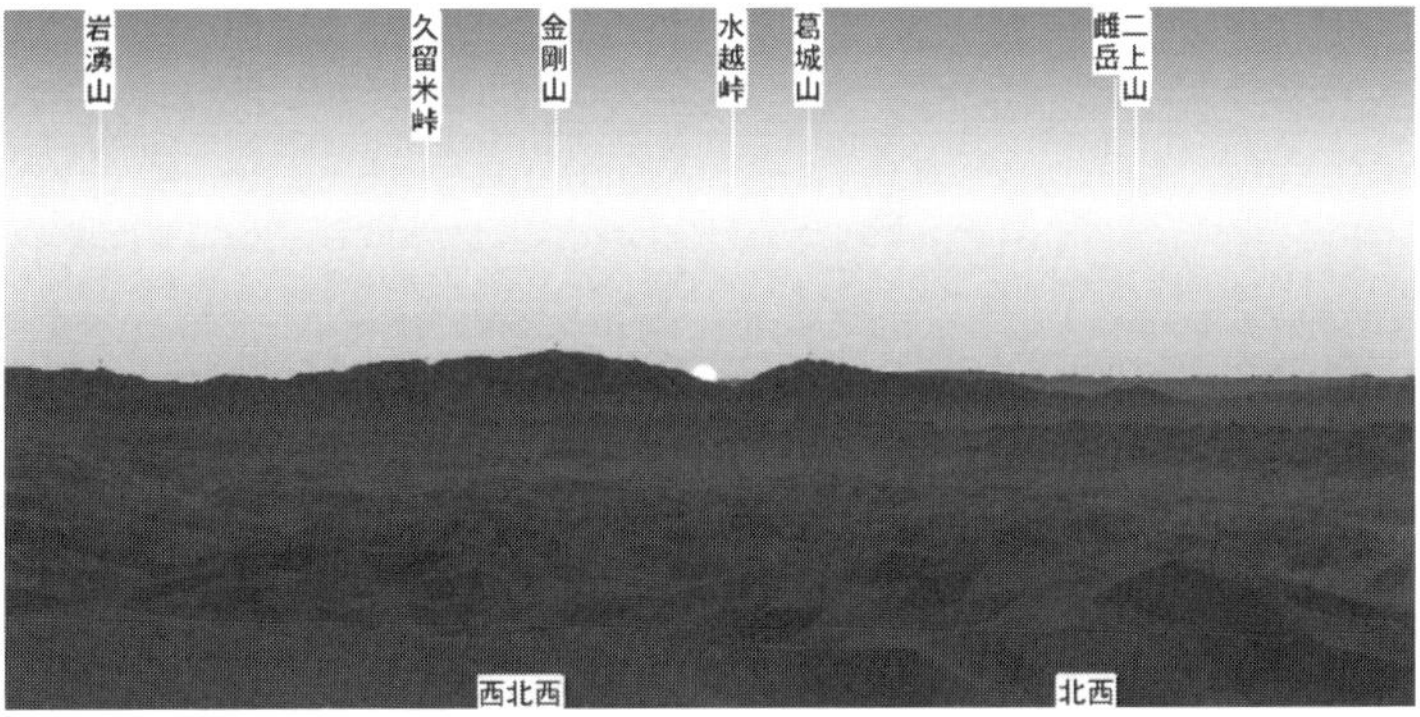

【図7-1】 吉野山からの夏至の日没風景〔シミュレーション図〕吉野水分神社はかつて吉野山青根ヶ峯山頂に祀られていたが、この山頂からは夏至の日の太陽が金剛山地の水越峠へと沈んでいくのを眺めることができる。水越峠の手前に葛木水分神社が祀られ、太陽が沈んでいく峠の向こう側に河内の建水分神社が祀られている。

内町）―広瀬大社―龍田大社―⑥天水分豊浦命《あめのみくまりとようらのみこと》神社はほぼ東西に一直線に並んでいることになる。

さらに、①〜⑥の水分《みくまり》神社と広瀬大社の配置関係をもう少し大きく俯瞰してみると、これらの神社の場所が明確な配置計画のもとに祀られていることがより露わになってくる。

②葛木水分《みくまり》神社と河内の⑤建水分《たけみくまり》神社の源流の中心地点とも言える葛城山の真東をたどっていくと、宇太の最上流の水分《みくまり》神社である③惣社水分《みくまり》神社が位置している。⑤建水分《たけみくまり》神社は葛城山の真東山麓に位置しており、宇太の③惣社水分《みくまり》神社と⑤建水分《たけみくまり》神社とは葛城山を挟んで東西の位置関係にある。

また、⑤建水分《たけみくまり》神社から冬至の日の出方向には、①吉野水分《みくまり》神社及び吉野山が位置している。【図7－1】に吉野山青根ヶ峯山頂からの夏至の日没風景をシミュレーションした。この図に見られるように、吉野山山頂から見た夏至の夕日は金剛山地の金

【図7-2】 広瀬大社からの冬至の日没風景〔シミュレーション図〕冬至の日に広瀬大社から日没方向を望むと、太陽は穴虫峠の右手に位置する寺山（大坂山）付近に沈んでいくのを眺めることができる。

剛山と葛城山の間の鞍部にあたる水越峠付近に沈んでいく。この水越峠の手前に②葛木水分《みくまり》神社が祀られ、太陽が沈んでいく峠の向こう側に河内の⑤建水分《たけみくまり》神社が祀られているのである。まさに夏至の夕暮れ時に、「水越」という名を持つ峠にふさわしい光景がここで繰り広げられているわけである。

【図7―2】は冬至の日に広瀬大社から見た落日の風景である。この時、太陽は穴虫峠の右手に位置する寺山付近に沈む。穴虫峠から寺山にかけての一帯は大坂山とも呼ばれており、崇神《すじん》天皇が黒色の楯矛を祀ったという大坂の神が坐す場所でもある。

また、この太陽が沈む方向の先には、【図6】に示したように、広瀬大社→寺山（大坂山）を結ぶ冬至日没方向軸の延長上の大阪府富田林市宮町に、美具久留《みぐくる》御魂《みたま》神社が鎮座している。美具久留御魂《みぐくるみたま》神社は『延喜式』神名帳の河内国石川郡所属の式内社で、⑤建水分《たけみくまり》神社を上水分《かみみくまり》神社と称するのに対して、下水分《しもみくまり》神社とも呼ばれている。美具久留御魂《みぐくるみたま》神社に伝わる社伝によれば、崇神《すじん》天皇の頃、このあたりに巨大な蛇が大量に出没しており、それを視察した崇神《すじん》天皇がその原因を大国主命の荒御魂によるものと判断し、大国主命の神霊である美具久留御魂《みぐくるみたま》神をここに祀ったという。三輪山の蛇神伝説や広瀬大社に伝わる龍神縁起と同じように、ここにも崇神《すじん》天皇による龍蛇神の封印祭祀の痕跡が見られるのである。

そして、さらに驚くことに、広瀬大社―寺山（大坂山）―美具久留御魂《みぐくるみたま》神社へとつながる冬至日没方向への方位軸と、①吉野水分《みくまり》神社―水越峠―⑤建水分《たけみくまり》神社へとつながる夏至日没方向への方位軸を延長していくと、その二本の「太陽の道」が交わる所に古代に国家プロジェクトとして造られたある一つの人造池が現れるのだ。

それが、最古の人工ダム池として築造されたと言われる河内の狭山《さやま》池である。

4　崇神、垂仁の人造池プロジェクト

狭山《さやま》池の築造

狭山《さやま》池は上流から流れる天野川の水をせき止めて造った日本最古のダム式ため池と言われている。現在わかっているだけでも、古代から今日まで十回近い嵩上げ造成や築堤改修が行われてきたことが明らかになっている。この造営事業は古代における最初の大規模な土木事業だったようで、発掘調査などによって、すでに西暦六〇〇年前後には最も古いダム堤の築造がなされていたことが明確になってきている。

その後、天平四年（七三二）頃に行基による改修が行われ、建仁二年（一二〇二）には東大寺の再建を担った重源がこの池の改修にも携わったという記録が残されている。このように長い歳月をかけて築かれてきた狭山《さやま》池の造成の歴史には、名だたる土木事業家たちが名を連ねている。

『古事記』、『日本書紀』にも狭山池の築造についての記載があり、『古事記』垂仁《すいにん》天皇条の系譜に、

（垂仁《すいにん》天皇の御子の）印色《いにしき》の入日子《いりひこ》の命は、血沼の池を作り、また狭山《さやま》の池を作り、また日下《くさか》の高津の池を作りたまひき。

とあり、『日本書紀』崇神《すじん》天皇六十二年条には、

詔《みことのり》して、「農《なりわい》は国の大いなる本である。民《おみたから》の頼みとして生きる所である。今、河内の狭山《さやま》の埴田《はにた》は水が少ない。是を以て、その国の百姓、農事を怠っている。そこで池や溝を掘って、民の業《なりわい》を広めよ」と言われた。

と記されている。

現在のところ、考古学上の見解としては狭山《さやま》池の築造年代を七世紀初頭頃としているようだが、それをはるかに遡る崇神《すじん》天皇、垂仁《すいにん》天皇という大和王権の舒明ともいうべき時代の記録に、すでに狭山《さやま》池築造プロジェクトの萌芽の様子が書き記されているのである。

先ほど登場した③宇太水分《みくまり》神社や⑤建水分《たけみくまり》神社の社伝によれば、その創祀年代を③宇太水分《みくまり》神社の場合は崇神《すじん》天皇七年、⑤建水分《たけみくまり》神社については崇神《すじん》天皇五年としている。また、河内の美具久留御魂《みぐくるみたま》神社の社伝によれば、大量の蛇の発生を怪しんだ崇神《すじん》天皇がこの神社を創祀したと伝えている。

同時期の記録では、『日本書紀』崇神《すじん》天皇五年条には、疫病が多発し庶民の半数以上が死亡したと記され、崇神《すじん》天皇六年～九年条にかけての記事には流浪民となって謀反を起こす者が出たため、大物主神をはじめ諸々の神々を祭祀したことが列記されている。『古事記』崇神《すじん》天皇条が太田田根子《おおたたねこ》による三輪山の祭祀を記し、「宇陀の墨坂の神に赤の楯矛を、大坂の神に黒の楯矛を祀り、坂の御尾の神や河の瀬の神に幣帛《ぬさ》を祀った」と記すのも、度重なる厄災を防ぐために崇神《すじん》天皇が行った神々の祭祀の状況を告げるものだった。

それらに書かれていることや各地の水分《みくまり》神社の社伝が伝えること、あるいは広瀬大社の「水足池《みずたるいけ》」の龍神縁起が崇神《すじん》天皇の時代の出来事であると伝えていたことなどを考え合わせると、どうやら崇神《すじん》天皇の時代になってから、意図的に一気に、これらの河川の水源地や合流地の聖地化が進められていったと考えてよさそうだ。

崇神《すじん》天皇や垂仁《すいにん》天皇（もしくはその御子である印色入日子命《いにしきいりひこのみこと》）は、大和に恵みをもたらす山々が生み出す聖なる水が湧き出す場所を水分《みくまり》神として祀りあげ、それらの水が集まる場所を整備し祭祀している。しかもそれらの場所は互いに聖なる太陽が昇り沈みする場所としても設定されていたのである。そして、それらの水分《みくまり》神らが指し示す特別な場所に狭山池という巨大な人造池を築造しようとしたのだ。古代大和王権にとってこれはまさに国家プロジェクトであり、国づくりを行っていく上での重要な布石の事業だったに違いない。

【図6】に示したように、狭山池の位置は吉野山と広瀬大社を基点とする二つの「太陽の道」が交差する特別な場所にあたっている。狭山池の造成計画においては自然の地形や水の流れを見据えた上で、さらに太陽の動きという宇宙の摂理をも見通した配置計画が企てられている。そこには、現代社会のように単に機能的な要求や技術的見地、あるいは経済的目的だけで無造作にインフラ整備の地点が決められるのではなく、神々の目で見通すような大きな視座が介在している。

池が並ぶ「水の道」

そのことは、『古事記』垂仁《すいにん》天皇条で印色入日子命《いにしきいりひこのみこと》が造ったと記される「狭山《さやま》池」以外の「血《ち》沼《ぬ》の池」や「日下《くさか》の高津の池」の場所や、同時期に造られたとみられるその他の池の場所を検証することでも明らかになる。

『古事記』や『日本書紀』の崇神《すじん》天皇条及び垂仁《すいにん》天皇条に記される主な池とその推定地は次の通りである。

❶狭山《さやま》池：『日本書紀』崇神《すじん》天皇六十二年条、『古事記』垂仁《すいにん》天皇条に記載〔前出〕。

❷血沼《ちぬ》の池：『古事記』垂仁《すいにん》天皇条に記載。『日本書紀』垂仁《すいにん》天皇三十五年条に、「茅渟池《ちぬのいけ》」記載。所在地については諸説あるが、『五畿内志』によれば、現在の大阪府泉佐野市市場東にある布池と考えられる。

❸日下《くさか》の高津の池：『古事記』垂仁《すいにん》天皇条に記載。大阪府東大阪市日下町付近。

❹依羅《よさみ》の池：『古事記』崇神《すじん》天皇条、『日本書紀』崇神《すじん》天皇六十二年条に記載。大阪市住吉区庭井二丁目付近。隣接して大依羅《おおよさみ》神社あり。

❺軽の酒折《さかおり》の池：『古事記』崇神《すじん》天皇条に記載。『日本書紀』崇神《すじん》天皇六十二年条に記載の「反折池」と同一の池とされる。奈良県橿原市大軽町付近。

❻反折《さかおり》池：『日本書紀』崇神《すじん》天皇六十二年条に記載。軽の酒折《さかおり》の池と同じとする考えもあるが、場所については未詳。

❼高石の池：『日本書紀』垂仁《すいにん》天皇三十五年条に記載。『和泉志』は大阪府高石市東羽衣六丁目付近にあった乙池とする。

❽狭城池《さきのいけ》：『日本書紀』垂仁《すいにん》天皇三十五年条に記載。奈良市佐紀の水上池。

❾迹見池《とみのいけ》：『日本書紀』垂仁《すいにん》天皇三十五年条に記載。『大和志』は奈良県大和郡山市池之内町とする。

【図8】は【図6】の上にこれらの崇神《すじん》、垂仁《すいにん》天皇の時代に築造された池の位置を想定できる範囲で落とし込んだものである。この図を見る限り、【図6】に示した水分《みくまり》神社の配列を踏襲するかのように、そのライン上に新しく築造された人工池が並んでいる。

順に確認していくと、❷血沼《ちぬ》の池は広瀬大社→狭山《さやま》池に通じる冬至日没方向の先の海際に位置している。❸日下《くさか》の高津の池と❽狭城池《さきのいけ》はほぼ東西の位置関係にあり、❸日下《くさか》の高津の池と❾迹見池《とみのいけ》は石上神宮から夏至の日没方向にある。

また、❽狭城池《さきのいけ》と❾迹見池《とみのいけ》は大和の葛城山から大和盆地を見下ろした時に、大和一帯の川が集まる広瀬大社の方向に一直線に並ぶ。❺軽の酒折《さかおり》の池は①吉野水分《みくまり》神社の元社が祀られていたという吉野山青根ヶ峯山頂から大和盆地を見下ろした時に、広瀬大社に向かう方向線上付近に位置している。

さらに、❹依羅《よさみ》の池は現在の大和川の河口近くに位置し、広瀬大社からは真西に位置している。この❹依羅《よさみ》の池の近くには摂津国式内社である⑥天水分豊浦命《あめのみくまりとようらのみこと》神社が祀られている。三輪山

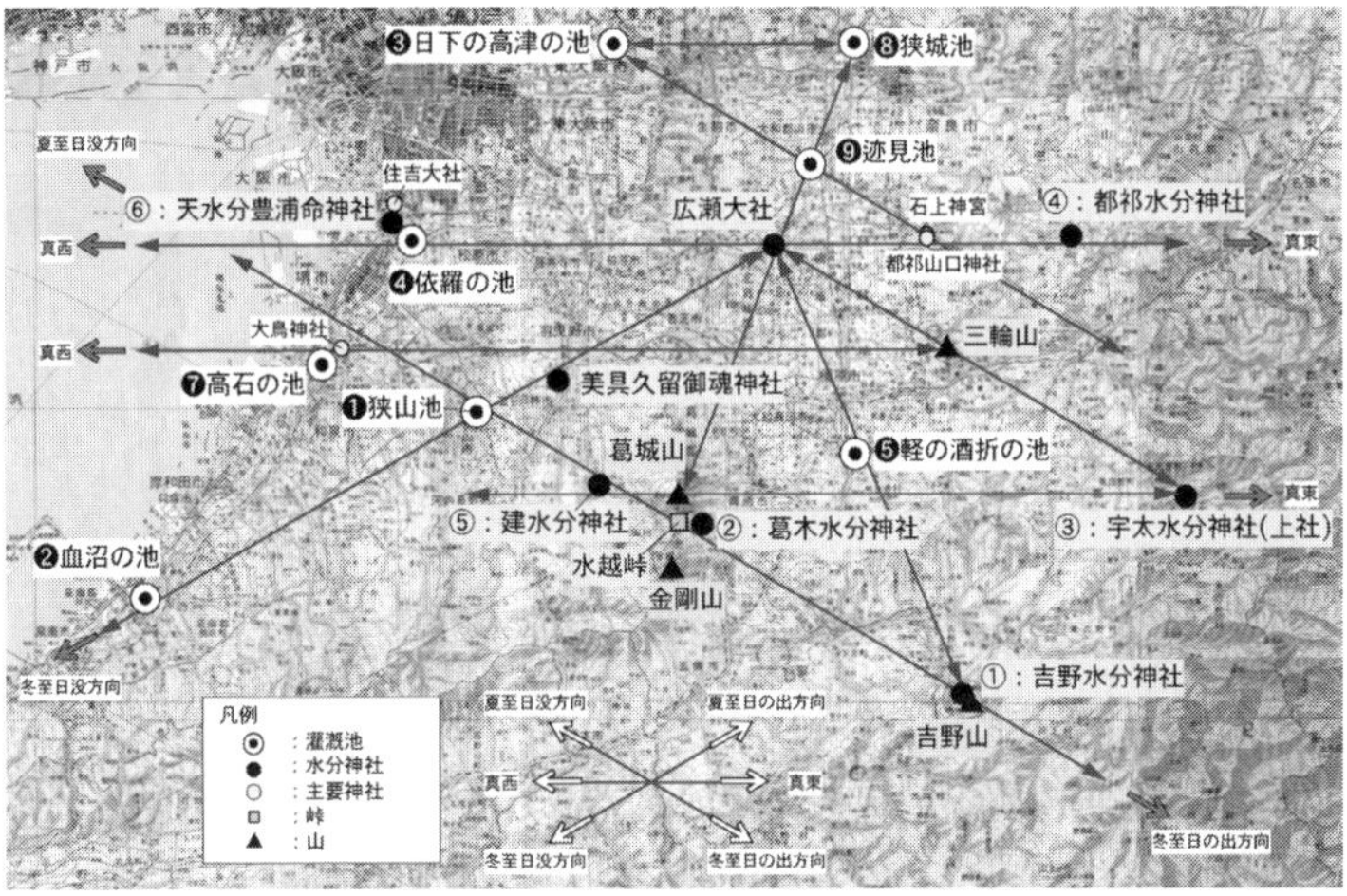

【図8】　灌漑池の配置　崇神、垂仁天皇の時代に築造された灌漑池の配置も水分神社の配列と同じく「太陽の道」や吉野山や葛城山や広瀬大社などを結ぶ軸線上に数多く位置している。

を中心に並ぶ北緯34度32分の東西軸は「太陽の道」でもあるが、そのわずか北を並行して走る④都祁《つげ》水分《みくまり》神社―広瀬大社―❹依羅《よさみ》の池―⑥天水分豊浦命《あめのみくまりとようらのみこと》神社と並ぶ東西軸などは、まさに大和から河内へとつながる「水の道」と呼ぶことができるのかもしれない。なお、三輪山の真西方向の「太陽の道」の海際には❼高石の池が築かれている。

古代の都市計画

もちろんこれらの池の配置計画は、夏至や冬至、春分・秋分の日の出、日没方位という太陽方位軸だけで決められているものではない。そこには当然のことながら、社会インフラとして必要不可欠な要求を満たすための配置計画が基本となっている。

例えば、『古事記』の記載によると、❷血《ち》

沼《ぬ》の池や❸日下《くさか》の高津の池は神武天皇が東征を行った際に、登美の長髄彦《ながすねひこ》に戦いを挑み破れたところが「日下《くさか》の蓼津《たてづ》」であり、兄の五瀬命《いつせのみこと》の傷を洗ったところが「血沼《ちぬ》の海」だった。つまり、「日下《くさか》」も「血沼《ちぬ》」も古代から知られた港や港湾だったのだ。印色入日子命《いにしきいりひこのみこと》は、そこでの人々の暮らしや経済活動を支えるために、港近くに飲料供給や農地灌漑のための池を築造したのだろう。

同様のことは❹依羅《よさみ》の池や❼高石の池についても言える。❹依羅《よさみ》の池がある場所の北西わずか3kmには住吉大社があるが、そこは住吉の津と言われ、古代有数の港だった。❼高石の池についても、その北東2km付近に和泉国一宮である大鳥神社が祀られるが、この神社が祀られている所は三輪山から真西に走る「太陽の道」の海際の場所でもある。大鳥神社には倭建命《やまとたけるのみこと》が祀られ、古代から賑わいをみせた場所だった。つまり、これらの❹依羅《よさみ》の池や❼高石の池が築造された場所というのは、それだけ多くの人々が居住し、交易を行う「都市」が間近に控えている所なのだ。

内陸に位置するその他の池についても、❽狭城池《さきのいけ》と❾迹見池《とみのいけ》は大和盆地の北を流れる佐保川沿いに位置し、❺軽の酒折《さかおり》の池は大和盆地南側の飛鳥川や高取川の沿岸に位置している。どちらの池も大和盆地中枢の地にあり、これらの池の築造は水の備蓄供給という目的だけでなく、河川の氾濫などの水害防止にも役立ったはずだ。

そういった機能的な側面を十分に備えた上で、なおかつ、これらの池の築造地は聖なる太陽が昇り沈みする特別な場所を選んで配置されている。そのことが現在各所で行われている都市計画の有り様《よう》とは全く違うことであると思う。

古代の都市計画の背景には、古代人《びと》たちの山々や川などの自然や、太陽や月や星などの天体に対する大いなる畏れの気持ちが根底にあった。その上で、彼らは人工池のもたらす機能的な側面を十分に考慮しながらも、自然の地形の姿や太陽の動きと一体になるように、大地の中にそれらの新たな池を組み入れようとしたのだろう。

5 印色入日子命《いにしきいりひこのみこと》の道行き

鳥取の河上の宮

天皇が新しく即位して天皇霊を受け継ぐ際には、大嘗祭《だいじょうさい》という継承祭祀が執り行われる。この大嘗祭《だいじょうさい》は旧暦の冬至の頃に行われることになっていた。冬至とは一年のうちで最も弱く衰えた太陽が新たに生まれ変わり、再生していく日でもある。その冬至の太陽と天皇の新生とが重ねられているように、古代において、冬至はとりわけ重要な節目の日として意識されていた。現在、私たちが毎年祝っている正月も本来は冬至の祭祀から出発している。

その冬至の日の早朝、広瀬大社が位置する地点に立つと、大和の最も重要な神奈備山である三輪山から朝日が昇ってくるのを拝すことができる。また、その日の夕日は寺山（大坂山）の方向へと沈んでいくが、大坂山は崇神《すじん》天皇が黒い楯矛を奉った大坂神の坐《いま》すところであり、大和と河内の境をなす場所でもあった。

大和盆地の中で、冬至の日にこの特別な日の出、日の入りを眺めることができる場所は、広瀬大社が祀られている河合町川合の場所以外にはどこにもあり得ない。しかも、そこは大和各地から流れてきた河川が集まる水の聖地であり、古代の水上交通の要衝でもあった。

その広瀬大社の立地点を基準に据えながら、『古事記』や『日本書紀』の垂仁《すいにん》天皇条に現れる印色入日子命《いにしきいりひこのみこと》に関する記事について、もう少し詳しく読み進んでいくことにしよう。『古事記』垂仁《すいにん》天皇条の系譜には次のような記載がある。

（垂仁天皇の御子の）印色《いにしき》の入日子《いりひこ》の命は、血沼の池を作り、また狭山《さやま》の池を作り、また日《くさ》下《か》の高津の池をお作りになられた。また、鳥取の河上の宮においでになって、太刀一千振を作り、これを石上《いそのかみ》神宮に納められた。そこでその宮においでになって、河上部を定められた。

印色入日子命《いにしきいりひこのみこと》は、垂仁《すいにん》天皇と丹波道主王《たにはのみちぬしのおう》の娘の氷羽州比売命《ひばすひめのみこと》の間に生まれた御子である。氷羽州比売命《ひばすひめのみこと》については、「丹波の日足《ひたし》姫」として丹波と大和王権もしくは伊勢をつなぐ伝承があるが、その件については次章にて詳述したい。垂仁《すいにん》天皇と氷羽州比売命《ひばすひめのみこと》の間には印色入日子《いにしきいりひこの》命《みこと》を含めて五人の子供たちがいた。そのうち、印色入日子命《いにしきいりひこのみこと》の弟の大帯日子淤斯呂和気命《おおたらしひこおしろわけのみこと》が皇位を継承して次代の景行《けいこう》天皇となり、妹の倭姫命《やまとひめのみこと》は、天照大神《あまてらすおおみかみ》の鎮座する場所を求めて伊勢へと巡遊し、伊勢神宮の祭祀を行っている。

『古事記』垂仁《すいにん》天皇条で印色入日子命《いにしきいりひこのみこと》が造ったと記される三つの池の概要についてはすでに説明したが、そのうちの❶狭山《さやま》池と❷血沼《ちぬ》の池は広瀬大社の鎮座地から見て、冬至の日没方向軸上付近に設けられた。『古事記』垂仁天皇条の印色入日子命《いにしきいりひこのみこと》に関する系譜では、この池の築造の記事に続いて、「鳥取の河上の宮」で太刀一千振を作ったと記されている。

実はここに登場する「鳥取の河上の宮」が、広瀬大社から❶狭山池、❷血沼《ちぬ》の池へとつながる

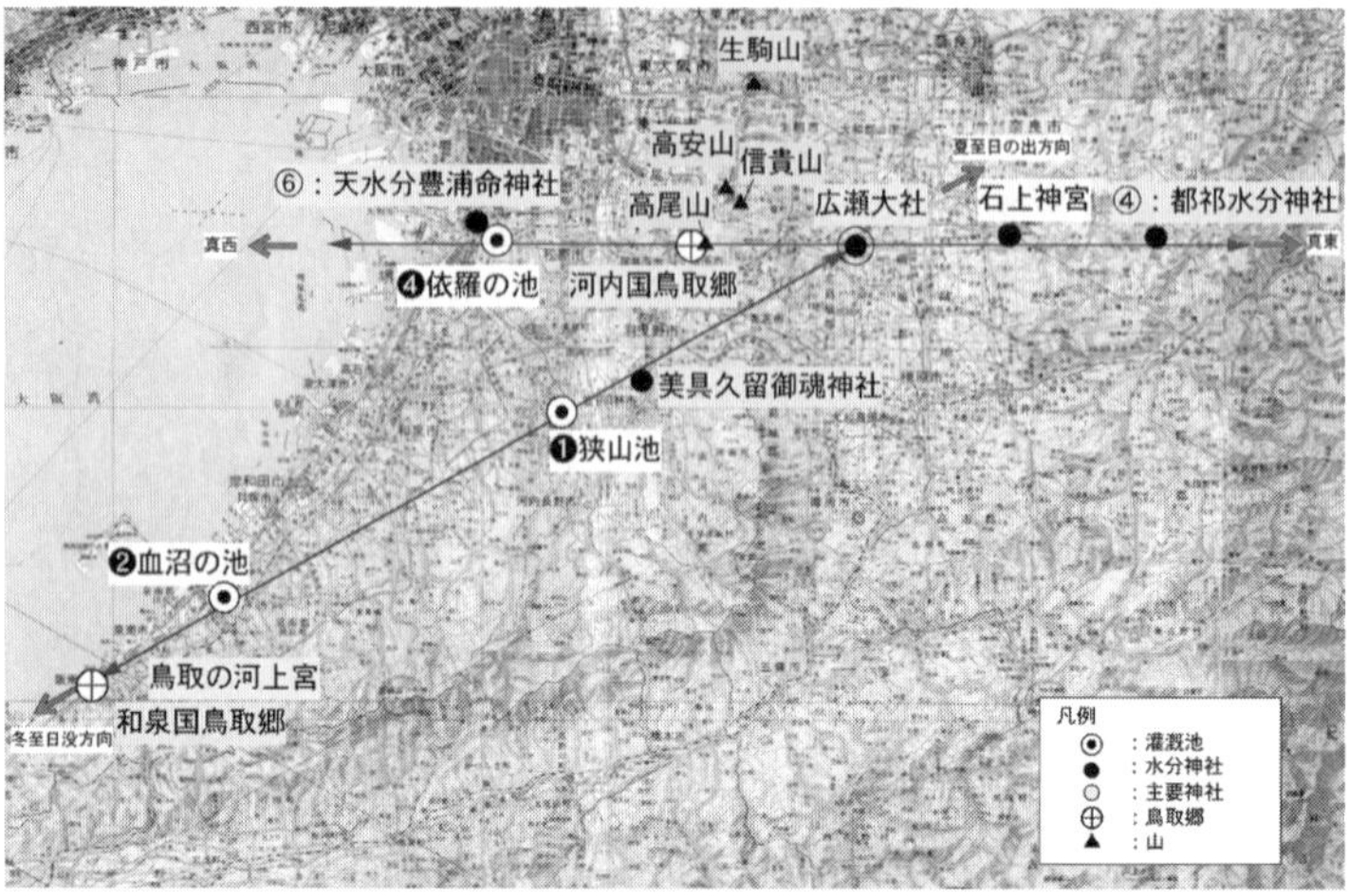

【図9】　鳥取郷の配置　和泉国の鳥取郷は広瀬大社から狭山池、血沼の池へとつながる冬至日没方向軸上の最も先の海際の地点に位置しているが、印色入日子命がこの「鳥取の河上の宮」で作らせた太刀一千振は広瀬大社の真東に位置する石上神宮に奉納されている。また、河内国の鳥取郷は広瀬大社の真西に位置する。

冬至日没方向軸上の最も先の海際の地点に位置しているのである。この海際の地域一帯は、かつての和泉国日根郡鳥取郷（大阪府阪南市）にあたり、「鳥取の河上宮」は大阪府阪南市の玉田山付近にあったのではないかと考えられている。『日本書紀』垂仁《すいにん》天皇三十九年条では印色入日子命《いにしきいりひこのみこと》の宮を「茅渟《ちぬ》の菟砥川上宮」と記しているが、玉田山の近くを菟砥《うと》川が流れている。（【図9】）

和泉国の鳥取郷

古代から和泉国日根郡鳥取郷には鳥取氏が居住しており、現在も阪南市内に鳥取の地名が残っている。鳥取氏については、『新撰姓氏録』和泉国神別に「鳥取：角凝魂《つぬこりたまの》命《みこと》三世孫湯河桁命《ゆかわたなのみこと》之後也」と記されている。また、『日本書紀』垂仁《すいにん》天皇二十三年条に、言葉を話すことのできなかった本牟智和気命《ほむちわけのみこと》（誉津別命《ほむつわけのみこと》）が鵠《くぐい》（白鳥）を見た時に初めて声を発したので、その鳥を捕えるために鳥取造《みやつこ》の祖である天湯河板挙《あめのゆかわたな》を遣わせたと書かれている。

谷川健一氏は、『白鳥伝説』の中で、この鳥取氏と天湯河板挙《あめのゆかわたな》について次のように説明する。

　アメノユカワタナは鳥取氏の始祖で、その本拠は和泉国日根郡鳥取郷とみられている。現在、阪南町（現阪南市：筆者注）の石田に波太《はた》神社があって、角凝魂命《つぬこりたまのみこと》を主神として、相殿に応神天皇を祀っている。角凝魂命《つぬこりたまのみこと》の三世の孫がアメノユカワタナである。波太《はた》神社も摂社にはアメノユカワタナを祀っている。

さらに、谷川氏は、『青銅の神の足跡』の中でもこの話題に触れ、天湯河板挙《あめのゆかわたな》が住んでいた鳥取郷の中に「鳥取の河上宮」があるということは、天湯河板挙《あめのゆかわたな》は鍛冶集団と関連が深いということになると言い、また、『鉄山秘書』に金屋子神が白鷺に乗って移動したという記載を引き合いに出しながら、一定の鍛冶集団には白鳥信仰があったとも語っている。

つまり、印色入日子命《いにしきいりひこのみこと》が居城を構えた「鳥取の河上宮」は鳥取氏という白鳥にまつわる氏族が勢力を張っていた所にあった。その「鳥取の河上宮」で印色入日子命《いにしきいりひこのみこと》は太刀一千振を製造したと『古事記』垂仁《すいにん》天皇条には記されている。このことは『日本書紀』垂仁《すいにん》天皇三十九年条にも同様の記載がある。それらのことから勘案すると、おそらく、この太刀一千振は和泉国日根郡鳥取郷を本拠地としていた鳥取氏によって作られたものだろうと想像できる。鳥取氏は鍛冶や金属精錬に優れていた氏族だったのだろう。だからその当時において、一千振もの大量の太刀を製作することが可能だった。

そして、『古事記』や『日本書紀』にわざわざこの太刀のことが記載されているということにも特別な意図が込められている。それはおそらく、大量の太刀が作られた「鳥取の河上宮」という場所が、広瀬大社の位置する「河合」の地から見て冬至の太陽が沈む最果ての地に位置していることと深い関係がある。太刀一千振はその後、石上神宮《いそのかみ》に奉納されたと記されているが、石上神宮《いそのかみ》は広瀬大社のほぼ真東に位置している。つまり、印色入日子命《いにしきいりひこのみこと》の一千振もの大量の太刀は、広瀬大社を中心にして、冬至の日没方向の最果ての地で作られ、春分・秋分の朝日が昇る真東の地へと奉納されていくのである。

そういった視点で見ていくと、『古事記』などに記される「鳥取の河上宮」とは西の海に沈む太陽を見送るための特別な聖地だったと言うことができるだろう。印色入日子命《いにしきいりひこのみこと》はその太陽の聖地「鳥取の河上宮」に居を構え、そこから海の彼方へと沈んでいく冬至の太陽を見送った。その冬至の太陽には新たな蘇《よみがえ》りへの象徴の意味が込められていたに違いない。その蘇《よみがえ》りの太陽を崇めたのと同様に、「鳥取の河上宮」で作られた太刀一千振にも「不死」や「再生」の意味が込められていったのだろう。この大量の太刀に霊力が宿されたのである。

また、「鳥取の河上宮」に至る夏至日の出↑↓冬至日没ライン上に❶狭山《さやま》池と❷血沼《ちぬ》の池が存在するということも、鳥取氏の有する鍛冶技術と白鳥信仰に大きく関係している。大量の太刀を作り出した鳥取氏の鍛冶技術力によって大規模な土木工事を支える鉄器具の生産が行われ、巨大な人造池の築造が可能になったと考えられるからである。この時代に大規模な土木事業が各所で行われるようになった背景には、製鉄技術の進歩がその大きな支えとなっている。

新たに築かれた巨大な池は田畑を潤す水源となったばかりでなく、禊の場となり白鳥などの鳥たちが数多く集まる水辺となったのだろう。白鳥は鳥取氏の祖とも言われる天《あめの》湯《ゆ》河《かわ》板《た》挙命《なのみこと》のシンボルである。古代において白鳥をはじめとする鳥類は精霊や魂を運ぶ生き物とされてきたが、同時に禊の場所でもある水辺をつなぐ役目を果たしていた。その新たな水辺が「鳥取の河上宮」へと向かう「太陽の道」の上に巨大な人造池として配され、そこを目指すようにして鳥取氏による「白鳥の道」がつながっているのである。

河内国の鳥取郷

鳥取氏の拠点は和泉国だけではなく河内国にもあった。『延喜式』神名帳に河内国大県郡に式内社の天湯川田神社が載っているが、この河内国大県郡に鳥取郷がある。そこは現在の大阪府柏原市大県付近とみられており、大阪府柏原市大県には式内社の鐸《ぬて》比《ひ》古《こ》鐸《ぬて》比《ひ》売《め》神社が鎮座している。鐸《ぬて》比《ひ》古《こ》鐸《ぬて》比《ひ》売《め》神社は背後にそびえる高尾山（２７８ｍ）を神体山とするが、ここから多紐細文鏡が出土しており、この北方約２㎞の恩智《おんぢ》神社付近からは銅鐸が出土している。これらのことからも、古来より高尾山麓の鳥取郷周辺で金属精錬や製鉄が行われていて、鳥取氏がその流れを汲む鍛冶集団であったことが想像される。

この高尾山が広瀬大社の真西に位置している。つまり、広瀬大社を中心にしながら和泉国と河内国の二つの鳥取郷の位置を眺めた場合、和泉国の鳥取郷が冬至の日没方向に位置し、河内国の鳥取郷が春分・秋分の日没方向に位置するという関係にある。(【図9】)

なお、式内社の天湯川田神社は祭神として鳥取氏の祖である天湯河板挙命《あめのゆかわたなのみこと》を祀っており、高尾山南方の大阪府柏原市高井田に位置している。そこは大和川が蛇行する河岸にあたっており、金属を精錬生産する鳥取氏の船運交通や流通の拠点でもあったと考えられる。

鳥取氏の河内国における拠点であった河内国大県郡鳥取郷の真西の海際に、❹依羅《よさみ》の池が掘られている。これもおそらく、和泉国の鳥取郷や❶狭山《さやま》池や❷血沼《ちぬ》の池の場合と同じように、鳥取氏による「白鳥の道」の一つの表れだったのではないだろうか。印色入日子命《いにしきいりひこのみこと》が和泉国日根郡鳥取郷の「鳥取の河上宮」で作った太刀一千振を奉納したと伝えられる石上《いそのかみ》神宮がこの東西軸上に位置することも、その一つの裏付けになる。❹依羅《よさみ》の池―河内国鳥取郷―龍田大社―広瀬大社―石上神宮へとつながる東西軸は「太陽の道」、「水の道」であり、また、「白鳥の道」でもあったのだ。(【図9】)

印色入日子命《いにしきいりひこのみこと》が太刀一千振を奉納したという石上《いそのかみ》神宮は『延喜式』神名帳に「石上坐布都御魂神社《いそのかみにますふつのみたま》」と記載されており、その名にあるように布都御魂《ふつのみたま》神と称される霊剣を祭神として祀っている。この霊剣は、建甕槌尊《たけみかづちのみこと》(建御雷神《たけみかづちのかみ》)がかつて葦原の中つ国を平定した時に用いた霊剣で、神武東征の際に熊野で窮地に陥った神武天皇の元に高倉下《たかくらじ》が授けたものである。社伝によると、この刀剣は最初、宮中に祀られていたが、崇神《すじん》天皇七年に勅命を受けた物部連の祖の伊香《いかが》色雄命《しこおのみこと》が石上《いそのかみ》の地に移して「石上大神」として奉斎したと伝えている。

崇神《すじん》天皇七年というのは③宇太水分《みくまり》神社が創建されたと伝える年代と同じである。③宇太水分《みくまり》神社は広瀬大社から冬至の日の出方向にあたる三輪山と同じ方位に位置している。その同じ年に、新たに石上《いそのかみ》神宮が広瀬大社の真東に位置する所に祀り直されたと社伝は伝えているわけだ。崇《す》神《じん》・垂仁《すいにん》朝時代の広瀬大社を中心とした意図的な配祀計画の一端がここにも見られるのである。

生駒の物部氏

ここで石上《いそのかみ》神宮を祭祀した物部氏に関して少し記しておきたい。先に河内の鳥取郷付近にある高尾山について触れたが、高尾山は生駒山地の南端に位置する山である。生駒山地は交野山（341m）、飯盛山（314m）、生駒山（642m）、高安山（488m）、信貴山（437m）などが南北に連なる山地であり、生駒山地の北端を淀川が、南端を大和川が流れている。瀬戸内海を西から東の大阪湾へと進んでいく時に、真正面に目に入ってくる山並みが生駒山地である。古代の海の神である住吉の神を祀る住吉大社も生駒山を神奈備山として奉斎してきた。

生駒山地にはかつて長髄彦《ながすねひこ》が拠点を張っていた。神武天皇が東征した際には長髄彦《ながすねひこ》が大和一帯を支配しており、神武天皇の大和への侵入を阻んだ長髄彦《ながすねひこ》の軍が生駒山麓の日下《くさか》で神武軍を破っている。長髄彦《ながすねひこ》に敗れた神武天皇はこの山地をついに越えることができず、熊野までの大きな迂回を強いられた。

また、『先代旧事本紀《せんだいくじほんぎ》』には長髄彦《ながすねひこ》が仕えたという饒速日命《にぎはやひのみこと》が天磐船に乗り、生駒山中の哮《たけるが》峰《みね》に降臨したと伝えられている。饒速日命《にぎはやひのみこと》は物部氏が信奉した太陽神で、『日本書紀』神武天皇即位前紀乙卯年条には長髄彦《ながすねひこ》の妹の三炊屋媛《みかしきやひめ》と饒速日命《にぎはやひのみこと》の間に生まれたのが物部氏の祖の可美《うまし》真手命《まじのみこと》（宇摩志麻遅命《うましまじのみこと》）であると記される。

元来、高尾山を含めた生駒山地一帯は、饒速日命《にぎはやひのみこと》を祀る物部氏が勢力を張り巡らせていた場所だったのだろう。その南端に鳥取氏の拠点である河内の鳥取郷があった。和泉国の鳥取郷の「鳥取の河上宮」で作らせた一千振もの太刀が奉納された石上《いそのかみ》神宮もまた、物部氏によって祀られている。しかも、鳥取氏も物部氏も金属精錬と深い関連を持っている。これらのことを考え合わせると、鳥取氏と物部氏は非常に近い関係にあったことが見えてくる。

饒速日命《にぎはやひのみこと》は別名を櫛玉命《くしたまのみこと》ともいう。これは饒速日命《にぎはやひのみこと》の神名について、『先代旧事本紀《せんだいくじほんぎ》』の「天孫本紀」に「天照国照彦火明櫛玉饒速日命《あまてるくにてるひこあまのほあかりくしたまにぎはやひのみこと》」とあり、同書の「神武紀」に「櫛玉饒速日《くしたまにぎはやひの》命《みこと》」とあるところから抽出した呼び名である。

この饒速日命《にぎはやひのみこと》の別名神である櫛玉命《くしたまのみこと》が広瀬大社の相殿に祀られているのである。『大和志料』では、饒速日命《にぎはやひのみこと》の妻の三炊屋媛《みかしきやひめ》の別称である櫛玉姫命《くしたまひめのみこと》を広瀬大社相殿の祭神としているが、広瀬大社の社伝では櫛玉命《くしたまのみこと》を祭神としていて、広瀬大社の末社には饒速日命《にぎはやひのみこと》社も祀られている。「水足池《みずたるいけ》」の龍神伝説を有するこの神社に物部氏の太陽神である饒速日命《にぎはやひのみこと》が重なってくるわけである。

【図９】で示すように、三輪山や大坂山、各地の水分《みくまり》神社、あるいは印色入日子命《いにしきいりひこのみこと》に関わる伝承地などは広瀬大社を中心にして、夏至、冬至、春分・秋分の聖なる太陽軸が向かう方向に配置されている。このことは広瀬大社が水神のネットワークを司る神社であるばかりでなく、太陽のネットワークをも司る特別な神社であることを物語っている。広瀬大社に伝わる「水足《みずたる》池《いけ》」の龍神伝説や相殿や末社に祀られている櫛玉命《くしたまのみこと》（饒速日命《にぎはやひのみこと》）の存在はそのことを今に伝えているのだ。

6　朝日の日向かう処、夕日の日隠る処

龍田大社建立の由縁

『日本書紀』天武天皇四年（六七五）四月十日条に、風神《かぜのかみ》を竜田《たつた》の立野《たつの》に祀り、大忌神《おおいみのかみ》を広瀬の川曲《カワワ》に祭ったと記される龍田大社と広瀬大社は共に『延喜式』神名帳の名神大社に列せられる古社で、その祭祀は共に同時一対《いっつい》の関係で行われてきた。しかも、大和川沿いに鎮座するこの二つの神社は川沿いに約7㎞の距離を保ちながら、ほぼ東西の位置関係にある。

龍田大社には天御柱命《あめのみはしらのみこと》と国御柱命《くにのみはしらのみこと》が祀られているが、この二神は風の神である志那都《しなつ》比古命《ひこのみこと》と志那都比売命《しなつひめのみこと》の別名と言われている。また、広瀬大社には主祭神として若宇加能売《わかうかのめ》命《みこと》が祀られているが、この神は穀物の神である倉稲魂命《うかのみたまのみこと》（宇迦之御魂《うかのみたま》命）と同神であるとされている。『日本書紀』神代紀一書（第六）では、伊弉諾尊《いざなぎのみこと》と伊弉冉尊《いざなみのみこと》が国生みを終えた後、朝霧を吹き終えた時に風神である級長戸辺命《しなとべのみこと》（別名級長津彦命《しなつひこのみこと》）を生み、飢えて気力を失った時に倉稲魂命《うかのみたまのみこと》を生んだと記されている。天武天皇が龍田大社の神と広瀬大社の神を同時に祀ったように、これらの神々は『日本書紀』の中でもほぼ同時に誕生したことになっている。

龍田大社建立の由縁《ゆえん》については『延喜式』竜田風神祭祝詞にその様子が詠み込まれている。そ

の祝詞によれば、崇神《すじん》天皇の時に凶作が続いたために占いをしたところ、原因が天御柱命《あめのみはしらのみこと》と国御柱命《くにのみはしらのみこと》の祟りによるものであることがわかり、幣帛《みてぐら》を「竜田の立野の小野」に祀ると五穀豊穰がもたらされたので、そこに龍田大社を祀ったと記されている。同時一対《いっつい》の祭祀関係にある龍田大社と広瀬大社が共に崇神《すじん》天皇の時代に創祀されてきたことが、ここに挙げた祝詞や広瀬大社に伝わる縁起に書き記されているのである。

また、龍田大社が建てられた場所については、『延喜式』竜田風神祭祝詞に、その場所が、

吾《あ》が宮は朝日の日向かう処《ところ》、夕日の日隠《ひがく》る処《ところ》

であると記されている。この言い回しについては、よく似た文言が『古事記』の天孫降臨神話に登場している。

朝日の直刺《たださ》す国、夕日の日照《ひで》る国

天孫降臨神話とは、出雲の国譲りが終わった後、天照大神と高木神が天照《あまてらす》の孫（天孫）である邇邇芸命《ににぎのみこと》を日向の高千穂峯へと天降らせたことを伝える神話である。この神話の中で、猿田彦命に導かれ高千穂峯に天降った邇邇芸命《ににぎのみこと》が、

此地《このくに》は韓国《からくに》に向ひ笠沙《かささ》の御前《みさき》にま来通りて、朝日の直刺《たださ》す国、夕日の日照《ひで》る国なり。かれ此地《このくに》ぞいと吉《よ》き地。

と宣《のたま》い、その場所を絶賛し、高千穂に宮を造営したと記されている。この言葉の意味については、

前著『古事記のコード（暗号）』の中で次のように説明した。
『古事記』によると邇邇芸命《ににぎのみこと》はこの言葉を語った後、「この御前《みさき》に立ちて仕《つか》へまつれる猿田彦の大神」を伊勢まで送り届けるようにと天宇受売命《あめのうずめのみこと》に伝えている。猿田彦命は、邇邇芸命《ににぎのみこと》の先導役として「此地《このくに》」まで道案内をしてきたのだが、その猿田彦命が「この御前《みさき》に立って仕え奉って」いたと、そこには記されているわけだ。「御前《みさき》」とは、一般的には、御子《みこ》の御前（ミマエ、ゴゼン）というような意味で訳され、猿田彦命が邇邇芸命《ににぎのみこと》の前に立って先導したという具合に解釈されてきた。しかし、その「御前《みさき》（御崎）」を四国の足摺岬というまさに字義の通りの「御前《みさき》」として解釈すると、その言葉の持つ意味が全く異なった視点と視界を生み出すことになる。

それを図解したのが【図10】に示した図である。足摺岬は別名を蹉跎《さだ》岬という。まさにサルタ＝サダの名を背負っているわけだが、この岬は猿田彦命の元々の住処《すみか》である伊勢からは冬至の日没方向に向かった所に位置している。その足摺岬から夏至、冬至、春分・秋分の日没方位を眺めると、それぞれの「太陽の道」が、「韓国《からくに》に向う」道、「笠沙《かささ》の御前《みさき》にま来通る」道、「朝日の直《ただ》刺《さ》す国、夕日の日照《ひで》る国」に至る道の三方向の在《あ》り処《か》を指し示すのである。そのような視点から読み解いていくと、邇邇芸命《ににぎのみこと》が天降った高千穂の地とは、筑紫嶋（九州）に関わる三つの聖軸の中心にあり、「御前《みさき》」である足摺岬と東西の「朝日の直《ただ》刺《さ》す国、夕日の日照《ひで》る国」の関係で向かい合う宮崎県西臼杵郡高千穂と考えることができる。

おそらく、『延喜式』竜田風神祭祝詞に「朝日の日向から処《ところ》、夕日の日隠《ひがく》る処《ところ》」と表示され

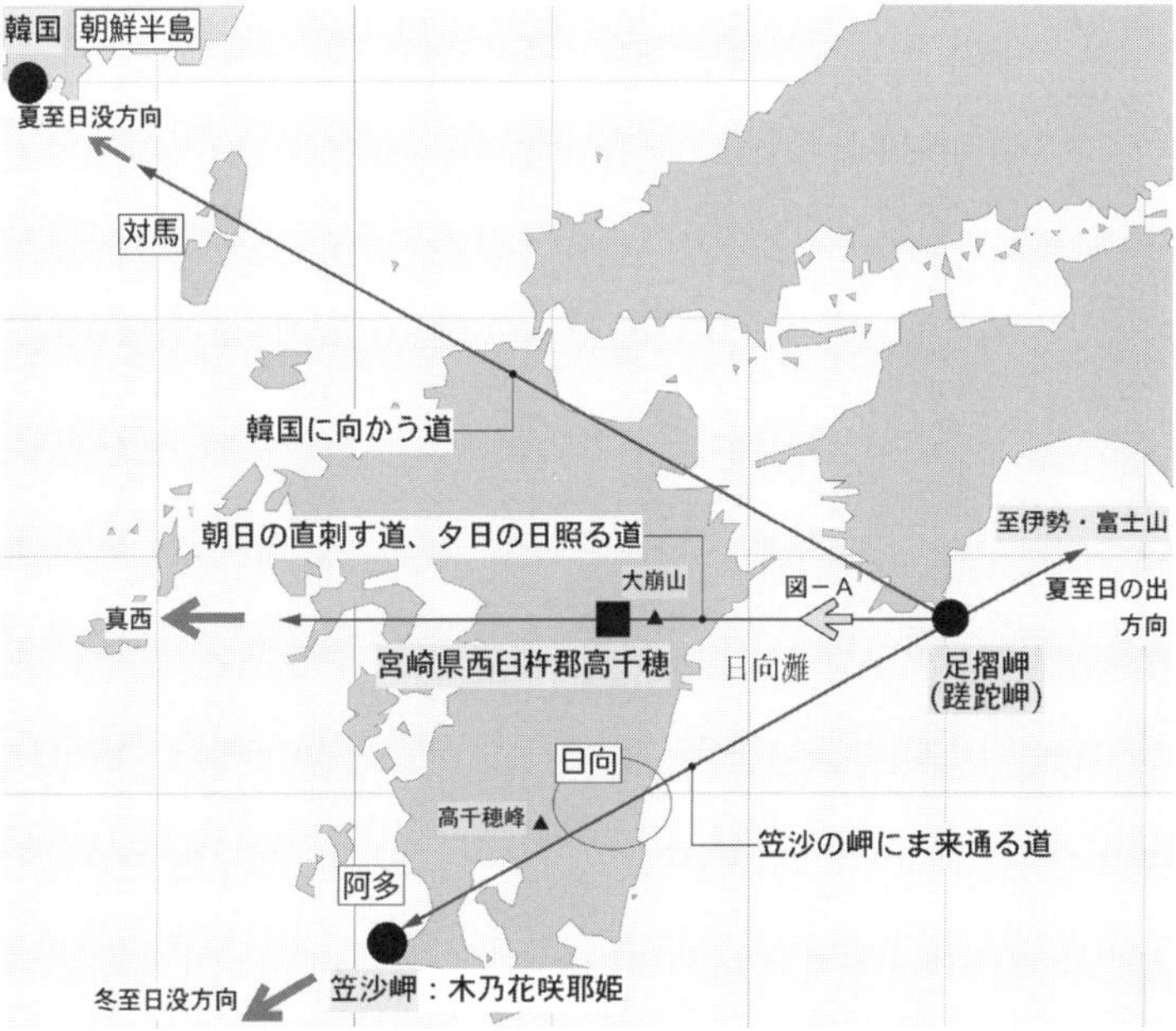

【図10】　天孫降臨の構図　『古事記』では高千穂峯に天降った邇邇芸命が「此地は韓国に向ひ笠沙の御前にま来通りて、朝日の直刺す国、夕日の日照る国なり。かれ此地ぞいと吉き地」と宣う。邇邇芸命を道案内してきた猿田彦命が仕えた御前を足摺岬と捉えると、この岬は猿田彦命の元々の住処である伊勢からは冬至の日没方向に向かった所に位置している。その足摺岬から夏至、冬至、春分・秋分の日没方位を眺めると、それぞれの「太陽の道」が、韓国に向う道〔夏至日没方位〕、笠沙の御前にま来通る道〔冬至日没方位〕、朝日の直刺す国、夕日の日照る国に至る道〔春分・秋分日没方位〕の三方向の在り処を指し示す。

た龍田大社の場所もそのような意味合いのもとに定められた特別な場所だったに違いあるまい。天孫降臨神話の場合と同じような見方をしていくと、その言葉に含まれているものは、龍田大社が鎮座する「竜田の立野の小野」が特別な太陽が昇り沈みする場所にあたっていることを意味する。その特別な太陽とは、天孫降臨神話における高千穂宮が「御前《みさき》（御崎）」である足摺岬の位置する真東方向から昇る太陽を望む場所であるのと同じように、春分・秋分の太陽であり、龍田大社が広瀬大社から真西に向かう「太陽の道」の上に位置していると読み取ることができる。

春分・秋分の彼岸の中日には、龍田大社から望む朝日は河合町川合の広瀬大社が建つ方向から昇る。その同じ日に広瀬大社から龍田大社を望む時、その宮は春分・秋分の朝日を浴びて照り輝き、その日の夕日は龍田大社の背後にたたずむ龍田山へと沈んでいく。そのような「太陽の道」を意識すれば、龍田大社が建つ場所は、「朝日の日向から処《ところ》、夕日の日隠《ひがく》る処《ところ》」そのものである。そのことを表すかのように、龍田大社の社殿は真東を向くようにして建てられている。

このように、龍田大社と広瀬大社という二つの神社は、お互いが春分・秋分の太陽の観測点としての関係にある。天武天皇以来、同じ日にこの二社の祭祀が行われてきたことの背景には、東西に並びあう両社を互いに祀り合うという意味も含まれているのだろう。

龍田大社の龍神

しかし、龍田大社と広瀬大社という二つの大社には、東西に並ぶということや同時期に祭祀されたということだけにはとどまらないもう一つ別の共通した重要な性質が隠されているのである。通常、龍田大社は志那都比古命《しなつひこのみこと》と志那都比売命《しなつひめのみこと》という風神を祀っていると言われているが、実は風神だけでなく、広瀬大社と同じように水神である龍神がそこに祀られているというのだ。

龍田大社では四月三日から四日にかけて瀧祭が行われている。龍田川で獲った魚を岩瀬の森の川神に献上した後、本社に持ち帰り、翌日奉献してから元の川に放流するという神事である。この瀧祭の祭神となっているのが瀧祭神《たきまつりのかみ》である。北畠親房が著した『神皇正統記』には、

瀧祭の神と申すは龍神なり。その神あづかりて、地中に納めたりとも云う。一には大倭の龍田神はこの瀧祭と同体にます。この神の預り給える也。依りて天柱国柱という御名もありとも云う。

とあり、瀧祭神と龍神が一体のものであるとしている。また、延宝九年（一六八一）に林宗甫《そうほ》が著した『和州旧跡幽考《わしゅうきゅうせきゆうこう》』にも、

瀧祭神と廣瀬龍田神、即ち同体異名にして水気の神なり。

とある。

これらのことを鑑みると、広瀬大社と龍田大社の神の本質は瀧祭神であり、即ち龍神であるということになる。広瀬大社に残る『河相宮縁起』や『広瀬社縁起』などの縁起書には、元々、「水足池《みずたるいけ》」と呼ばれる池に龍神が棲んでいたと記されるが、龍田大社も龍神である瀧祭神を祀り、広瀬大社と同様に龍神や水神にまつわる深い由来を持っているというのである。龍田大社が建つ

場所である「竜田の立野の小野」の「竜田（龍田）」という地名自体もそのことを暗示している。

しかも広瀬大社と龍田大社の龍神は表立って祀られているわけではない。むしろ、埋められた神や風神に押し隠された神として語り継がれ、祀られているのである。

――広瀬大社と龍田大社の間には隠された神としての龍神が奥深くに眠っているのではないだろうか。そしてそのことと、両社が東西に並び配されていることの間には何か深い関係があるのではないのだろうか。

依羅《よさみ》の池の龍神伝説

その隠された龍神の痕跡を求めて広瀬大社と龍田大社を結ぶ東西の「太陽の道」をたどってみることにしたい。まずはこの「太陽の道」を真西の河内国に向かって移動してみたい。そこには先に記したように『古事記』や『日本書紀』に崇神《すじん》天皇によって造られたと記される❹依羅《よさみ》の池がある。実はこの池にも龍神と関係の深い言い伝えが残されている。

❹依羅《よさみ》の池は大阪市住吉区にあり、かつては十万坪もの広さがあったと言われている。しかし、宝永元年（一七〇四）の大和川の付け替え工事によって池が二つに分断されたために干上がってしまい、今ではすっかり姿を消してしまった。この池のほとりには大依羅《おおよさみ》神社が祀られていたが、そこには龍神にまつわる次のような伝説が残されている。

かつて依羅《よさみ》池には龍蛇神が棲んでいた。池には鉄鋤が放り込まれたままになっていた。それを苦にした龍蛇神は美しい女性に変身して、通りがかった農夫にその鉄鋤を取り除いてほしいと頼んだ。そして、その頼みを聞いてくれるならば、日照りが続いた時に池のほとりにある井戸の水を汲んで神前に供えて祈願しさえすれば、いつでも雨を降らせると約束したという。

この伝説に登場する井戸は「龍神井」といい、近年まで実際に大依羅《おおよさみ》神社境内にあった。この伝説そのものは江戸時代の話として伝えられているが、かつてここに棲んでいた龍蛇神とは、広瀬大社の「水足池《みずたるいけ》」に棲んでいた龍神と同じく、元々この地で信奉されてきた地主神だったのだろう。その地主神である龍神が棲んでいた池が、新しい大和川の開削工事によって分断され破壊されていった。「龍神井」とは、そのことを嘆き悲しんだ龍神を祀るための井戸だったのだろう。

新たな土木工事や開発事業が行われるたびに、かつて人々に親しまれてきた自然や歴史や習俗などがその代償として失われていく。それらのものは目に見える世界からは消失してしまうが、「水足池《みずたるいけ》」の伝説や「龍神井」の伝説が伝え続けられてきたように、必ずしも全てのものが人々の信仰や意識の中から消え去ってしまうわけではない。

崇神《すじん》天皇の時代以降、各地で灌漑池が造られるなど一気に土木事業が展開し、龍蛇神などの地主神から新しい神々への祭祀体系の変更が行われている。しかし、大和王権が誕生し、新しい王権として各所で行った変革や政略は、思わぬところで災害や問題も引き起こした。人々はそれを元々の土地の神々であった龍蛇神などの「祟り」であるととらえ、その「祟り」を抑えるためにそれらの神々を再び鎮魂し直していかざるを得なかった。崇神《すじん》天皇が大和の三輪山を祀るために、大物主神の子孫である太田田根子《おおたたねこ》を探し出し、三輪山の神を丁重に祀り立てたのもその一つの表れであり、大和の川が集まる河合の地にあった龍神の棲む「水足池《みずたるいけ》」を埋め立てて新しい社を築いた際に、その神を「大忌神《おおいみ》」として祀りあげたのも、地主神である龍神の「祟り」を治めるための同様の祭祀だったのだ。

「水足池《みずたるいけ》」の龍神を鎮めた広瀬大社や「朝日の日向かう処《ところ》、夕日の日隠《ひがく》る処《ところ》」である龍田大社を基点とする軸線上には、特に、そういった古くからの地主神の「祟り」を鎮める痕跡が特徴的に見受けられるのである。次はさらにその痕跡を求めて、この両社の東の方向に位置する「日の出」の地に目を向けてみたい。

7 「日の出」の地、都祁《つげ》

都祁の国津神社

龍田大社が祀られている「竜田の立野の小野」の地は、「朝日の日向から処《ところ》、夕日の日隠《ひがく》る処《ところ》」として特別な太陽が昇り沈みする場所とされてきた。そのことは龍田大社や広瀬大社の真東に位置するところに④都祁水分《つげみくまり》神社を祀る「都祁《つげ》」の地域があることからも説明できる。

金思燁《キムサヨプ》氏や大和岩雄《おおわ》氏が指摘するように、「都祁《つげ》」とは呉音訓みの呼称であり、これを漢音で訓むと「トキ」となるが、「トキ」は古代朝鮮語では「日の出」を意味する。つまり、都祁（ツゲ＝トキ）とは「日の出」の場所を意味し、そこは、龍田大社や広瀬大社から見た時に、春分・秋分の特別な太陽が昇ってくる方向に相当している。龍田大社が「吾《あ》が宮は朝日の日向から処《ところ》、夕日の日隠《ひがく》る処《ところ》」と呼ばれる理由は、そこが「都祁《つげ》」という聖なる「日の出」の地を真東に望む所に位置し、春分・秋分の日に、その特別な朝日を浴びることのできる場所であるためでもある。

この河内や龍田から「都祁《つげ》」へと向かう東西の道は、古代から通じた主要道でもあった。龍田大社から龍田山を越え、河内に抜ける峠道は古代から「竜田越《たつたごえ》」と呼ばれており、難波や河内と大和を結ぶ重要な経路だった。『日本書紀』神武天皇即位前紀にもすでにこの道の存在が記されていて、そこには、吉備の高嶋宮から難波に入った神武天皇の軍が、さらに東の大和に向かうために「竜田越《たつたごえ》」をしようとしたが、道が狭く険しかったために途中で断念したとある。

さて、すでに記したように「日の出」の地、都祁《つげ》にある④都祁水分《つげみくまり》神社には、伊勢の御裳濯川《みもすそがわ》（五十鈴川）の霊水が白龍と化して顕現したという龍神伝説が伝わっている。都祁《つげ》にはこれとよく似た伝承を伝える神社が他にもある。それが奈良市都祁南之庄に鎮座する国津《くにつ》神社である。

この神社に伝わる「南殿庄国津大明神記」によれば、南之庄の国津神社に祀られている国津《くにつ》大明神は、以前は伊勢国阿閉郡二位峯に鎮座していたという。そこに祀られていた御神体の白石を河内に持ち出す途中、都祁《つげ》の南之庄に立ち寄った際に、その白石が土の中に沈み動かなくなった。仕方なく、その場にとどまり御神体を守っていたところ、夜中に神託があり、「都祁南之庄の地は御裳濯川《みもすそがわ》（五十鈴川）の余流、天照皇大神宮の分神が最初に姿を現した良き地であるので、ここに留まり水分大明神の眷属となって人々の助けになりたい」と告げたため、ここに社を祀ったのが国津神社のいわれであるという。
④都祁水分《つげみくまり》神社の場合も、伊勢の御裳濯川《みもすそがわ》（五十鈴川）の霊水が二匹の白龍となって舞い上がり、一匹が宇陀水分《みくまり》神となり、もう一匹が都祁水分《つげみくまり》神となったとあったように、両社共に伊勢の御裳濯川《みもすそがわ》（五十鈴川）の水がその創祀に関連している。また、共に白龍と白石という同じ白色のものによって神譚がもたらされていることも何らかの関連性を感じさせる。国津《くにつ》神社に祀られている国津《くにつ》大明神が水分《みくまり》大明神の眷属であるということも、両社が共に水に関わりのある神社であ

り、共に類似した祖型から成り立っていることを想像させる要因となっている。

都祁《つげ》には都祁白石と都祁甲岡にも同名の国津《くにつ》神社があり、これらの二社は南之庄の国津《くにつ》神社から分祀されたものと見られている。また、国津《くにつ》神社の祭神である国津《くにつ》大明神は大国主命または大《おお》国魂命《くにたまのみこと》とされている。この都祁《つげ》南之庄の国津《くにつ》神社が広瀬大社の真東に位置している。（【図11】）

葛《くず》神社と九頭《くず》神社

また、この④都祁《つげ》水分《みくまり》神社や国津神社周辺には他にも葛《くず》神社や九頭《くず》神社など「クズ」と称される神社が数多く祀られている。葛《くず》神社は奈良市藺生《いう》に鎮座する神社で、九頭《くず》神社とも書かれるが、『延喜式』神名帳の大和国山辺郡・出雲建雄《いずもたけお》神社に比定されている神社の一つである。『延喜式』神名帳の出雲建雄神社を称する神社としてはこの他に、奈良市都祁白石にある雄神《おが》神社と、石《いその》上《かみ》神宮境内に摂社として祀られている出雲建雄神社がある。この三社は共に出雲建雄命《いずもたけおのみこと》を祭神として祀っているが、出雲建雄命《いずもたけおのみこと》は水の神であるとされ、雄神《おが》神社ではこの神が蛇神であると伝えられてきた。

なお、葛《くず》神社については同名の神社が奈良県宇陀市榛原町山辺にも祀られている。こちらは垂仁天皇二十五年の創祀と伝えるが、境内には九頭竜明神を祀る磐座社がある。

九頭《くず》神社に関しては、石上《いそのかみ》から都祁《つげ》に至る山間にかけての地域に数社残っている。天理市下《しも》仁興《にごう》町にある九頭《くず》神社、天理市苣原《ちしゃわら》町にある九頭《くず》神社、天理市長瀧町にある九頭《くず》神社がそれで、

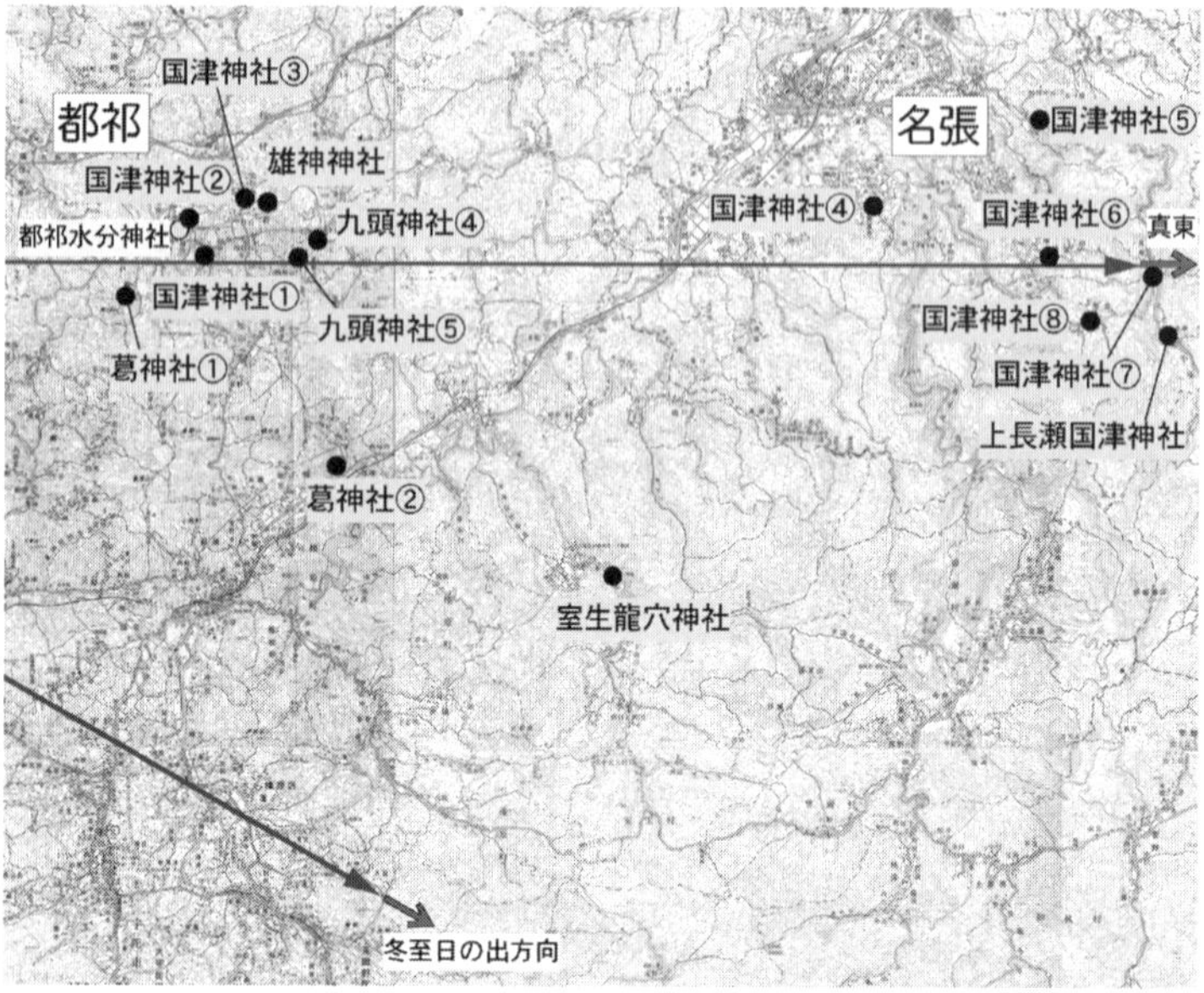

共に石上を流れる布留川上流の各支流域に位置し、建御名方神《たけみなかたのかみ》を祭神として祀っている。建御名方神《たけみなかたのかみ》は出雲の大国主命の子神であり、国譲り神話においては建甕槌《たけみかづちの》尊《みこと》らの要請に対して最後まで抵抗したとされる神である。

先ほど紹介した奈良市都祁南之庄の国津《くにつ》神社にも九頭《くず》神社が境内社として祀られている。ここの九頭《くず》神社の祭神は水神である高龗神《たかおかみ》であるとされている。九頭《くず》はまた、「九頭竜《くずりゅう》」にも通じるが、水神信仰が龍神信仰となって「九頭」の文字に表されていったに違いない。おそらく、九頭《くず》神社を境内社として祀る国津神社の「国津《くにつ》」も九頭《くず》神社や葛《くず》神社などと同じく、元来は「クズ」だったのだろう。

また、都祁《つげ》南之庄の国津《くにつ》神社からさらに

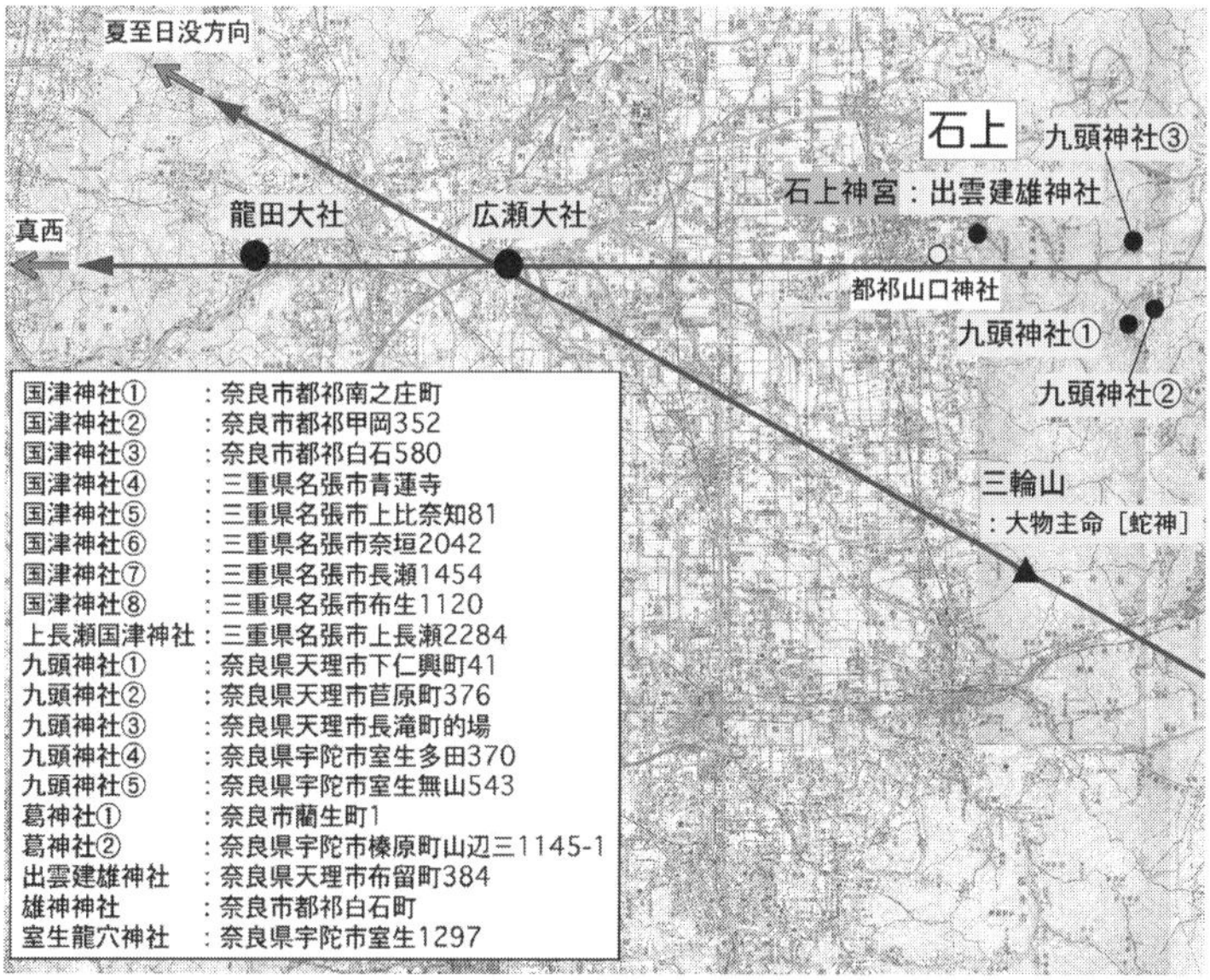

【図 11】　国津神社、葛神社、九頭神社の配置　広瀬大社と龍田大社は東西の関係で祀られているが、この東西軸を真東の方向に向かうと、石上、都祁、名張などの各地に国津神社や葛神社や九頭神社という「クズ」を称し、龍蛇神を祀る神社がほぼ東西の関係で祀られている。

真東に行った宇陀市室生多田にも九頭《くず》神社がある。こちらの祭神は高龗《たかおかみ》神で、国津神社境内社の九《く》頭《ず》神社と同じである。宇陀市室生には著名な室生龍穴神社があり祭神を高龗《たかおかみ》神としているが、古来その本質は龍神もしくは龍王と言われていて、高龗《たかおかみ》神と九頭竜《くずりゅう》との関連性をそこに読み取ることができる。『室生村史』の「民間信仰」の項にも「蛇が水神と結合して葛《くず》神となる」という記載があるように、大和周辺に祀られている国津《くにつ》神社、九頭《くず》神社、葛《くず》神社、雄神《おが》神社、龍穴神社などには龍蛇神を中心とする共通した信仰形態がある。

さらに、都祁《つげ》から真東に向かっ

た名張市の青蓮寺、奈垣、布生、上比奈知、長瀬、上長瀬などの地区にも数多くの国津《くにつ》神社が祀られている。これらの国津《くにつ》神社のほとんどは大国主命（大己貴尊、大穴牟遅尊）を主祭神としているが、【図11】に示したようにこれら各社もまた、龍田大社と広瀬大社を結ぶ「朝日の日向かう処《ところ》、夕日の日隠《ひがく》る処《ところ》」の東西軸上近辺に集中するようにして祀られている。

石上から都祁《つげ》や宇陀、室生、名張にかけての地域に数多く残っている国津《くにつ》神社や葛《くず》神社や九頭《くず》神社の祭神が、国津《くにつ》神社では大国主命であり、葛《くず》神社では出雲建雄命《いずもたけおのみこと》であり、九頭《くず》神社では建《たけ》御名方神《みなかたのかみ》であるとされている。これらは全て出雲の神々であり、本来は大和王権と対立し、最終的に制圧された敗者の側の神々である。

これらの神々が今もなお、大和の広瀬大社や龍田大社から真東に分け入った「日の出」の地である都祁《つげ》や、その東の室生や名張などで祀られ続けているのである。しかも、そこに祀られている「クズ」の神々の本質は「九頭竜《くずりゅう》」につながる龍蛇神でもある。

おそらく、都祁《つげ》を真東に仰ぐところに位置する広瀬大社や龍田大社の奥深くに秘されている龍神の根源に、この「日の出」の地などに今も祀られる「九頭竜《くずりゅう》」に通じるものがあったのではないだろうか。広瀬大社や龍田大社が建つ地域は、崇神《すじん》天皇に始まる大和王権によって完全に制覇された地域である。そのために、龍神が棲むといわれた広瀬大社の「水足池《みずたるいけ》」は埋め立てられ、地名や社名に龍の字を残す龍田大社には風の神が新たに祀られることになった。そこでは地主神である龍神の痕跡が表面上はきれいに消されてしまっているのである。

しかしながら、龍田大社や広瀬大社の東方の「朝日の日向かう処《ところ》」の原郷である都祁《つげ》や、石上や室生や名張周辺には今もなお、かつての大和の地主神であった龍神が「クズ」と呼び苛《さいな》まれながらもその痕跡を残し続けている。これらの「日の出」の地には今なお大和王権以前の大和の歴史の痕跡が秘められているのである。

吉野の国栖《くず》

大和王権以前の歴史を伝える「クズ」は、「日の出」の地の都祁《つげ》や名張だけではなく、吉野の山間地にも残っている。神武東征の際、神武天皇が八咫烏《やたがらす》に導かれて熊野から吉野へと北上し、奈良県吉野郡吉野町国栖《くず》に至った時に、そこで吉野の石押分《いわおしわく》の子に出会っている。『古事記』は、この吉野の石押分《いわおしわく》の子が吉野の国栖《くず》の祖であると記載している。

吉野の国栖《くず》については、『日本書紀』応神天皇にも記載があり、応神天皇が吉野宮に行幸した時に、国栖人《くずびと》が酒を献じて歌を歌い、口を打って笑ったとあり、国栖人《くずびと》は大変純朴な人たちであり、栗や菌《たけ》や年魚《あゆ》などの土地の産物を奉献したことが記されている。

本来、「国栖《くず》」とは「国主《くず》」であり、この吉野の国栖《くず》と呼ばれる人々は古くから吉野の地に住みついていた国の主としての原住の人々である。石上から都祁《つげ》、室生、名張にかけての地域に葛《くず》神社や九頭《くず》神社や国津神社といった「クズ」の名を冠した神社が多数残っているのも、かつてこの地に「クズ（国栖《くず》・国主《くず》・九頭・葛）」と呼ばれる古くからの土着の人々が多く住んでいた名残なのだろう。そして、聖なる「日の出」の地である都祁《つげ》などに古くから住みついてきた原住の人々が「クズ」の神を守ってきたのだ。

葛《くず》神社に用いられている「葛《くず》」の文字は葛城山の「葛」でもある。葛城山も本来は大和の地に元々原住してきた人々を守る山だった。『古事記』雄略天皇条には、次のような説話が記されている。

雄略天皇が葛城山に登った際に、自分たちと全く同じ行列をなし、同じ装束を身にまとった一行に出くわした。その一行に対して何者かを問うた所、相手も同じように問い返してきた。それに対して腹を立てた雄略天皇は弓矢を構えると相手も同様に弓矢を射ろうとしてきたため、名を名乗るように告げると、相手は「先に名を問われたから先に名乗ろう。自分は悪いことも一言、良いことも一言、言い分ける葛城の一言主の大神である」と答えた。すっかり畏れをなした雄略天皇は身につけていた太刀や弓矢や装束を差し出し、その神に奉納した。

ここに描かれる雄略天皇の姿は数々の武勇伝に包まれた従来の雄略天皇像ではない。この章の冒頭に示した三輪山の蛇神に見入られた時の雄略天皇像と同様の、ある種、弱々しく情けない王の姿として描かれている。それは、葛城山の神が三輪山の神と同様に、大和王権が誕生する以前からの地主神であって、天皇の力をもってしてもどうしようもないほどの力を秘めた存在であったからである。

このように、大和国の吉野や葛城、都祁《つげ》、宇陀といった地域は元来、大和の原住の民が多く住んできたところでもある。彼らは大和王権によって、「クズ」と蔑称された人々ではあったが、本来は彼らこそが大和に住み継いできた古《いにしえ》の民だった。それらの地域は、配置分布を見る限り、大和の中心域から山間部へと追いやられた人々の住処という見方もできる。そしてまた、彼らは大和盆地を取り囲む三輪山や吉野山や葛城山などをはじめとした山河の自然神を深く信奉する人々でもあった。

そして、不思議なことに、大和の周辺へと追いやられた人々が住む場所の水源地にあたる所に新たに水分《みくまり》神社が祀られているのである。しかも、さきに検証したようにそれらの水分神社の場所は、夏至、冬至、春分・秋分の日の出、日没を示す太陽軸が示す方向に見事なほど居並び鎮座している。

水分《みくまり》神社の祭祀時期

これらの水分《みくまり》神社については必ずしもその創始の年代が確定しているわけではない。しかし、そこに伝わる伝承などから察する限り、大和王権の実質的な始まりとみられる崇神《すじん》天皇の時代を始まりとしている事例が多々見られる。

おそらく、大和盆地に進出し、新たな王権を確立しようとした崇神《すじん》天皇は、単に武力や政治力のみで大和を支配することに限界を感じていたのだろう。それは『古事記』崇神《すじん》天皇条や『日本書紀』崇神《すじん》紀に記されるように、「この天皇の時代に疫病が流行し多くの人々が病に倒れた。（『古事記』崇神天皇条）」、「国内に疫病が多く発生し、死亡する民が半分以上に及んだ。（『日本書紀』崇神天皇五年条）」、「百姓の流離するもの、或いは反逆するものあり、その勢いは徳を以て治めようとしても難しかった。（『日本書紀』崇神天皇六年条）」という記事に端的に表れている。その困難な局面を打ち破るために崇神《すじん》天皇が行ったことが天津神《あまつかみ》や国津神《くにつかみ》の祭祀であり、境界の神や坂の御尾の神や河の瀬の神の祭祀だった。広瀬大社と龍田大社の祭祀もそうだが、おそらく、水分《みくまり》神社の祭祀もこの坂の御尾の神や河の瀬の神の祭祀に該当する。

崇神《すじん》天皇らの大和王権勢力がこの大和という地域に踏み込む以前から、この地に住み継いできた原住の人々が大切に守ってきた所が、本来のこれらの場所だった。それらの場所は縄文時代につながる古代の太陽信仰や龍蛇神信仰や聖水信仰を伝える場所であり、三輪山、吉野山、葛城山などの山上からの視点を操りながら、互いにネットワークされた場所だった。

新たな王となった崇神《すじん》天皇は、それらの場所の意味や価値を知り、新たな聖地として自らの手で祀り直していったのだろう。そこには「クズ」と称される原住の民の根源的な支配という意味も含まれていたに違いない。

「太陽」と「水」は人が生きる上で最も不可欠で絶対的な対象物である。大和に流れるあらゆる「水」の最も根源となる源流地に水分《みくまり》神社を祀り、それらの「水」が集まる場所に広瀬大社の「大忌神《おおいみ》」を祀り、その下流の「朝日の日向から処《ところ》、夕日の日隠《ひがく》る処《ところ》」に龍田大社を祀った。しかもそれらの場所の多くは元々の大和の地主神である龍蛇神を祀る所だった。そしてさらに驚くべきことには、これらの聖地が「水」や「龍蛇」を介してつながる場所であっただけではなく、「太陽」をネットワークする場所でもあったということだ。

大和の古層の中で、「太陽」の信仰と「水」の信仰が深く重なり合っている。

第二章

宇迦之御魂の正体

1　広瀬大社の祭神

龍蛇神と宇迦之御魂《うかのみたま》

現在、広瀬大社には若宇加能売命《わかうかのめのみこと》、櫛玉命《くしたまのみこと》、穂雷命《ほのみかづちのみこと》が祭神として祀られている。このうち主祭神として祀られている若宇加能売命《わかうかのめのみこと》は水の守り神として、五穀豊穣をもたらす神とされてきた。『日本書紀』天武天皇四年条において、初めて天武天皇が広瀬の川曲《カワワ》に祀ったという「大忌神《おおいみのかみ》」もこの神を指すものと考えられている。

広瀬大社に伝わる縁起の中で、龍神が棲む池を埋めた後に、新たに祀ったと伝えられる「水足明神」も若宇加能売命《わかうかのめのみこと》のことであると見られており、特に『広瀬社縁起』には、この若宇加能売命《わかうかのめのみこと》が倉稲魂《うかのみたま》であるとも大忌神《おおいみのかみ》あるいは伊勢神宮外宮の神の分身であるとも書かれている。

この神については、『日本書紀』一書（第六）では伊弉諾尊《いざなぎのみこと》と伊弉冉尊《いざなみのみこと》が大八島の国生みを終えた後、神々を生んでいく中で、飢えていた時に生まれたのが倉稲魂命《うかのみたまのみこと》であったと記されている。また、同じく『日本書紀』一書（第七）においては、伊弉諾尊《いざなぎのみこと》が軻遇突智《かぐつち》を斬った時に生まれたのが倉稲魂命《うかのみたまのみこと》であるとも記している。

ところが、こうした記述がある一方で、『古事記』には倉稲魂《うかのみたま》は宇迦之御魂《うかのみたま》と表記され、伊弉《いざ》諾尊《なぎのみこと》と伊弉冉尊《いざなみのみこと》の子神である須佐之男命が神大市比売《かむおおちひめ》に生ませたのが宇迦之御魂《うかのみたま》であると書かれているのである。神大市比売《かむおおちひめ》は山の神である大山津見神《おおやまつみ》の娘神で、系譜からいえば木花開耶媛《このはなさくやひめ》命の姉妹にあたる。

須佐之男命といえば、出雲の鳥髪《とりかみ》山に天降った時、足名椎《あしなづち》、手名椎《てなづち》という二人の老夫婦に懇願され、娘の櫛名田比売《くしなだひめ》を救うために八岐大蛇《やまたのおろち》を退治したことで有名である。この『古事記』の記載によれば、その須佐之男命の子神が広瀬大社に祀られている宇迦之御魂《うかのみたま》神（若宇加能売命《わかうかのめのみこと》）だというのだ。

ここで、広瀬大社に伝わる二つの縁起と須佐之男命の八岐大蛇《やまたのおろち》神話はとてもよく似た構図を持っていることに気付く。それは両者が共に、「水足池《みずたるいけ》」に棲んでいた龍神や「八岐大蛇《やまたのおろち》」という龍蛇を抹殺した後、新たに宇迦之御魂《うかのみたま》という神を生み出しているという点である。

どうやら龍蛇神と宇迦之御魂《うかのみたま》という神の間には何らかの因縁や関連がありそうである。ここで宇迦之御魂《うかのみたま》という神についてもう少し詳しく調べてみることにしたい。

伏見稲荷大社の龍神縁起

通常、「宇迦《うか》」とは「ウケ（保食《うけもち》）」の古語で、穀物や食物のことを指す言葉であると言われている。したがって、一般に宇迦之御魂《うかのみたま》は穀物の神や稲荷神として認識されており、各地の稲荷神社の祭神として祀られている。

例えば、稲荷神社の総本山でもある山城国（京都）の伏見稲荷大社には、本殿の中央に第一神として宇迦之御魂命《うかのみたまのみこと》が祀られている。その左右には佐田彦《さたひこ》大神（第二神）と大宮能売神《おおみやのめのかみ》（第三神）らが祀られる。伏見稲荷大社は、和銅年間に秦氏によって創祀されたと伝えられているが、伏見稲荷大社の背後にそびえる稲荷山の祭祀の歴史に関しては、さらに時代が遡るものと考えられている。

その稲荷山の神に関して、伏見稲荷大社の縁起を伝える『稲荷鎮座由来』には、古老の伝えとして、「龍頭太《りゅうとうだ》」にまつわる次の一文が載っている。

龍頭太《りゅうとうだ》という者が稲荷山の山麓に住んでいた。彼はその名の通り、龍のような顔をしており、昼間は田畑を耕し、夜になるとその龍のような顔から光を発して夜の闇を照らし、薪を伐っていた。彼の正式名は荷田氏といったが、それは彼がいつも稲を荷なっていたからである。

弘仁年間のころ、空海がこの稲荷山に修行にやってきた。するとそこに龍頭太《りゅうとうだ》が翁の姿をして現れた。龍頭太《りゅうとうだ》は自分がこの土地の山神であると名乗り、真言秘伝の法を自分に授けてくれるなら、仏法を広げるために自らも努力しようと空海に伝えた。空海もその言葉に心を打たれ、その翁の相貌を面に打ったという。

この面は稲荷社の御神体として奉斎されているというが、ここに登場する龍頭太《りゅうとうだ》とは、稲荷神でありながら、同時に、稲荷山の地主神としての龍神でもあるわけだ。龍頭太《りゅうとうだ》の話は、山神などの自然神を祀った古代信仰が、次第に鎮護国家を標榜する仏教勢力の中に取り込まれていく説話としても読み取ることができるが、いずれにしても現在の伏見稲荷大社の成立の根底には、稲荷山の龍神の姿が見え隠れしている。宇迦之御魂《うかのみたま》である若宇加能売命《わかうかのめのみこと》を祀っている広瀬大社に龍神伝説があったように、宇迦之御魂命《うかのみたまのみこと》を祀る伏見稲荷大社にも龍神にまつわる縁起が伝えられているわけである。

宇賀神《うがじん》信仰

さらに、「宇迦《うか》」について、もう少し別の角度から眺めてみたい。中世において「宇迦《うか》」と似た名前を持つ宇賀神《うがじん》という神が現れている。この神は頭に蛇を抱く神で、弁財天などと神仏習合して、宇賀弁財天とも称される福神だった。山本ひろ子氏の『中世神話』や『異神』にはたびたびこの宇賀神《うがじん》や宇賀弁財天が取り上げられている。宇賀弁財天について山本氏は次のように記している。

> 宇賀弁財天とは、日本が生んだ異貌の弁財天で、頭に老人相をした白蛇（宇賀神《うがじん》）を乗せ、十五童子を従える。竹生島や江ノ島などの弁財天はこちらの宇賀弁財天で、福徳の尊として信仰された（『異神』）。

出処が判然としない謎の尊、宇賀弁財天は、その名称や利生から、ウカノミタマとも重なってくる。したがって、稲荷山の狐霊とも無縁ではないわけで、「調御倉《つきのみくら》」の祭神に名を連ねたとしても不思議ではない。

〔『中世神話』：山本ひろ子著〕

調御倉《つきのみくら》とは伊勢神宮外宮に祀られる調御倉《つきのみくら》神を祀る社で、『神道五部書』では調御倉《つきのみくら》神は宇《う》迦《か》之《の》御魂《みたま》神のことであると記している。頭に宇賀神《うがじん》とも言われる白蛇をのせた宇賀弁財天が宇迦《うか》之《の》御魂《みたま》神とも重なると山本氏が記すように、両者には白蛇や龍蛇神によって裏付けされた固有の信仰がある。

また、鎌倉時代の語源辞書で建治元年（一二七五）に成立したとされる『名語記《みょうごき》』には、

人の家にうかといへる、如何。答、うかは宇加とかけり。福禄をつかさどる神也。その垂迹なべては蛇躰なる歟。

（傍線筆者記入）

とあり、「ウカ」は福をもたらす神でその本質は蛇であると記される。また、同時代の問答集である『塵袋《ちりぶくろ》』にも「くちなわを今の世に宇加と云う」とあり、蛇を示す「くちなわ（腐縄）」が当時すでに「ウカ」と呼ばれていたことがわかる。吉野裕子氏は『山の神』の中で、「ウカやウガの語源は、南方祖語のウガル（蛇）の転訛といわれ、これが日本に入り、宇賀神《うがじん》となった」と記すが、おそらく、「ウカ（蛇）」という語彙の発生はすこぶる古い。

これらの資料が示すように「ウカ」は蛇であり、宇賀神《うがじん》とはまさに蛇神だったわけだが、古代の穀物神である宇迦之御魂《うかのみたま》神もその字義から察するところ、本来は「ウカ（蛇）」の「ミタマ（御魂）」だったのではないだろうか。広瀬大社に伝えられる縁起の中で、龍神が棲む「水足池《みずたるいけ》」を埋めた

後に、新たに祀った「水足明神」が若宇加能売命《わかうかのめのみこと》、即ち宇迦之御魂《うかのみたま》神という名の神であったということは、まさにその名称が、抹殺した「ウカ（龍蛇）」の「ミタマ（御魂）」を弔い祀った名前であることに他ならない。

崇神《すじん》天皇以降、広瀬大社の龍神縁起に見られるように、かつてそれぞれの土地で信仰されていた地主神が各地で新しい神へと祀り直されていく。それは大和王権という新たな政権を確立していくために、古い神々の体系を新しい体系へと組み立て直していくという新国家構築上の不可欠な政策でもあった。「水足池《みずたるいけ》」に棲んでいた龍神は、「宇迦之御魂《うかのみたま》」という新しい名前を背負った神に置き換えられ、人々に穀物などの豊かな恵みをもたらす神として浸透していくこととなった。

そして、崇神《すじん》天皇の時代には神々の体系を作り直すと同時に、各地に大掛かりな灌漑池などを構築して田畑に水を潤し、稲や穀物の生産量を増やして生活に富を生み出すという経済政策が行われていった。まさに現代社会に通じるような大変革が、この崇神《すじん》天皇の時代に大和の周辺一帯で進められていったのだろう。それまでに長い年月にわたって培われてきた人々の暮らしや信仰形態とは異なった一種の産業革命や文化革命だったとも言える。その変革から取り残された人々の中には、大和盆地周辺の山間地へと追い出されていった人々もいたに違いない。

しかし、山間に追いやられた人々をはじめとした民衆の記憶や暮らしの奥深いところでは、古い時代の龍蛇信仰が脈々と伝えられていた。大和から山里離れた都祁《つげ》や室生や名張に「九頭竜」などの龍蛇神を祀る神社が今も点在していることもその一つの現れかもしれないが、中世において、その一端が民衆の中から一気に表に吹き出してきたのが、蛇を頭に抱いた宇賀弁財天や宇賀《うが》神《じん》といった独特の信仰だったのではないだろうか。

現在、宇迦之御魂《うかのみたま》を祀る伏見稲荷大社を訪れると、境内は商売繁盛や現世利益を祈る人々でごった返している。今では世界中から訪れる外国人観光客の主要な観光スポットにもなっていて、境内では各国の言葉が飛び交い、一層の賑やかさを増している。そこにはもはや「龍頭太《りゅうとうだ》」の縁起が語るような龍神の気配はほとんど無く、新たな富を生み出すための祈りの場所や歓楽のためのスポットとなっていると言っても過言ではない。

こうした人ごみの中に紛れ込み、立ち並ぶ千本鳥居の隙間から差し込む光を背に受けながら、神社の奥に控える稲荷山への山道をたどる。その道筋、ここに祀られている「ウカ（龍蛇）」の「ミタマ（御魂）」という不思議な名前を持つ神についての考えを巡らしてみる。そうすると、何か、宇迦之御魂《うかのみたま》という神の本質に迫っていくこと自体が、この国の隠された歴史や葬られた神々の姿の発見につながっていくように思えてくる。

2　阿耶訶《あざか》の荒ぶる神

興玉《おきたま》神と猿田彦命

宇迦之御魂《うかのみたま》を祀る伏見稲荷大社には、第二神として佐田彦《さたひこ》大神が祀られている。この佐田彦《さたひこ》大神とは、猿田彦大神のことである。『日本書紀』神代紀の一書（第一）では、猿田彦命について、

一人の神が天の八街に居り、その鼻の長さは七握《つか》、背の高さは七尺余り、正に七尋というべきである。また口の端が明るく光っており、眼は八咫鏡《やたのかがみ》のようで、照り輝けることは赤《あか》酸醤《かがち》に似ている。

と表現されていて、その眼力は他のどの神よりも強力であったと記されている。

その眼の様子を例えられた八咫鏡《やたのかがみ》とは三種の神器の一つで、天照大神が天の岩戸に隠れた折に、そこから引き出すために石凝姥命《いしこりどめ》に作らせたとされる鏡である。また、赤酸醤《あかかがち》については一般に赤ほおずきのことであるとされている。

しかし、鏡（カガミ）も赤酸醤（アカカガチ）も本来は蛇を意味する「カカ」、「カガ」をその語源とした言葉でもある。蛇をさす古語には先ほど挙げた「ウカ」の他に、「カカ」、「カガ」、「ヌカ」、「ハハ」、「ツチ」、「ツツ」などがあると言われている。猿田彦命の眼光鋭い眼は、まさに蛇

【図12】　二見浦からの富士山と夏至の日の出　夏至の頃の早朝、伊勢の二見浦では夫婦岩の間に富士山から昇る朝日を拝することができる。

の眼に匹敵するほどの霊力を持っていたのだろう。猿田彦命にも宇迦之御魂《うかのみたま》神と同じく、蛇のイメージがつきまとっている。

神話が伝えるところによると、猿田彦命は導きの神として、天孫である瓊瓊杵尊《ににぎのみこと》を先導して日向の高千穂峯に降臨させた。国津神である猿田彦命は伊勢の地主神としての太陽神でもあり、同時に、境界を司る「岐神《ふなどのかみ》」や天の八《や》街《ちまた》にいる「街《ちまた》の神」とも称されてきた。『古語拾遺《こごしゅうい》』の垂仁《すいにん》天皇の条には、天照大神《あまてらすおおみかみ》が伊勢に斎き祀られるようになる前に、街《ちまた》の神である猿田彦命が、先立って伊勢に天降っていたとも記されている。

また、この猿田彦命は「興玉神《おきたま》」とも呼ばれている。伊勢には夫婦岩という奇岩で名高い二見《ふたみが》浦《うら》がある。そこでは、夏至の日の早朝に、夫婦岩の間から朝日を拝することができるが、実は、その夏至の太陽は夫婦岩のはるか向こうの海上に見える富士山から昇ってくるのである。【図12】

その二見浦の夫婦岩をすぐ傍に望むところに、二見興玉《ふたみおきたま》神社が祀られている。この神社には元来、社殿はなく、石畳のみがあり、そこから沖合の夫婦岩やその向こうに昇る太陽を遥拝していた。『伊勢参宮名所図会』では、現在の二見興玉《ふたみおきたま》神社周辺の石畳を「興玉《おきたま》拝所石壇」と呼んでいるが、

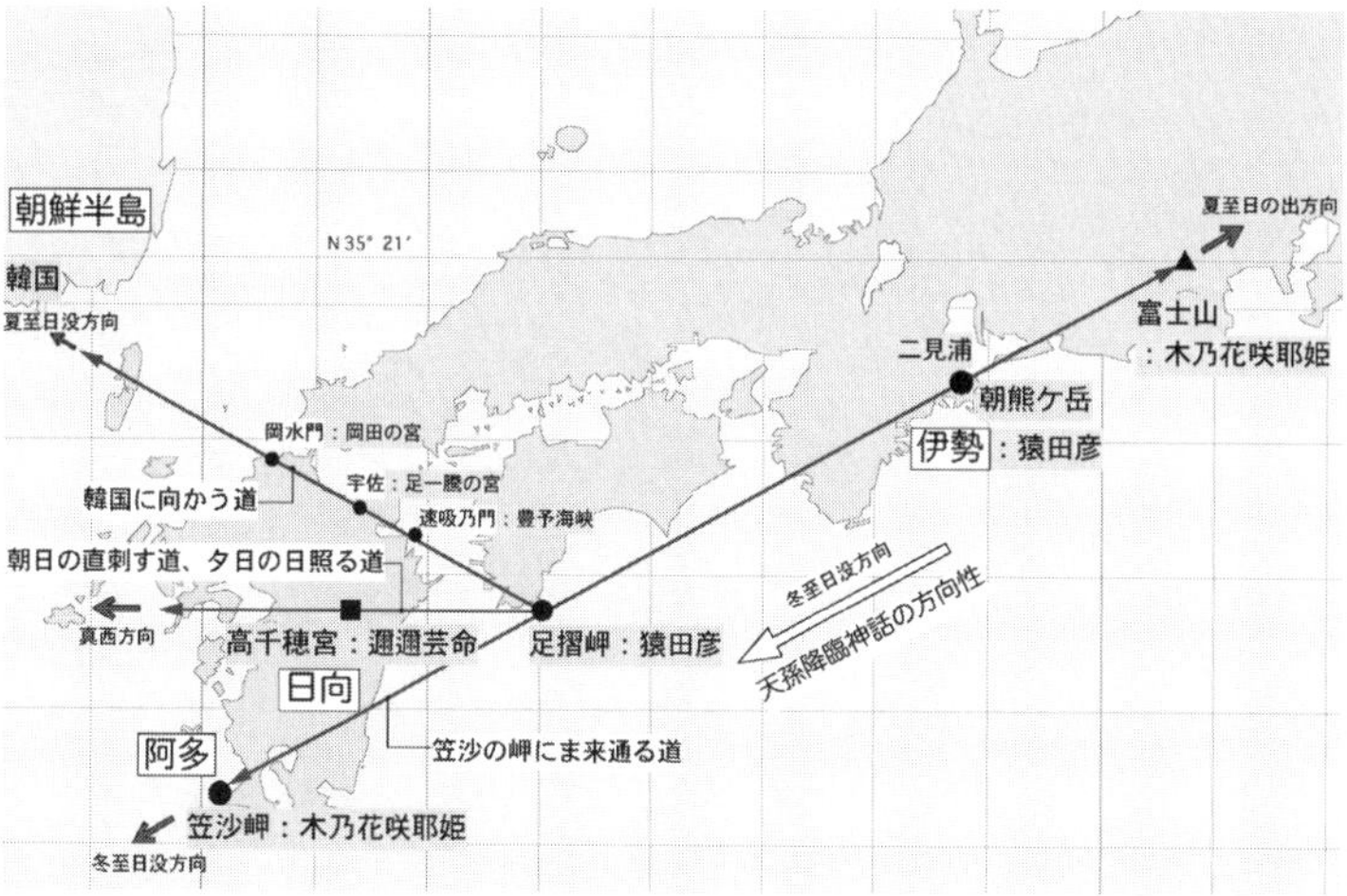

【図13】　富士山－伊勢－日向の関係　猿田彦命は二見浦の「興玉石」の向こうの沖から昇る太陽としても投影され、「興玉神」と称されてきた。そして、富士山から昇る夏至の太陽に導かれるようにして、富士山－伊勢－足摺岬－日向へとつながる夏至の日の出－冬至の日没ラインをたどり、瓊瓊杵尊の高千穂峯への降臨を先導した。

夫婦岩の沖合には、富士山から昇る夏至の日の出を望む方向に、「興玉石《おきたまいし》」と呼ばれる奇岩があったといわれ、この岩そのものが猿田彦命の霊跡であるとも伝えられてきた。

大和《おおわ》岩雄氏は、『神々の考古学』の中で、「海の彼方（沖）から昇る（興《お》きる）朝日（玉、魂）が沖魂《おきたま》（興玉）である」と記すが、猿田彦命はこの「興玉《おきたま》石」の向こうの沖から昇る太陽としても投影され、「興玉《おきたま》神」と称されてきたわけだ。そして、この富士山から昇る夏至の太陽に導かれるようにして、富士山―伊勢―足摺岬―日向へとつながる夏至の日の出⇅冬至の日没ラインをたどり、瓊瓊杵尊《ににぎのみこと》の高千穂峯への降臨を先導したのである。（【図13】）

阿耶訶の荒ぶる神

『古事記』にはその猿田彦命について、天孫降臨の導きを終えて伊勢に戻り阿耶訶《あざか》で漁をしていた時に比良夫貝《ひらぶがい》に手を噛まれて溺れ死んだと記されている。阿耶訶《あざか》は三重県松阪市にある大阿坂、小阿坂付近の地域と考えられている。

二見浦《ふたみがうら》の南に位置する朝熊ヶ岳《あさまがたけ》（555m）は伊勢神宮の奥の院ともいわれる山であるが、この朝熊ヶ岳《あさまがたけ》山頂からも、夏至の朝日が富士山から昇ってくる様子を眺めることができる。そして、その同じ夏至の日の夕暮れに太陽が沈んでいく方向に、猿田彦命が亡くなった場所である阿耶訶《あざか》が位置しているのである。

「興玉《おきたま》神」として夏至の朝日を模した神として祀られる猿田彦命は、同じ夏至の太陽が沈んでいく方向に位置する阿耶訶《あざか》で亡くなっており、そこに葬られるのである。富士山に発する夏至の太陽の生と死が、伊勢の太陽神である猿田彦命の物語として語り継がれている。

しかし、伊勢の阿耶訶《あざか》という場所は、単に猿田彦命の物語にとどまらない、より重層的な意味を持つ場所でもあるのだ。というのは、第一章で追いかけてきた広瀬大社と龍田大社の「朝日の日向かう処《ところ》、夕日の日隠《ひがく》る処《ところ》」を結ぶ東西ラインを石上、都祁《つげ》へと東進し、さらに名張などが位置する伊賀を越え、伊勢へと向かった東の果ての地が、まさにこの伊勢の阿耶訶《あざか》という場所に重なってくるからである。（【図14】）

鎌倉時代にまとめられたとされる『神道五部書』の一つである『倭姫命世記《やまとひめのみことせいき》』には、阿耶《あざ》訶《か》について次のような記載がある。

垂仁《すいにん》天皇十八年、倭姫命《やまとひめのみこと》は阿佐加の藤方片樋宮に遷って以来、そこで四年の年月を経て奉斎された。その頃、阿佐加峰には伊豆速布留神《いつのはやふるのかみ》という荒ぶる神がいた。この神は、百人の人が通れば五十人を殺し、四十人の人が通れば二十人を殺すといわれた。そこで、倭姫《やまとひめの》命《みこと》が使いを遣わせてこの神のことを朝廷に報告したところ、阿佐加の山の峰に社を造り、種々の物を奉じて祀るように告げられたという。

また、『倭姫命世記《やまとひめのみことせいき》』には、「一書に曰く」として、その時に朝廷に遣わされたのが大若子《おおわくごの》命《みこと》らであり、天皇に阿佐加の荒ぶる神のことを伝えると、天照大神が天皇に、「伊勢国は大若子《おおわくごの》命《みこと》の先祖の天日別命《あまのひわけのみこと》が平定した国なので、大若子命《おおわくごのみこと》にその荒ぶる神を祀らせよ」と勅したと記される。

天日別命《あまのひわけのみこと》は神武東征の際に、伊勢の神であった伊勢津彦を制圧し、伊勢国を平定した人物として『伊勢国風土記』逸文に登場する。その天日別命《あまのひわけのみこと》の子孫である大若子命《おおわくごのみこと》を手向け、社を阿耶訶《あざか》に設けて様々な供物を捧げることによって、何とか阿耶訶《あざか》の荒ぶる神を鎮めることができたという。

さらに、延暦二十三年（八〇四）に撰進された『皇太神宮儀式帳』にも、倭姫命《やまとひめのみこと》の御巡幸の様子が記され、阿耶訶《あざか》について次のような記載がある。

次に、（倭姫命《やまとひめのみこと》が）壱志藤方片樋宮に着くと、阿佐鹿《あざか》の悪神《あらぶるかみ》を平定した駅使《はゆまつかい》の阿倍《あべの》

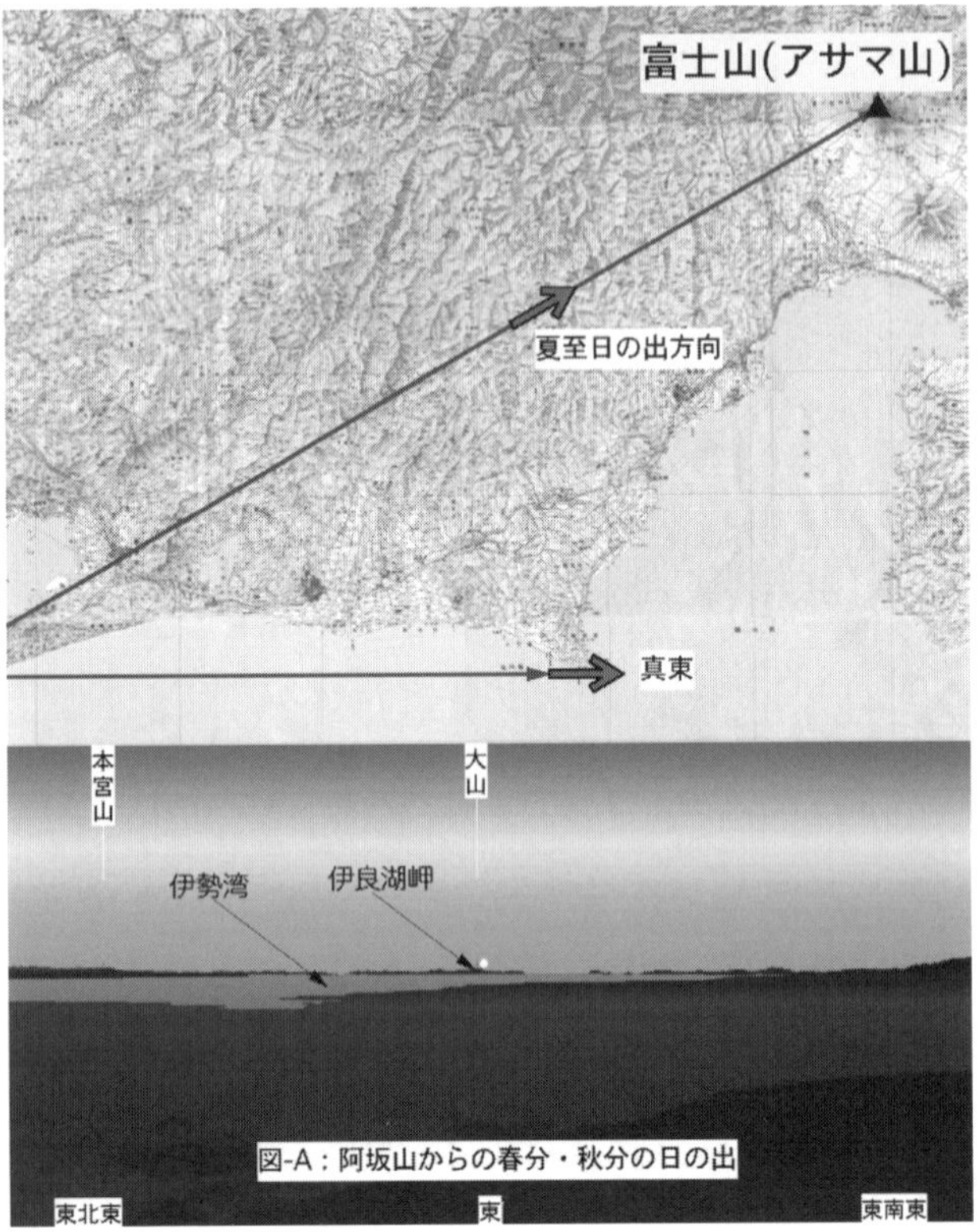

【図 14】 阿耶訶の荒ぶる神〔シミュレーション図〕広瀬大社と龍田大社を結ぶ東西ラインを石上、都祁、名張へと東進し、伊勢へと向かった東の果ての地が伊勢の阿耶訶に重なる。阿耶訶からは真東に伊良湖岬が見え、春分・秋分の朝日が伊良湖岬の先端から昇ってくる。また、冬至の朝日は朝熊ヶ岳付近から昇る。

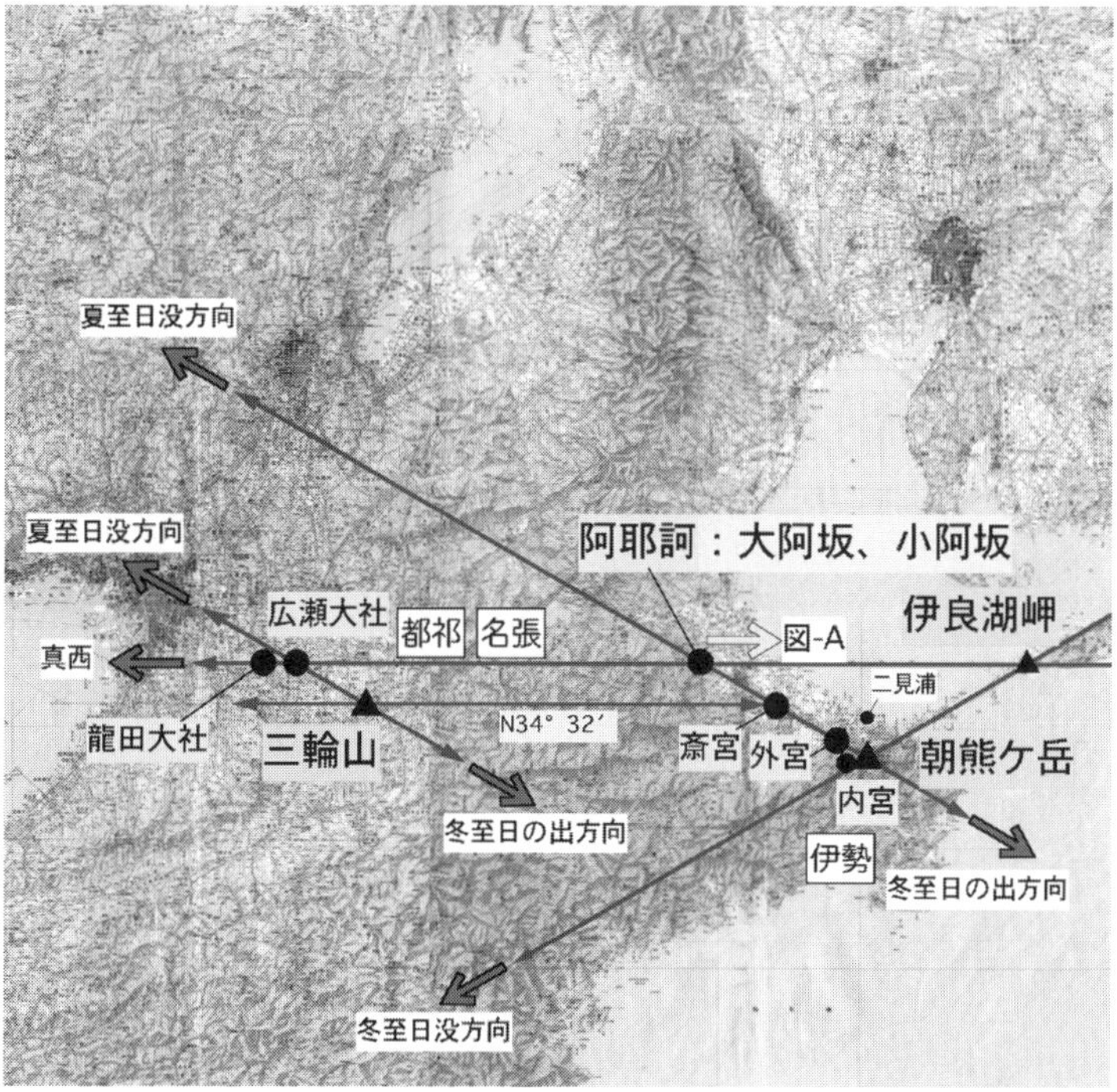

大稲彦命《おおしねひこ》がお供として奉仕した。その時、壱志県造《あがたのみやつこ》等の遠祖である建呰子《たけあざこ》に国の名を問うたところ、「宍往呰鹿《ししゆきあざかの》国《くに》なり」と答え、神田と神戸を奉った。

やはりここにも阿耶訶《あざか》の荒ぶる神が登場し、この場所が古代からの謂《いわ》れのある場所だったことがわかる。三重県松坂市小阿坂町と同市大阿坂町にはそれぞれ同名の阿《あ》射賀《さか》神社が祀られている。それらの阿射賀《あざか》神社が『倭姫命世記《やまとひめのみことせいき》』に登場する阿耶訶《あざか》に設けられた社であると言われている。阿射賀《あざか》神社は『延喜式』神名帳の伊勢国一志郡に載る式内社（名神大社）で、古くから「阿邪賀《あざか》大神」、「竜天大明神」として崇められてきた。

小阿坂町の阿射賀《あざか》神社には、猿田彦大神、伊豆速布留神《いつのはやふるのかみ》、竜天大神の三神が祀られており、大阿坂町の阿射賀《あざか》神社には猿田彦大神、伊豆速布留神《いつのはやふるのかみ》、底度久神の三神が祀られている。両社に祀られている猿田彦大神と伊豆速布留神《いつのはやふるのかみ》は同じ神と見られており、阿坂山（阿佐加峰）にいたとされる伊勢の荒ぶる地主神でもあった。

また、先に挙げた『倭姫命世記《やまとひめのみことせいき》』によると、倭姫命《やまとひめのみこと》は阿佐加の加多（阿佐加潟）で多気連の祖である宇迦之日古《うかのひこ》の子、吉志比女《よしひめ》と吉彦の二人に出会ったとある。ここに、「阿佐加の加多（阿佐加潟）」とあるように、古代の伊勢国一志郡の阿耶訶《あざか》（現松坂市大阿坂・小阿坂付近）は山際に面して潟湖が広がっていたことがわかる。今でこそ、この地域の東側には伊勢湾にかけて平野が広々と続いているが、当時は山際に海が迫り、『古事記』に、猿田彦命が漁をしていた時に比良夫貝《ひらぶがい》に手を噛まれて溺れ死んだと書かれるような場所だったのだ。

宇迦之日古《うかのひこ》

大阿坂町の阿射賀《あざか》神社には境内社として宇加日子《うかひこ》神社があり、吉志比女と吉彦が祀られているが、この宇迦之日古《うかのひこ》（宇加日子《うかひこ》）の「宇迦《うか》」もおそらくは龍蛇を表す「ウカ」なのだろう。小阿坂町の阿射賀《あざか》神社の祭神に竜天大神が祀られ、かつて、大阿坂・小阿坂の阿射賀《あざか》神社が共に「竜天大明神」と通称されていたことはこのことを物語っている。龍蛇神にまつわる広瀬大社―龍田大社を結ぶ真東の果ての伊勢の地にも、「ウカ」である龍蛇にまつわる人々が古《いにしえ》より深く根を張っていたのである。

大阿坂・小阿坂の阿射賀《あざか》神社の西側背後には阿耶訶《あざか》の荒ぶる神が棲んでいたという阿坂山（枡形山：312m）がある。この山頂からは眺望が開け、はるか東に続く伊勢湾を一望することができる。しかも【図14】にシミュレーションしたように、春分・秋分の日には、伊勢湾を挟んで真東に位置する伊良湖岬の先端から太陽が昇ってくるのを眺めることができる。また、冬至の日には、伊勢神宮の奥の院とも称される朝熊ヶ岳《あさまがたけ》付近から朝日が昇るのをここから拝することができるのである。

朝熊ヶ岳《あさまがたけ》と阿坂山を結ぶ冬至の日の出↑↓夏至の日没ライン上には、伊勢神宮の祭祀を行う斎王の宮所である斎宮も並んでいる。斎宮はかつて竹宮と呼ばれていたといわれ、近くには『延喜式』神名帳に載る式内社の竹神社が祀られている。竹神社に伝わる社伝によれば、多気連の祖である宇迦之日古《うかのひこ》の子の吉彦がこの地にとどまり、後に多気郡ができた際に、その末裔が竹神社を創建したという。

朝熊ヶ岳《あさまがたけ》山頂からは、富士山から昇る夏至の朝日を望むことができるが、そのずっと手前には伊勢湾を挟んで伊良湖岬が位置している。阿耶訶《あざか》―朝熊ヶ岳―伊良湖岬という三地点の関係は【図14】の地図に示すように、夏至、冬至、春分・秋分の朝日・夕日という特別な太陽の出没方位関係によって結ばれ、視覚的にも強くつながりあった場所なのである。

『万葉集』に「麻績王《おみのおうきみ》の伊勢国の伊良虞《いらご》の島に流さるる時、人、哀しみ傷みて作る歌」として、

打麻を麻績王《おみのおうきみ》 白水郎《あま》なれや伊良虞《いらご》の島の珠藻刈ります

が載っている。この歌の詞書《ことばがき》には、現在愛知県の三河に所属する伊良湖岬を「伊勢国の伊良虞《いらご》の島」と記している。おそらく、古代の人々の感覚では、伊良湖岬が伊勢湾で隔てられた所にあったとしても、そこは海運交通上も、視覚的にも、伊勢と緊密につながっていた場所であり、とても他の国（地域）とは考えられなかったのだろう。

そういった古代人《びと》たちの感覚においては、特別な太陽が昇り沈みする阿耶訶《あざか》という場所もまた、伊勢の中でも指折りの特筆すべき場所だったのだ。だからそこに「興玉神《おきたま》」として伊勢の太陽神であり、「岐神《ふなどのかみ》」として境界の神でもあった猿田彦命の痕跡が様々な形で残されているのである。阿耶訶《あざか》の荒ぶる神である伊豆速布留神《いつのはやふるのかみ》が猿田彦命と同一神であると言われ、猿田彦命が阿耶訶《あざか》で比良夫貝《ひらぶがい》に手を噛まれて溺れ死んだと記される由縁は、まさにこの阿耶訶《あざか》という場所の地理的な要因の中にある。

倭姫命《やまとひめのみこと》は「阿佐加の加多」で「宇迦之日古《うかのひこ》」の子の吉志比女と吉彦の二人に出会ったとあるが、ここに登場する阿耶訶《あざか》の「宇迦之日古《うかのひこ》」とは、「ウカ」の「ヒコ」である。つまり、それはこの神が龍蛇神を表す「ウカ」神であり、太陽神を表す「ヒコ（日子）」神でもあることを明示している。そのことは、阿耶訶《あざか》という場所が太陽の聖地であり、そこに龍蛇神が祀られていたことを示している。

3　倭姫命《やまとひめのみこと》の巡幸

豊鍬入姫命《とよすきいりびめのみこと》と倭姫命

倭姫命《やまとひめのみこと》が苦労して阿耶訶《あざか》の荒ぶる神を鎮め、長い年月をかけて天照大神の鎮まる場所を探す旅を続けなければならなかった理由の一端は、崇神《すじん》天皇以来の荒廃した社会を立て直す必要に迫られていたことにあった。そのために最初、宮中で天照大神を祀ったが、その神威があまりにも強烈だったため、宮中から外に出して祭祀することになったという。その様子について、『日本書紀』崇神《すじん》天皇六年条には次のように記されている。

百姓の流離するもの、或いは反逆するものあり、その勢いは徳を以て治めようとしても難しかった。それで朝夕天神地祇にお祈りをした。これより先、天照大神・倭大国魂《やまとのおおくにたま》の二神を、天皇の御殿の内にお祀りした。ところがその神の勢いを畏れ、共に住むには不安があった。そこで天照大神を豊鍬入姫命《とよすきいりびめのみこと》に託し、大和の笠縫邑《かさぬいのむら》に祀った。そうして、堅固な石の神籬《ひもろぎ》を造営した。

その後、崇神《すじん》天皇から垂仁《すいにん》天皇に皇位が引き継がれた後も、天照大神の祭祀は困難を極め、垂《すい》仁《にん》天皇の娘である倭姫命《やまとひめのみこと》が、豊鍬入姫命《とよすきいりびめのみこと》からその任を引き継ぐことになった。『日本書紀』

垂仁《すいにん》天皇二十五年条にはそのあたりの経緯が記されている。

　三月十日、天照大神を豊鍬入姫命《とよすきいりびめのみこと》から離して、倭姫命《やまとひめのみこと》に託された。倭姫命《やまとひめのみこと》は大神を鎮座申し上げるところを探して、宇陀《うだ》の篠幡《ささはた》に行った。さらに引き返して近江国に入り、美濃をめぐって伊勢国に到った。そのとき天照大神は、倭姫命《やまとひめのみこと》に、「この神風の伊勢の国は常世《とこよ》の浪がいくたびも打ち寄せてくるすばらしい国なので、この国にいたい」と言われた。そこで、大神の言葉のままに、その祠《ほこら》を伊勢国に立てられた。そして斎宮《いつきのみや》を五十鈴川のほとりに立てた。これを磯宮《いそのみや》という。天照大神が始めて天より降られたところである。

　第一章では広瀬大社や各地の水分《みくまり》神社などの縁起などを基にしながら、崇神《すじん》天皇、垂仁《すいにん》天皇の時代の大和国周辺での国家形成の様子を眺めてきたが、実は同じ時期、大和国から遠く離れた伊勢国でも大和王権の宗教的な礎《いしずえ》づくりが進められていたのである。この様子について、『倭《やまと》姫命世記《ひめのみことせいき》』には、豊鍬入姫命《とよすきいりびめのみこと》から倭姫命《やまとひめのみこと》に至る各地巡幸の様子が詳しく描かれている。豊鍬入姫命《とよすきいりびめのみこと》の祭祀概要を記すと次のようになる。

　豊鍬入姫命《とよすきいりびめのみこと》は天照大神の御魂を鎮めるために、大和の「笠縫邑《かさぬいのむら》」から丹波の「与佐宮」に移り、そこで四年間の祭祀を行った。その後再び大和国の「伊豆加志本宮《いずかしのもとみや》」に還り、八年間祭祀した。さらに、紀伊国の「奈久佐浜宮」にて三年を過ごし、吉備国の「名方浜宮」で四年の祭祀を終えた後、再度、大和の「弥和《みわ》の御室嶺上宮《みむろのみねのうえのみや》」に戻った。そしてその後、倭姫命《やまとひめのみこと》と交代した。

また、同書に記される倭姫命《やまとひめのみこと》の巡幸経路を整理すると、次のようになる（括弧内は祭祀年数）。

大和国・御室嶺上宮《みむろのみねのうえのみや》→大和国・宇多秋宮《うたのあきのみや》（四年）→大和国・宇多佐佐波多宮《うたささはた》→伊賀国・市守宮《いちもり》（二年）→伊賀国・穴穂宮《あなほ》（二年）→伊賀国・敢都美恵宮《あへとみえ》（二年）→近江国・甲可日雲宮《こうかひくも》（四年）→近江国・坂田宮（二年）→美濃国・伊久良河宮《いくらがわ》（四年）→尾張国・中嶋宮→伊勢国・桑名野代宮（四年）→鈴鹿国・奈其波志忍山宮《なごわしのおしのやま》→伊勢国・阿佐加乃藤方片樋宮《あさかのふじかたのかたひ》（四年）→伊勢国・飯野高宮（四年）→伊勢国・佐佐牟江宮《ささむえ》→伊勢国・伊蘓宮《いそ》→伊勢国・瀧原宮→伊勢国・矢田宮→伊勢国・家田田上宮《やたのたうえ》→伊勢国・奈尾之根宮《なおしね》→伊勢国・五十鈴川上宮《いすずのかわうえ》（内宮）→志摩国・伊雑宮《いざわのみや》

『倭姫命世記《やまとひめのみことせいき》』に記された豊鍬入姫命《とよすきいりびめのみこと》と倭姫命《やまとひめのみこと》の奉祭地をたどっていくと、崇神《すじん》天皇から垂仁《すいにん》天皇の時代にかけての宗教的な礎《いしずえ》づくりは伊勢だけに限らず、遠く丹波や紀伊、吉備、近江、美濃、尾張にまで至っていたことがわかる。しかも、そこに記された年月を単純に合計しただけでも、実に五十年以上にもわたって各地を巡りながら天照大神の祭祀を行っていたことになる。

なぜ、これほど大掛かりな巡幸が必要だったのだろうか。豊鍬入姫命《とよすきいりびめのみこと》がたどった丹波や紀伊や吉備という場所については、後ほど触れたいと思うので、ここでは倭姫命《やまとひめのみこと》が向かった経路について少し考えてみたい。

倭姫命の巡幸ルート

倭姫命《やまとひめのみこと》が豊鍬入姫命《とよすきいりびめのみこと》からその務めを引き継いだ時、天照大神は大和国の御室嶺上宮《みむろのみねのうえのみや》に祀られていた。ここは「弥和《みわ》の御室嶺上宮《みむろのみねのうえのみや》」とあるように、大和の三輪山山頂に設けられた宮だったとされている。その後、天照大神の鎮まる地を求めて各地を巡行した倭姫命《やまとひめのみこと》は、最終的に、「常世《とこよ》の浪がいくたびも打ち寄せてくるすばらしい国」であると天照大神が語った伊勢国にこの神を祀っている。

ここで不可思議に思われることは、なぜ倭姫命《やまとひめのみこと》は大和や伊賀から近江、美濃、尾張へと大まわりして伊勢に向かったのか、という点である。地理的な関係だけを見れば、大和と伊勢はそれぞれ東西に位置しており、三輪山からまっすぐ真東を目指せば、もっと短期間で伊勢に到着できたはずである。（【図15】）

その謎を解く一つの手掛かりは、神武天皇の東征神話にある。

実は、神武天皇も大和に入る前に大きな迂回を余儀なくされている。吉備の高嶋宮で勢力を整え、大阪の難波に向かった神武天皇は、生駒山山麓の日下《くさか》で長髄彦《ながすねひこ》の軍に破れ、痛手を負った。その後、神武天皇の軍は大きく熊野まで迂回し、熊野から大和に向かうという北上ルートをとるのである。

その際に、神武天皇は、「日の神の御子として日に向かって戦うことは良いことではなかった。敵によって痛手を負ってしまった。今からは廻り込んで、日を背後に背負って戦おう」という、

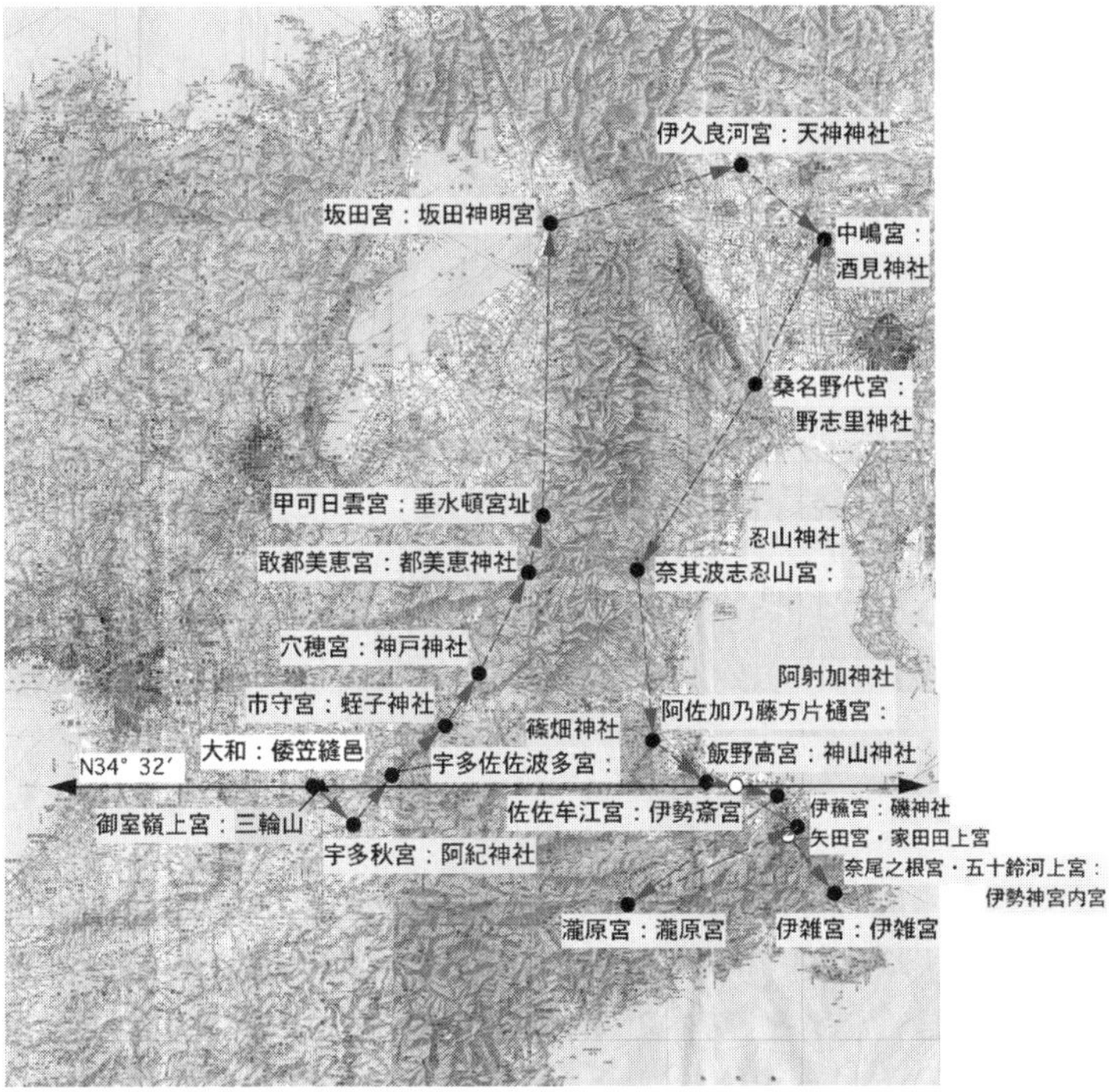

【図 15】　倭姫命の巡幸経路　大和三輪山山頂の御室嶺上宮を出発した倭姫命は天照大神の鎮座地を求めて、伊賀、近江、美濃、尾張、伊勢へと大きく迂回する経路を移動した。

大変象徴的な言葉を吐いている。つまり、日神を自負する神武天皇にとって、自らが勝者となるためには、昇り来る朝日としての太陽を守護神として背負う所に位置取りする必要があるということだった。日下《くさか》での戦いの場合には、東側に陣取り、生駒山から昇る特別な太陽を背にした長髄彦《ながすねひこ》には歯が立たなかったということなのだ。

　おそらく、倭姫命《やまとひめのみこと》が近江、美濃、尾張へと大きく迂回した理由もそこにある。すでに述べたように、大和の「朝日の日向から処《ところ》、夕日の日隠《ひがく》る処《ところ》」であった龍田大社や広瀬大社の真東の地に伊勢の阿耶訶《あざか》が位置し、そこには「荒ぶる神」が棲んでいた。大和を出発する時に、すでに倭姫《やまとひめの》命《みこと》はそのことをよく知っていたのだ。その阿耶訶《あざか》の荒ぶる神である伊豆速布留神《いずのはやふるのかみ》とは猿田彦命のことであり、伊勢の太陽神である。その太陽神に打ち勝つためには、西から東に一直線に向かっていくのではなく、大きく迂回することによって敵の背後に回りこみ、東の伊勢湾から昇る朝日を背にしてその「荒ぶる神」と戦う必要があったのだ。

この「興玉神《おきたま》」でもあった猿田彦命という伊勢の太陽神を鎮めることができて初めて、天照大神は伊勢国に落ち着くことができたわけである。『倭姫命世記《やまとひめのみことせいき》』には、倭姫命《やまとひめのみこと》の言葉として伊勢国のことを、

朝の日来り向ふ国、夕の日来り向ふ国

と表現している。そのような表現がなされるのは、【図12】の写真に示したように、二見浦のある伊勢という所が常世《とこよ》でもある富士山から昇る夏至の朝日を拝することのできる場所であり、夏至の夕日が伊勢の太陽神であった猿田彦命が幽《かく》れる阿耶訶《あざか》へと沈むのを眺めることのできる場所（朝熊ヶ岳山頂）であるからである。そして、伊勢国は、天照大神が語ったように、常世《とこよ》でもある富士山からの浪がいくたびも打ち寄せてくるすばらしい場所でもあったのだ。

二つの国譲り神話

倭姫命《やまとひめのみこと》の迂回経路の謎に関しては、神武東征神話に絡むもう一つの手掛かりがある。それは、大和に入ってからの神武天皇の行動に関する記載である。

『古事記』や『日本書紀』では、熊野から北上した後、神武天皇は大和の阿田→飯貝→国栖→宇陀へと移動し、宇陀の伊那佐《いなさ》山から長髄彦《ながすねひこ》の拠点であった鳥見《とみ》山を攻撃し、打ち破った。伊那《いな》佐《さ》山は鳥見《とみ》山の真東に位置しており、神武天皇はまさに東から昇る太陽を背にして勝利を手にしたというわけである。

ところが、『伊勢国風土記』逸文によると、神武天皇はこの時同時に、天日別命《あめのひわけのみこと》に命じて東の伊勢国に向かわせ、その国の伊勢津彦を退去させ、国譲りをさせたと伝えているのである。この伊勢の国譲りの物語は『古事記』や『日本書紀』などには一切登場しない。これらの書に登場する国譲りと言えば出雲神話に伝えられる国譲りの物語だけである。

出雲の国譲り神話では、稲佐浜《いなさはま》に天降った建御雷神《たけみかづちのかみ》たちが出雲大社に坐す大国主命に国譲りを迫ったと伝えられている。ここには真西の稲佐浜《いなさはま》から真東の出雲大社に坐す大国主命に国譲りを迫るという西から東への方向性がある。実は、『伊勢国風土記』の伊勢の国譲りの場合も同様に、真西に位置する伊那佐《いなさ》山から真東に位置する伊勢に向かって国譲りをさせるという、同じ方向性の構図が隠されているのである。（【図16】）

そこには共に、真西の「イナサ」から真東に位置する場所に向かって国譲りが展開されている。

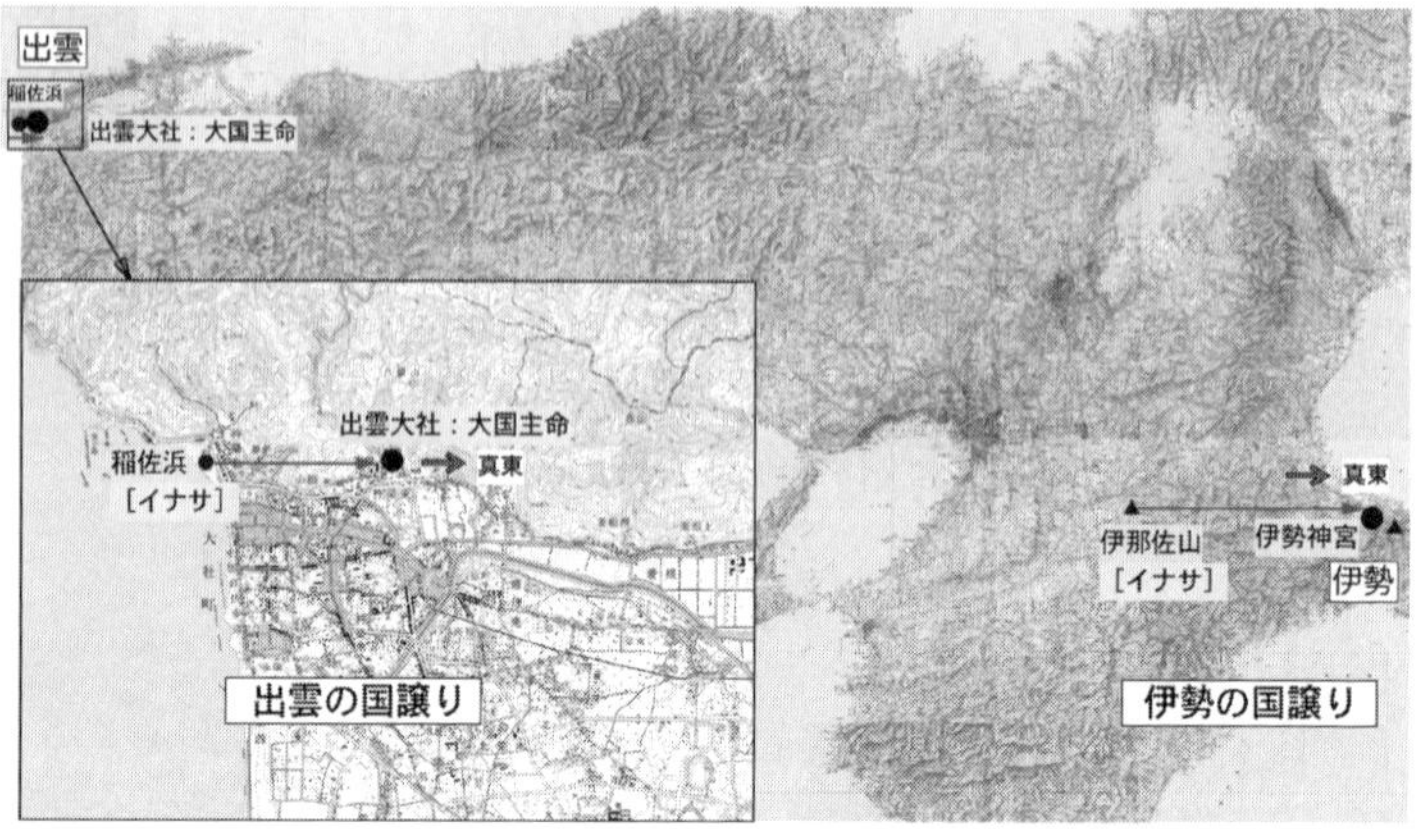

【図16】 国譲りの方向性　出雲の場合は真西の稲佐浜から真東の出雲大社に坐す大国主命に対して国譲りを迫り、伊勢の場合も真西の伊那佐山から真東の伊勢に向かって国譲りを迫っている。共に国譲りの起点となっている場所は真西に位置する「イナサ」である。

日下《くさか》での神武天皇の失敗に対して、なぜそれが可能だったかという理由は、この二つの例が共に「国譲り」であって、戦いを伴わない平和的な交渉であり、決して日神に対する戦《いくさ》ではなかったことにある。

伊勢の国譲り神話が『伊勢国風土記』にのみ記され、正史である『日本書紀』や天皇家の歴史を綴る『古事記』に記載されなかったのは、おそらく、その国譲りの物語が表立って公式に語ることを禁じられた神話であったからではないだろうか。大和王権にとって、伊勢に鎮座地を求め、そこに祀った天照大神は皇祖神であり、自らの王権を守る絶対的な太陽神だったはずだ。本来、天照大神というその絶対的な太陽神が伊勢に存在する以前に、伊勢に別の強大な太陽神がいたことなどあってはならないことだった。だから、あえて伊勢の国譲り神話は公言されなかったのだろう。

『古事記』や『日本書紀』には、かつて伊勢の太陽神として君臨した猿田彦命が登場するが、そこでは一切「太陽神」や「日神」という名では呼ばれていない。猿田彦命はあくまで天孫瓊瓊《にに》杵尊《ぎのみこと》を日向の高千穂峯に降臨させた先導者であり、天宇受売命《あめのうずめのみこと》に連れられて伊勢に戻り、阿《あ》耶訶《ざか》で漁をしていた時に比良夫貝《ひらぶがい》に手を噛まれて溺れ死んだと記されるのみである。

しかし、大同二年（八〇七）に斎部広成《いんべのひろなり》が撰上した『古語拾遺《こごしゅうい》』だけは、この神について意味深長な言葉を残している。その垂仁《すいにん》天皇の条には、猿田彦命の別称でもある「衢《ちまた》の神」について、次のように記されている。

> 巻向の玉城帝《たまきのみかど》（垂仁天皇）は、皇女の倭姫命《やまとひめのみこと》に命じて天照大神を奉斎させた。倭姫《やまとひめの》命《みこと》は天照大神の教えの通りに伊勢の五十鈴の川上に社を建てた。よって斎宮を建て倭《やまと》姫命《ひめのみこと》を住まわせた。はじめ天上に在《まし》ます時に、あらかじめ幽れたる契りを結んでおり、衢《ちまた》の神が（天照大神よりも）先にこの地に降ったことには深い理由があった。
>
> （傍点及び括弧内筆者記入）

『古語拾遺』には、天照大神と「衢《ちまた》の神」である猿田彦命が天上にいた時に、「幽《かく》れたる契《ちぎ》り」を結んでいて、猿田彦命が天照大神よりも先に伊勢国に天降っていたと書かれているのである。この「幽《かく》れたる契《ちぎ》り」とは、まさに公式に語ることを禁じられた猿田彦命から天照大神への国譲りの契約であり、天照大神の絶対的な太陽神としての身分を保障するためのものだったに違いない。

4 心《しん》の御柱《みはしら》の謎

『日本書紀』や『倭姫命世記《やまとひめのみことせいき》』が語るように、天照大神の鎮座する場所を求めて伊勢の五十鈴川の河上にたどり着いた倭姫命《やまとひめのみこと》は、そこに祠を建てて天照大神を祀った。その場所が現在の伊勢神宮内宮が建つ神域である。『倭姫命世記《やまとひめのみことせいき》』はこの宮を築いていく様子を次のように記している。

五十鈴の原の荒れ草や木の根を刈り払い、大石や小石を平らに敷き広げ、遠近の山々の樹木を斎斧《いむおの》で切り倒し、木の本末を山神に奉り、中間部を取り出して、斎鋤《いむすき》を用いて斎柱《いみばしら》を立てた。（斎柱《いみばしら》は一名を天御柱、一名を心御柱という）

高天原に千木を高く上げ、下都磐根に大宮柱を広く敷き立てて、天照大神、並びに荒魂《あらたまの》宮《みや》、和魂宮《にぎたまのみや》を鎮座し奉った。

心《しん》の御柱《みはしら》と龍神

ここにも記されているように、伊勢神宮の正殿床下には「心《しん》の御柱《みはしら》」と呼ばれる斎柱《いみばしら》が立てられている。この柱には神霊が宿るといわれ、古代から神聖視されてきた。「心《しん》の御柱《みはしら》」は床下に隠されたまま一般に公開されることなく、一切の作法や儀礼は秘中の秘とされ、ほんの一部の職掌者にしか知られていないと言われている。ただしわずかに、中世の伊勢神道書である『豊受皇太神御鎮座本紀』には、「心《しん》の御柱《みはしら》」の径が四寸、長さが五尺であり、柱には五色の糸が巻かれ、榊が飾り付けてあることが記されている。（【図17】）

その「心《しん》の御柱《みはしら》」について、山本ひろ子氏は『心の御柱考』の中で、次のような特筆すべき事柄を記している。

　さて、国家と天皇位の永久性を保証し、護持する心の御柱自身もまた、神によって守られていた。（中略）『御鎮座伝記』では、心の御柱の項に、

　「龍神、土神各一座。守護神を為すに坐す」

　と見える。「土神」は土公神や堅牢地神を指すと考えられる。問題は龍神である。……

『御鎮座伝記』は『倭姫命世記《やまとひめのみことせいき》』と同じく、鎌倉時代にまとめられたと考えられている『神道五部書』の一つで、正式には『伊勢二所皇太神御鎮座伝記』と称される経典である。その中の「心の御柱」の項に、龍神が土神と並んで「心《しん》の御柱《みはしら》」の守護神となっていると記されるというのである。山本氏はこの後、守護神としての龍神について、密教の八大竜王との関連付

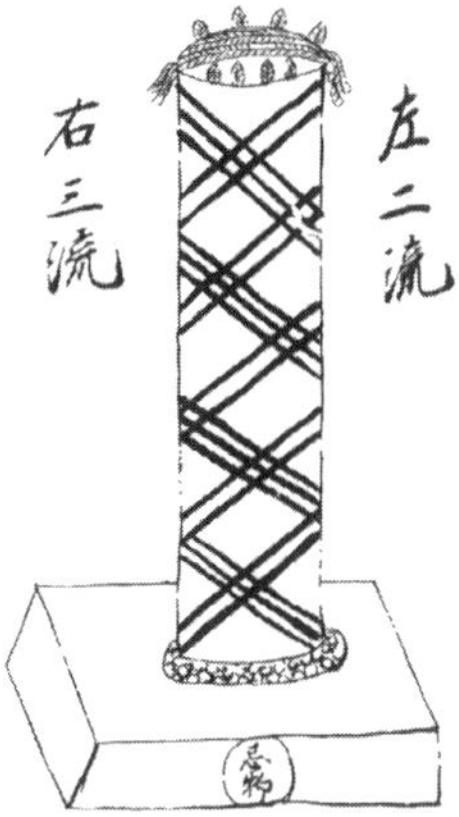

【図17】　忌柱の装飾性　『豊受皇太神御鎮座本紀』には、「心の御柱」の径が四寸、長さが五尺であり、柱には五色の糸が巻かれ、榊が飾り付けてあることが記されている。

けや、須弥山と結びついた龍神説などを交えながら、仏教との神仏習合の姿として紹介している。そして、「心《しん》の御柱《みはしら》」を守る龍神という構図をきわめて中世的な特徴として捉えようとしている。しかし、神仏習合以前には、本当に、そういった「心《しん》の御柱《みはしら》」を巡る龍蛇の思想はなかったのだろうか。もう少し、その辺りのことについて探ってみたい。

社殿のない神々

そこで、「心《しん》の御柱《みはしら》」を守護する龍神についての本性を探り出す前に、天照大神を祀る伊勢神宮内宮の神域をもう少し広く見渡してみることにしたい。

伊勢神宮には内宮・外宮を合わせて、一二五社にも及ぶ別宮・摂社・末社・所管社などがあり、このうち内宮である皇大神宮には別宮の所管社を含めて九二社が祀られている。この神域には、簡素ながら荘厳な建築に象られながら、天照大神を筆頭にして実に多種多様な神々が集まり、各所で祀り上げられている。

ところが、数多くの社殿が立ち並ぶ伊勢神宮内宮の神域内にあって、社殿を持たされることなく祭祀されている神が存在しているのである。『倭姫命世記《やまとひめのみことせいき》』には、当時、伊勢神宮に祀られていた奉斎神を順次挙げているが、その中に「宝殿なし」とはっきり断っている神が二神ある。その一つが「興玉神《おきたま》」であり、もう一つが「瀧祭神《たきまつりのかみ》」である。現在、この二つの神の他にも、「興玉神《おきたま》」の隣に祀られる宮比神《みやびのかみ》や、正殿手前で神庭を守護する屋乃波比伎神《やのはひきのかみ》など、社殿のない神々が見受けられるが、鎌倉時代にまとめ上げられたとみられる『倭姫命世記《やまとひめのみことせいき》』では、あえて「興玉《おきたま》神」と「瀧祭神《たきまつりのかみ》」だけに、「宝殿なし」という断りを入れているのだ。そのことに何か特別な意味が込められているような気がする。

伊勢神宮内宮に祀られている「興玉《おきたま》神」は、内宮正殿の板垣の内側北西隅にある榊と磐座《いわくら》がそれであるとされ、同じ所に並んで宮比神《みやびのかみ》が祀られている。なお、ここに植えられている榊は式年遷宮に合わせて二十年ごとに植え替えられるという。（【図18】）

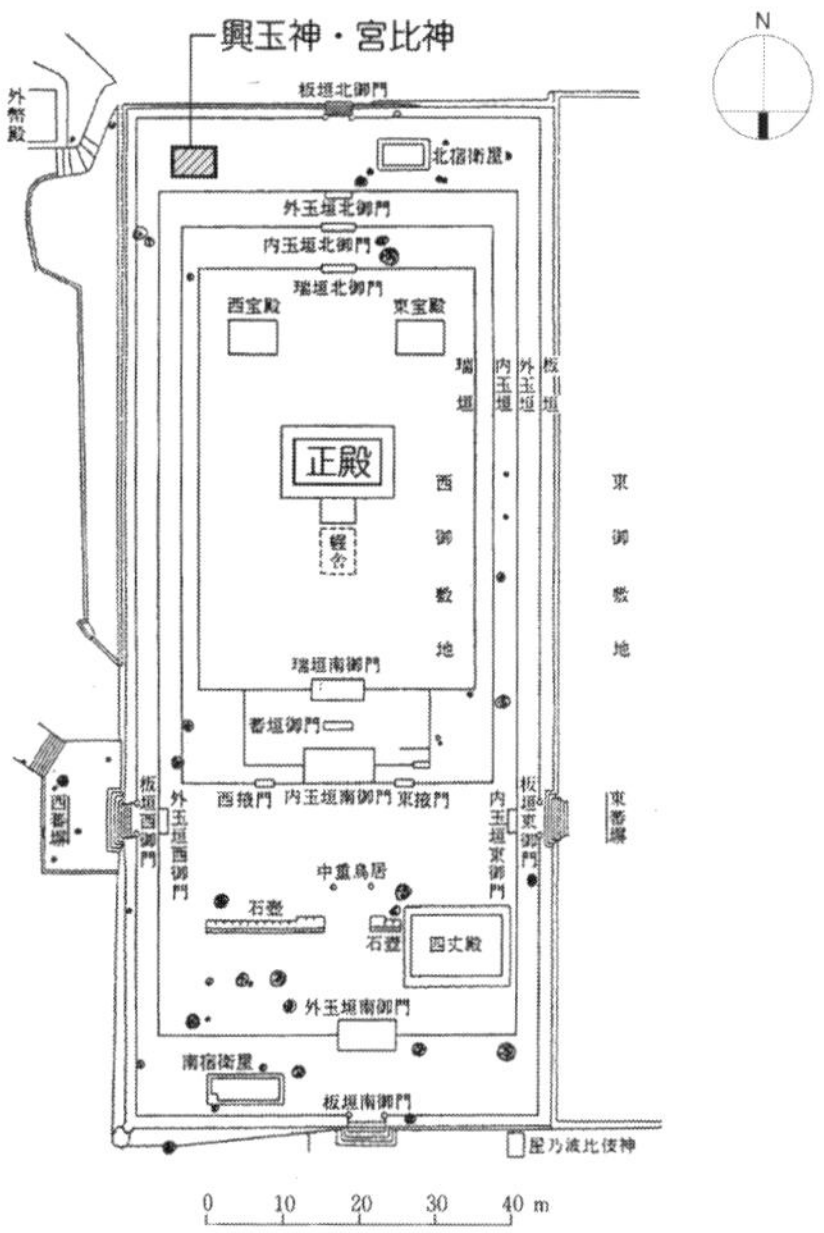

【図18】　伊勢神宮内宮平面図　伊勢神宮内宮正殿を取り囲む板垣の内側北西隅には宮比神と並んで「興玉神」が祀られている。そこには榊と磐座が祀られる。

『倭姫命世記《やまとひめのみことせいき》』には「興玉《おきたま》神」について次のように記されている。

興玉《おきたま》神：宝殿なし。衢《ちまた》の神。猿田彦大神是なり。一書に白《い》はく、「衢《ちまた》の神の孫、大田命、是れ土公の遠祖の神、五十鈴原の地主の神也」

興玉《おきたま》神は猿田彦命であるとも言われるように、いわば天照大神が伊勢に鎮座する以前から伊勢で祀られてきた地主神だった。同時に、「興玉神《おきたま》」は二見浦から夫婦岩の方向を望んだ時に、その先にあったと言われる「興玉石《おきたま》」の向こうの沖（オキ）から昇る太陽（タマ：玉）でもあった。しかも、その太陽は夏至の頃に、蓬莱山《ほうらい》という異名を持つ富士山から昇ってくる特別な太陽でもあった。

そう考えてみると、「興玉神《おきたま》」に社殿など無いのが当然のことなのかもしれない。夏至の頃に富士山から昇る特別な太陽は、まさにその瞬間にしか現れないのであり、常に同じ形をそこにとどめるものではないからだ。そこに祀られている「興玉神《おきたま》」という太陽神は、天照大神のように普遍的で抽象的な太陽神とは異なり、この伊勢という土地に根差し、特別な時に現れる太陽神である。

また、「興玉神《おきたま》」である猿田彦命は、「衢の神《ちまた》」として、天照大神と「幽《かく》れたる契《ちぎ》り」を結んだ神でもあった。かつて、この土地で伊勢の太陽神として人々に深く信仰されていたにもかかわらず、猿田彦命は「幽《かく》れたる契《ちぎ》り」によって一切公言されることなく、太陽神の名と伊勢国を天照大神に譲り渡した。そういった裏事情を抱えている神である以上、神宮の中に社を建てて、表立って祀るわけにはいかなかったに違いない。

瀧祭神と龍神

そして、もう一つの社殿を持たない神が「瀧祭神《たきまつりのかみ》」である。【図19】に伊勢神宮内宮の配置図を示したが、「瀧祭神《たきまつりのかみ》」は、参道を正殿に向かう途中、五十鈴川の御手洗場のすぐ左手に祀られている。「瀧祭神《たきまつりのかみ》」は、所管社であるにもかかわらず、社格の高い別宮と同等の祭祀が行われており、例えば、三節祭で最も重要な秘儀である由貴《ゆき》の大御饌《おおみけ》は、正宮に続いて別宮の荒祭宮と「瀧祭神《たきまつりのかみ》」に捧げられている。

『倭姫命世記《やまとひめのみことせいき》』では「瀧祭神《たきまつりのかみ》」について次のように記載される。

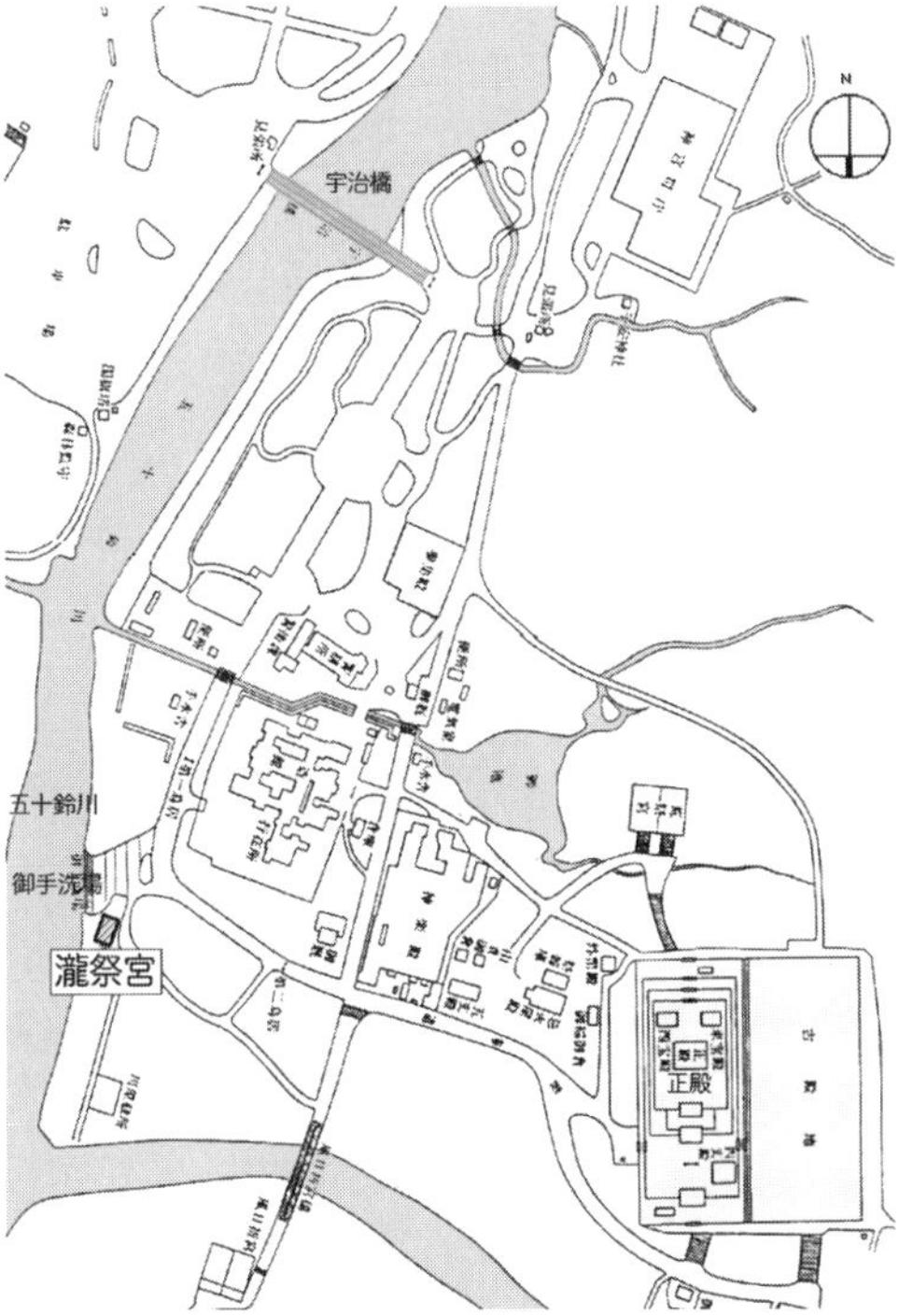

【図 19】 伊勢神宮内宮配置図 「瀧祭神」は参道を正殿に向かう途中、五十鈴川の御手洗場のすぐ左手に祀られている。「瀧祭神」もまた社殿を持たない神である。

> 瀧祭神：宝殿なし。下津底に在り。水神なり。一名は沢女神。亦美都波神と名づく。

伊勢神宮内宮に祀られている「瀧祭神」は石畳を組んだ所に祀られ、別名を水神である弥都波能《みつはの》売神《めのかみ》（美都波神）ともされている。その「瀧祭神《たきまつりのかみ》」を祀る地中に、伊弉《いざ》諾尊《なぎのみこと》と伊弉冉尊《いざなみのみこと》が国生みをした時に用いたといわれる天の瓊矛《ぬぼこ》（沼矛）が埋められているという伝説がある。山本ひろ子氏の『中世神話』には、『大和葛城宝山記』に載る次の記述訳が引用されている。

この宝杵（天の瓊矛）は、常世の宮殿のうちに納め奉る。世間に云う、五十鈴川の瀧祭の霊地の地底の宝宮がこれである。龍宮城と名づく。また仙宮とも号する。

天の瓊矛《ぬぼこ》の伝説についてはその真偽を推し量る術《すべ》もないが、ここで、「瀧祭神《たきまつりのかみ》」の地底の宝宮が龍宮城であるとしていることは注目される。というのは、すでに第一章で龍田大社に祀られている瀧祭神《たきまつりのかみ》について述べたように、北畠親房が著した『神皇正統記』にも、「瀧祭の神と申すは龍神なり」と記されているからである。

また、すでに紹介した江戸時代の『和州旧跡幽考《わしゅうきゅうせきゆうこう》』の龍田大社の項にも、中世の神道書である『天地麗気府録』からの引用として、

瀧祭りの仙宮は常世郷と号して是れ龍宮なり

という記述も見える。このように、中世から近世にかけての感覚の中では、「瀧祭神《たきまつりのかみ》」は龍神として捉えられている。

また、「瀧祭神《たきまつりのかみ》」の別名とされる弥都波能売神《みつはのめのかみ》について、折口信夫は『水の女』の中で、次のように述べている。

みぬま・みつははは一語であるが、みつはのめの、みつはも、一つのものと見てよい。（中略）

又この女性の神名は、男性の神名おかみに対照して用いられている。「おかみ」は「水」を司る蛇体だから、みつはのめは、女性の蛇または、水中のある動物と考えていたことは確からしい。（傍線筆者記入）

ここで折口信夫は、弥都波能売神《みつはのめのかみ》の「みつはのめ」を女性の蛇もしくは水中動物と捉えている。「瀧祭神《たきまつりのかみ》」の別名である弥都波能売神《みつはのめのかみ》もまた、龍蛇神の性格を持っているというのである。

ここまで述べてきたように、伊勢神宮内宮に祀られる「興玉神《おきたま》」と「瀧祭神《たきまつりのかみ》」という二つの神の本質は、実は、天照大神が祀られるようになる前の地主神である伊勢の太陽神と龍蛇神だったと言えよう。『倭姫命世記《やまとひめのみことせいき》』には、阿耶訶《あざか》の荒ぶる神が棲む所に、多気連の祖である宇迦之《うかの》日古《ひこ》の子がいたと記すが、阿耶訶《あざか》の「宇迦之日古《うかのひこ》」とは、「ウカ」の「ヒコ」であり、龍蛇神を表す「ウカ」神であり、太陽神を表す「ヒコ（日子）」神でもあったことを表している。それと同様に、伊勢神宮内宮にも「ウカ」である龍蛇神と「ヒコ（日子）」である伊勢の旧来の太陽神が、社殿を設けられることなく、原始的なかたちでひっそりと祀られているのである。そして、『倭《やまと》姫命世記《ひめのみことせいき》』にはこの二神について、あえて「宝殿なし」と特記されていた。

――伊勢神宮の奥底には隠された神々がいるのではないか。

その神々は、形ある社殿を与えられることなく、今も、縄文の古代から続く磐座祭祀や自然崇拝というかたちで、この神域の中で祀られ続けている。

正殿床下に隠された「心《しん》の御柱《みはしら》」を守る龍神もおそらく、「瀧祭神《たきまつりのかみ》」の地底にいると言われる龍蛇神と同様のものなのだろう。それは地底の奥深くに埋められた龍蛇神であり、広瀬大社の「水足池《みずたるいけ》」の奥底に埋められた龍蛇神とも相通じるものであるように思われる。かつて、この土地を治めていた龍蛇神が土中深くに封じ込まれている。

そう考えていくと、「心《しん》の御柱《みはしら》」を守護する龍神の意味もまた、違ったものに見えてくる。『御鎮座伝記』では、龍神が「心《しん》の御柱《みはしら》」を守護すると表現されるが、実は「心《しん》の御柱《みはしら》」は地底から出てくるものを押さえ込み封じる「栓」のように、柱を地面に打ち立てることによって、かつての伊勢の地主神であった龍蛇神が浮かび上がるのを封印しているのではないだろうか。

この「心《しん》の御柱《みはしら》」に少しでも異常が生じると、それは伊勢神宮のみならず、国家にとっての一大凶事だったと言われる。それほど重要な役目が、この「心《しん》の御柱《みはしら》」には込められていたのだ。それは、伊勢神宮が大和王権や天皇家にとっての絶対的な聖地であり続けるために、地底から湧き上がってくる計り知れないほどの古い時代からの地霊や記憶を封じ込めるために欠くことのできない封印の柱だったのだろう。

式年遷宮と心《しん》の御柱《みはしら》

そのことを裏付けることが伊勢神宮の式年遷宮のシステムに秘められている。

伊勢神宮の式年遷宮は二十年ごとに行われ、その際に神殿が新しく造り替えられ、新しい宮に御神体が遷し替えられる。平成二十五年には、第六十二回目の式年遷宮が執り行われた。式年遷宮に際しては、伊勢神宮の内宮・外宮の正殿には東西に隣り合う二つの敷地が用意されており、式年遷宮の度ごとに古い敷地（古殿地）から新しい敷地（新殿地）へと正殿の建設地が移動する。

しかし、社殿のみを建て替えるのであれば、敷地を移動せずに同じ場所で建て替えるという方法もあったはずだ。実際、出雲大社をはじめとした各地の神社で行われている式年遷宮は、同一敷地での式年遷宮という方法で行われている。なぜ、伊勢神宮だけはこうした移動の方法を取っているのだろうか。

それはおそらく、伊勢神宮で最も重要視されているという「心《しん》の御柱《みはしら》」の保持のあり方に秘密がある。伊勢神宮を実際に訪れてみるとよくわかることだが、新しい社殿の建つ隣の古殿地には、敷地中央付近に小さな覆屋がかぶさった祠がある。実はこの祠の中に、式年遷宮の際に取り壊された古い正殿の床下にあった「心《しん》の御柱《みはしら》」が残されているのである。次回の式年遷宮の際に、ここに新しく「心《しん》の御柱《みはしら》」が立てられるまで、覆屋に隠された状態でこの古い「心《しん》の御柱《みはしら》」が存在し続ける。つまり、次回の式年遷宮までの二十年間は、新殿地と古殿地の二本の「心《しん》の御《み》柱《はしら》」が並立し続けているわけである。

もしも、同じ敷地で式年遷宮を行い、正殿の建て替えを行ったとすると、一度古い「心《しん》の御《み》柱《はしら》」を撤去し、その場で同じ位置に新しい「心《しん》の御柱《みはしら》」を立て直さないとならない。どんなに急いで柱の建替工事を行ったとしても、その時一瞬、「心《しん》の御柱《みはしら》」が存在しない時間が発生する。「心《しん》の御柱《みはしら》」の持つ役目が地主神である龍蛇神をはじめとした地霊や古代の記憶を封印し続けるための「栓」であるならば、その一瞬の空白によって、古代から受け継がれてきた目論見《もくろみ》が全て失われてしまうことになる。

新殿地と古殿地を行き来する伊勢神宮の式年遷宮のシステムであれば、「心の御柱《しんのみはしら》」は一瞬たりとも封印を解くことはない。古い「心の御柱《しんのみはしら》」を撤去することなく、新しい「心の御柱《しんのみはしら》」を立てることができるからである。そして、次の式年遷宮までのわずか二十年の間さえ新しい「心の御柱《しんのみはしら》」が朽ちることなく正殿の床下に立ち続けることができれば、地霊を塞ぐ「栓」としての役目は未来永劫保持し続けることができるのである。

「心の御柱《しんのみはしら》」に地霊の封印柱という使命が託されていると考えれば、式年遷宮のシステムの意味や新殿地と古殿地に残る二本の「心の御柱《しんのみはしら》」の意味がはっきりと理解できる。「心の御柱《しんのみはしら》」は私たちの目に触れないところに立てられている。その目に見えないところにこそ、古代の人々が残した重要なメッセージの謎が隠されているのだ。

5 真名井の神

外宮の由来

先にも記したように、伊勢神宮内宮についての祭祀の由縁は、『日本書紀』垂仁天皇《すいにん》二十五年条にある倭姫命《やまとひめのみこと》の伊勢巡幸の記述や、その内容についてより具体的に記した『倭姫命世記《やまとひめのみことせいき》』などに詳しく記されていた。そこに記されていることが史実かどうかについては判断が分かれるところではあるが、祭祀者側の一つの意図の表れとして、その記述内容を読み取っていくことには十分に意味がある。大和王権が、大和の東の地である伊勢神宮に皇祖神の天照大神を祀り上げることには、新たな国家を築いていくための重要な基盤が託されていた。

それに対して、伊勢神宮内宮に遅れて創建された外宮の由来については、延暦二十三年（八〇四）に撰上された『止由気宮儀式帳《とゆけぐうぎしきちょう》』にその経緯が記されている。

垂仁《すいにん》天皇の御世に、漂泊の後、天照大神は度会の宇治の五十鈴川の河上に鎮座したが、雄略天皇の時代になって、天照大神が雄略天皇の夢に現れ、

「我一人だけで鎮座するのは耐え難く甚だ苦しい。食事をするのも容易ではないので、丹波国の比治の真奈井に鎮座している御饌都神《みけつ》の等由気大神を我の元に呼べ」

と曰《のたま》われた。

　雄略天皇は驚き、丹波国から等由気大神をお呼びし、度会の山田原に宮を建てた。このようにして、御饌殿《みけどの》を造り、天照大神の朝夕の日毎の大御饌を用意し備え奉った。

　これによると、雄略天皇は夢に現れ苦しみを吐露した天照大神の神託に従い、丹波国の御饌都《みけつ》神である等由気大神を伊勢山田原の地に遷し、そこに神殿を築いて祀ったという。それが、現在の伊勢神宮外宮であり、丹波から呼び寄せた等由気大神とは、外宮に祀られている豊受大神のことである。

『古事記』の中では、瓊瓊杵尊《ににぎのみこと》の天孫降臨神話にからめて、

　登由宇気《とゆうけ》の神、これは外宮の度相《わたらい》に坐す神なり

と記されている。豊受大神は一般には食物神として知られている。これは、豊受（トヨウケ）の「ケ」が御饌《みけ》、即ち食物を表し、天照大神の食事を用意する役目を担ったとされることによる。

　また、豊受大神は『古事記』の伊弉諾尊《いざなぎのみこと》と伊弉冉尊《いざなみのみこと》の神生み神話に登場する和久産巣日神《わくむすびのかみ》の子の豊宇気比売《とようけびめ》にもあてられている。『日本書紀』では、和久産巣日神《わくむすびのかみ》（稚産霊《わくむすひ》）の頭の上に蚕と桑が生まれ、臍の中に五穀が生まれた、と記されており、豊宇気比売《とようけびめ》が養蚕や穀物に由来を持つ神であることがそこにも示唆されている。

羽衣伝説

豊受大神がもともと鎮座していた場所であるという「丹波国の比治の真奈井」については、『丹後国風土記』逸文に詳しい記載がある。そこでは、八人の天女にまつわる羽衣伝説が語られているが、その冒頭に丹後国丹波郡の郡家の西北にある比治山の山頂に真奈井という名の井戸があると記されている。この井戸に舞い降りた天女の一人が、和奈佐老夫《おきな》と和奈佐老婦《おみな》という二人の老夫婦に羽衣を隠され、この土地にとどまることになる。その後、老夫婦に追い出されて行き場を失った天女は、竹野郡船木里の奈具村に住んだが、それが奈具社の豊宇賀能売命《とようかのめ》であると記されている。

丹後国の比治山山頂にある真奈井を『止由気宮儀式帳《とゆけぐうぎしきちょう》』が「丹波国の比治の真奈井」と記すのは、和銅六年（七一三）に、丹波国の北部の加佐郡、与謝郡、丹波郡、竹野郡、熊野郡の五郡を割いて、新たに丹後国が創設されているからである。『止由気宮儀式帳《とゆけぐうぎしきちょう》』と『丹後国風土記』逸文に現れる「真名井」は同じものと見てよい。

この「真名井」についてはいくつかの伝承地がある。そのうちの有力な候補地の一つに、『延喜式』神名帳に式内社名神大社として載る丹後国一宮の籠《この》神社がある。籠《この》神社は日本三景の一つである天橋立を間近に望む成相山《なりあいさん》麓にあり、海部氏を名乗る宮司家によって祭祀が続けられてきた。周辺には、古代の国府も置かれており、この一帯が丹後国の中心地であったとみられている。

この境外摂社に奥宮《おくのみや》とされる真名井神社があり、そこに天の真名井と呼ばれる清水が湧き出している。籠《この》神社の社伝によれば、元来、真名井神社が鎮座している真名井が原に豊受大神が祀られていたが、その後、本宮を現在の籠《この》神社の地に遷し、彦火明命を主祭神として祀るようになったという。真名井神社では今も磐座が祀られ、古い形式の自然崇拝の姿を残している。

「比治の真奈井」を称する所としては、籠《この》神社から丹後半島を内陸に入った京都府丹後市峰山町にも比沼麻奈為《ひぬまない》神社があり、豊受大神などを祭神として祀っている。他にも、丹後半島周辺にはこの種の神話や伝承を伝える場所が数多く残っており、伊勢神宮外宮の祭神である豊受大神を丹後国の「比治の真奈井」から呼び寄せたという外宮の由来を裏付ける要因となっている。

また、『丹後国風土記』逸文では、この「真名井」に由縁を持つ神が奈具社の豊宇賀能売命《とようかのめ》であるとしている。ここに現れる奈具社については、京都府宮津市由良宮ノ上と、丹後半島の北辺にあたる京都府竹野郡弥栄町にそれぞれ同名の奈具神社がある。共に豊宇賀能売命《とようかのめ》が祭神として祀られている。

豊宇賀能売命《とようかのめ》は伊勢神宮外宮に祀られている豊受大神の別名と言われ、『止由気宮儀式帳《とゆけぐうぎしきちょう》』と『丹後国風土記』逸文に記される二つの逸話が互いに関連性を帯びたものとなっている。

伊勢神宮の祭祀構造

また、『延喜式』大嘗祭の祝詞には、伊勢神宮外宮に祀られている豊宇気比売《とようけびめ》（豊受大神）について、次のように書かれている。

豊宇気姫命は、是れ稲霊なり。俗に宇賀能美多麻と謂ふ

つまり、そこでは伊勢神宮外宮に祀られている豊受大神（豊宇気比売《とようけびめ》）は稲の神であり、同時に、宇迦之御魂《うかのみたま》と同一神であると記しているのだ。

この章の冒頭で取り上げた『広瀬社縁起』にも、広瀬大社に祀られている「若宇加能売命《わかうかのめのみこと》が倉稲魂《うかのみたま》（宇迦之御魂《うかのみたま》）であるとも大忌神《おおいみのかみ》あるいは伊勢神宮外宮の神の分身である」と書かれていたが、これらの記述から、伊勢神宮外宮に祀られている神に宇迦之御魂《うかのみたま》命が重なってくる。

宇迦之御魂《うかのみたま》は広瀬大社や伏見稲荷大社などの祭神であり、表向きは穀物神や稲荷神として広く知られているが、その本質は「ウカ（龍蛇）」の「ミタマ（御魂）」として、古代の地主神だった龍蛇神の霊を鎮めるための神だった。『丹後国風土記』逸文に登場する豊宇賀能売《とようかのめ》命もまた、「ウカ（龍蛇）」の「メ（比売）」であり、伊勢神宮外宮にも隠された龍蛇神の気配が濃く漂ってくるのである。

ここでもう一度、『止由気宮儀式帳《とゆけぐうぎしきちょう》』に記された伊勢神宮外宮の創祀由来を思い出していただきたい。そこでは雄略天皇の夢に現れた天照大神が、「我一人だけで鎮座するのは耐え難く甚だ苦しい。食事をするのも容易ではないので、丹波国の比治の真奈井に鎮座している御饌都《みけつ》神の等由気大神を我の元に呼べ」と語ったと記されている。

天照大神は伊勢神宮内宮正殿に祀られているが、その床下には、地底から湧き上がる地霊や記憶を封じ込めるための封印の柱として「心の御柱」が立てられていた。地底には地主神である龍

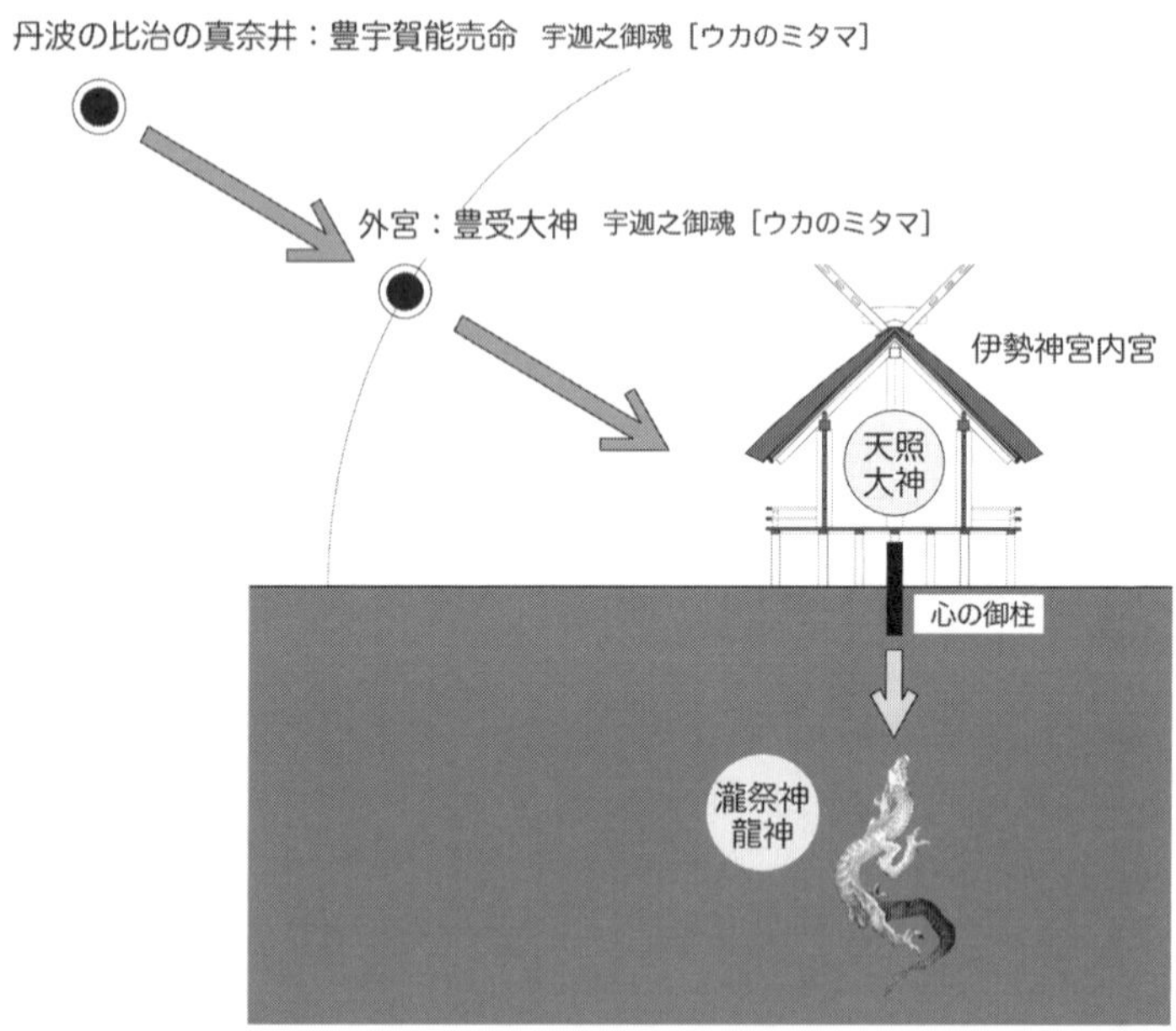

【図20】　伊勢神宮の祭祀構造　天照大神は伊勢神宮内宮正殿に祀られているが、その床下には地底に鎮められた地主神である龍蛇神を封じ込めるための封印の柱として「心の御柱」が立てられている。さらにもう一層外側から内宮に眠る龍蛇神を鎮め守るために伊勢神宮外宮が建てられた。外宮には龍蛇（ウカ）神を鎮めるために遠方の「丹波国の比治の真奈井」から宇迦之御魂である豊受大神が呼び寄せられた。

蛇神が眠っており、一時《いっとき》の猶予も許されることなく、その柱が龍蛇神を押さえ込み天照大神の身の安全を支えていた。「心の御柱」の異常は、伊勢神宮だけでなく国家存亡の事態にも及ぶとされてきたのだ。

しかも、伊勢神宮内宮正殿の周辺には、「興玉《おきたま》神」という伊勢固有の太陽神と、龍蛇神である「瀧祭《たきまつりの》神《かみ》」が社殿を設けることなく古《いにしえ》のままの形式で祀られてきた。ここで行われる祭祀もまた、内宮正殿に鎮座する天照大神を守るための地主神鎮魂の祭祀だったと考えられる。

ところが、『止由気宮儀式帳《とゆけぐうぎしきちょう》』の記述によれば、雄略天皇の時代に天照大神の安全を脅かす警鐘が鳴らされ、緊急事態として外宮の建設が行われている。その警鐘は雄略天皇が見た天照大神の夢という形をとっているが、三輪山祭祀における崇神《すじん》天皇の夢の例を引き出すまでもなく、古代における天皇の夢は国家にとっての一大事でもあった。

雄略天皇が伊勢神宮外宮を創設したのは、おそらく、内宮に眠る龍蛇神（ウカ）をさらに、もう一層外側から鎮め守るための対策だったのだろう。そのためには、わざわざ遠方の「丹波国の比治の真奈井」から宇迦之御魂《うかのみたま》である豊受大神を呼び寄せる必要があった。宇迦之御魂《うかのみたま》は龍神の鎮魂神として、広瀬大社の龍神が棲んでいた「水足池《みずたるいけ》」を埋めた後に、「ウカ（龍蛇）」の「ミタマ（御魂）」を鎮めるために新たに社殿を築き祀った神だった。

内宮の危機を察知した雄略天皇は、天照大神を祀る神域の外側にこの神を祀ることによって、内宮、外宮という鎮魂の二重構造を確立しようとしたのだろう。天照大神が祀られる以前に伊勢の地で信仰されてきた固有の太陽神や龍蛇神の霊力は、何重にも及ぶ祭祀の封印を掛けなければならないほど強力で根強いものだったのだ。（【図20】）

6　伊勢と丹波

沙本毘売《さほびめ》の悲劇

伊勢神宮内宮には天皇家の皇祖神として、太陽神の天照大神が祀られており、外宮には天照大神への食事を提供する御饌都神《みけつ》として、豊受大神が祀られている。一般的にはそういったかたちで伊勢神宮の祭神が説明されている。ところが、ここまで眺めてきたように、内宮と外宮の祭祀経緯や創建理由には、どうもそれだけではすまされないもう少し意味深い事情が秘められているようだ。

そのあたりの様子をもう少し別の角度から探ってみようと思う。『古事記』垂仁天皇条には、皇妃であった沙本毘売《さほびめ》（狭穂姫《さほびめ》）にまつわる説話が記載されている。悲劇の物語としても有名なその話の概要は次の通りである。

垂仁《すいにん》天皇の皇妃の沙本毘売《さほびめ》には沙本毘古《さほびこ》という兄がいた。沙本毘古《さほびこ》は天皇殺害の謀反を企んでいて、沙本毘売《さほびめ》にその手助けを依頼していた。垂仁《すいにん》天皇が久米の高宮にいた時に、沙本《さほ》毘売《びめ》は自分の膝で眠っていた天皇の首に小刀を突きつけたところ、天皇が夢から目覚めた。天皇が見ていた夢は、沙本《さほ》（奈良市佐保町）の方からにわか雨が降ってきて急に顔を濡らし、錦色の小蛇が首にまとわりついたという夢だった。その夢の内容を聞いた沙本毗売《さほびめ》が自らの過ちと兄の企てを自白したため、天皇は沙本毗古《さほびこ》を伐つために軍を派遣した。身籠っていた沙本毗売《さほびめ》は、稲城（稲穂を積んだ城）の中に籠城していた沙本毗古《さほびこ》の元に逃げ込んだ。垂仁《すいにん》天皇の軍が稲城に火をつけた際に、沙本毗売《さほびめ》は本牟智和気命《ほむちわけのみこと》を産み、この御子だけが助け出された。その時、垂仁《すいにん》天皇が沙本毗売《さほびめ》に、

「いかにして日足しまつらむ（どのようにして養育すれば良いのか）」

と尋ねると、沙本毗売《さほびめ》は、

「御母（乳母）を取り、大湯坐、若湯坐を定めて、日足しまつるべし」

と述べ、また、丹波道主王《たにはのみちぬしのおう》の娘の兄比売《えひめ》と弟比売《おとひめ》を遣わせて、瑞《みず》の小佩《をひも》（美豆能小佩）を解かせるように告げ、燃えたぎる炎の中で亡くなっていった。

この説話については、『日本書紀』垂仁《すいにん》天皇四年と五年条にも同様の話が載っている。沙本毗《さほび》売《め》が産み残した本牟智和気命《ほむちわけのみこと》については、その後、大人になっても言葉を話すことができなかったと言われ、この御子を巡る様々な物語が展開するわけであるが、その詳細については次章で語りたい。ここでは本牟智和気命《ほむちわけのみこと》の養育という点に焦点を絞って話を進めたいと思う。

神の嫁

ここに登場する丹波道主王《たにはのみちぬしのおう》については、崇神《すじん》天皇が越国、丹波、東国、吉備の四つの地域に

遣わしたといわれる四道将軍のうちの一人で、この人物を丹波に遣わしたことが『日本書紀』崇《す》神《じん》天皇九年条に記されている。『古事記』では丹波道主王《たにはのみちぬしのおう》の父親の日子坐王《ひこいますのおう》が派遣されたとある。これらの記録では、丹波道主王《たにはのみちぬしのおう》は朝廷から派遣された将軍とされているが、実際には、もともと丹波に拠点を築いていた地方の王であった可能性が高いと見られている。

沙本毗売《さほびめ》は火に包まれて亡くなる直前に、夫である垂仁《すいにん》天皇に我が子を育てる方法を伝え、最後に、丹波道主王《たにはのみちぬしのおう》の娘である兄比売《えひめ》と弟比売《おとひめ》に瑞《みず》の小佩《をひも》を解かせるように告げた。瑞《みず》の小佩《をひも》については、折口信夫が『水の女』の中で、次のような説明を加えている。

> 「ひも」の神秘をとり扱う神女は、条件的に「神の嫁」の資格を持たねばならなかったのである。みづのをひもを解くことがただちに、紐主にまかれることではない。一番親しく、神の身に近づく聖職に備《そなわ》るのは、最高の神女である。しかも尊体の深い秘密に触れる役目である。みづのをひもを解き、また結ぶ神事があったのである。（中略）
>
> みづのをひもを解いた女は、神秘に触れたのだから、神の嫁となる。
>
> （傍線筆者記入）

つまり、古代において、「瑞《みず》の小佩《をひも》を解く」ことは神聖なる儀式でもあって、非常に限られた特定の神女にしか許されない行為だった。しかも、その行為を行った女性は「神の嫁」になったと折口は言う。沙本毗売《さほびめ》の遺言によって、その聖職を任されたのが丹波道主王《たにはのみちぬしのおう》の娘である兄比《えひ》売《め》と弟比売《おとひめ》だった。『日本書紀』では丹波道主王《たにはのみちぬしのおう》の五人の娘が選ばれたという表現になっているが、いずれにしても丹波道主王《たにはのみちぬしのおう》の娘であるということが、その聖職を引き継ぐための絶対条件だったのだろう。

ところで、ここで言う丹波道主王《たにはのみちぬしのおう》の娘の兄比売《えひめ》と弟比売《おとひめ》とは、『古事記』や『日本書紀』にも記されているように、後に垂仁《すいにん》天皇の妃になる氷羽州比売《ひばすひめ》命と沼羽田入比売《ぬばたのいりひめ》命を指している。氷《ひ》羽州比売《ばすひめ》命は印色入日子《いにしきいりひこ》命や次代の景行《けいこう》天皇となる大帯日子淤斯呂和気命《おおたらしひこおしろわけのみこと》や倭姫命《やまとひめのみこと》など五人の子供を設けている。この丹波道主王《たにはのみちぬしのおう》の娘たちは、系譜の上では垂仁《すいにん》天皇の皇妃として天皇の子をもうけているわけであるが、「瑞《みず》の小佩《をひも》を解く」ことが本来の務めであり、折口信夫が言うように、「神の嫁」として天皇を支える役目にあった。この「神の嫁」は単なる天皇の皇妃というよりも、神に仕える神女としての色彩が濃い。

そして、折口信夫はこの娘たちを神妻としての「水の女」と見て、先に記した『丹後国風土記』逸文に登場する丹波の真奈井の沼のほとりの八人の天女である「八処女《やおとめ》（八乎止女）」と重ね合わせているのである。『倭姫命世記《やまとひめのみことせいき》』にも、倭姫命《やまとひめのみこと》が見た夢の中で、次のような神託が告げられたことが記されている。

天照大神は一人だけでずっと一箇所にいるので、食事も十分に喉を通らない。丹波国与佐の小見比治《おみひぬ》の魚井原《まないのはら》に鎮座している道主の子の八乎止女《やおとめ》が斎き祀る御饌都《みけつ》神止由居太神を私がいる国（伊勢）に遷してほしい。

ここにある道主とは丹波道主王《たにはのみちぬしのおう》のことであり、この夢の内容によれば、その娘たちが八乎止《やおと》女《め》と呼ばれ、御饌《みけつ》都神止由居太神、即ち伊勢神宮外宮に祀られることになる豊受大神を奉斎しているというのである。

『倭 姫 命世記《やまとひめのみことせいき》』の主人公であり、天照大神を伊勢に祀った倭 姫 命《やまとひめのみこと》は、垂仁《すいにん》天皇と氷羽州《ひばす》比売《ひめ》命の間に生まれた娘であるが、氷羽州比売《ひばすひめ》命は、丹波道主王《たにはのみちぬしのおう》の娘であり、『倭 姫 命世記《やまとひめのみことせいき》』に記された八乎止女《やおとめ》の一人でもある。その丹波に生まれた母が斎き祀っていた豊受大神が伊勢神宮外宮へと呼び寄せられていくように、娘である倭 姫 命《やまとひめのみこと》もまた、天照大神に導かれるようにして伊勢へと向かっている。

どうやら丹波に由縁を持つ「瑞《みず》の小佩《をひも》を解く」一族は、伊勢に祀られている神を鎮める力を持った特別な神女であったらしい。

そのことを匂わせる表現が、先ほど示した沙本毗売《さほびめ》にまつわる説話の中にうかがうことができる。沙本毗売《さほびめ》に小刀を突きつけられた時に垂仁《すいにん》天皇が見ていた夢とは、にわか雨が降ってきて急に顔を濡らし、錦色の小蛇が首にまとわりついたという夢だった。このにわか雨は、謀反を企てた沙本毗古《さほびこ》がいた沙本《さほ》（奈良市佐保町）のほうから降ってきたという。その雨が垂仁《すいにん》天皇の顔を濡らした後、錦色の小蛇が現れた。おそらく、この小蛇とは水神（雨）から生じた龍蛇神だったのだろう。

伊勢神宮内宮正殿の床下には、地中から湧き出す地霊としての龍蛇神を封じ込めるために「心《しん》の御柱《みはしら》」が立てられている。その同じ龍蛇神が地中を抜け出し、垂仁《すいにん》天皇の夢の中に現れた。

その夢告によって、垂仁《すいにん》天皇は身に迫る危機を察知し、自らへの傷害を未然に防いだのだ。しかも、この説話では、火の中で焼け死んでいく沙本毗売《さほびめ》によって、丹波道主王《たにはのみちぬしのおう》の娘が「瑞《みず》の小佩《をひも》を解く」道筋が述べられ、その後の孫娘である倭姫命《やまとひめのみこと》による伊勢祭祀へとつながっていくのである。

伊勢の太陽ネットワーク

ではなぜ、伊勢の神を鎮めるために呼び寄せられる一族は、丹波に由縁を持つ一族でなければならなかったのだろうか。少し、俯瞰的な視線で全体を眺めてみたい。

囲碁の世界で「布石を打つ」という言葉がある。布石とは戦いを有利に進めるために要所に打たれる碁石のことだが、伊勢の祭祀においても、同様の戦略的な布石配置が行われている。伊勢の場合、碁盤の中心に伊勢の聖山である朝熊ヶ岳《あさまがたけ》を据えて考えてみると理解しやすい。

朝熊ヶ岳《あさまがたけ》は、伊勢神宮の奥の院とも呼ばれ、「伊勢音頭」には、「お伊勢参らば朝熊をかけよ。朝熊かけねば方参宮《かたまいり》」と歌われたように、伊勢信仰の上でも重要な山だった。朝熊ヶ岳《あさまがたけ》山頂からは富士山を望むことができ、夏至の朝日はこの富士山から昇ってくる。【図21】にその様子をシミュレーションした。さらに、江戸時代の寛永九年（一七九七）に刊行された『伊勢参宮名所図会』などにも朝熊ヶ岳《あさまがたけ》山頂付近にあった富士見台から富士山を眺める人々の姿が描かれてきた。

また、朝熊ヶ岳《あさまがたけ》から夏至の日没方向の先には、荒ぶる神でもあった猿田彦命が比良夫貝に手を挟まれて溺れ死んだと伝える阿耶訶《あざか》が位置している。阿耶訶《あざか》の真東には伊良湖岬が位置し、春分・

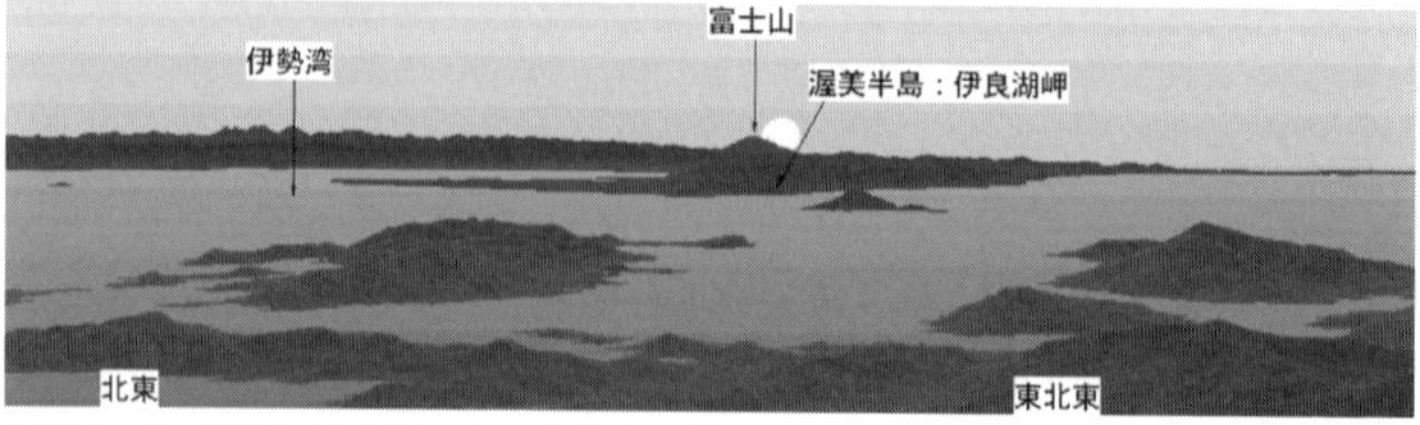

【図 21-1】 朝熊ヶ岳山頂からの富士山と夏至の日の出〔シミュレーション図〕朝熊ヶ岳山頂からは伊勢湾を隔てて直接富士山を望むことができ、夏至の朝日はこの富士山から昇ってくる。

【図 21-2】 朝熊ヶ岳の富士見台 『伊勢参宮名所図会』には朝熊ヶ岳山頂付近にあった富士見台から富士山を眺める人々の姿が描かれている。

秋分の朝日が岬の先端から昇る。伊勢神宮がこの地に祀られるようになるはるか以前の太古から、富士山—伊良湖岬—朝熊ヶ岳《あさまがたけ》—阿耶訶《あざか》という太陽のネットワーク関係が伊勢には築かれていたのである。

そういった伊勢の聖地の配置関係の上に、新たに天照大神を祀るために、伊勢神宮内宮が朝熊ヶ岳《あさまがたけ》の西側にある五十鈴川の河上に設けられたのだ。そして、大和王権は自らの皇祖神である天照大神を守るために、いくつもの布石を打っていく。それが、伊勢神宮を斎き祀る斎王の宮である斎宮《いつきのみや》であり、伊勢の地主神を抑え込むために「ウカ（龍蛇）」の「ミタマ（御魂）」である豊受大神を丹波から呼び寄せ祀った外宮だった。

【図22】を見ていただきたい。

大和王権はまず、斎宮《いつきのみや》を大和の三輪山から真東にあたる北緯

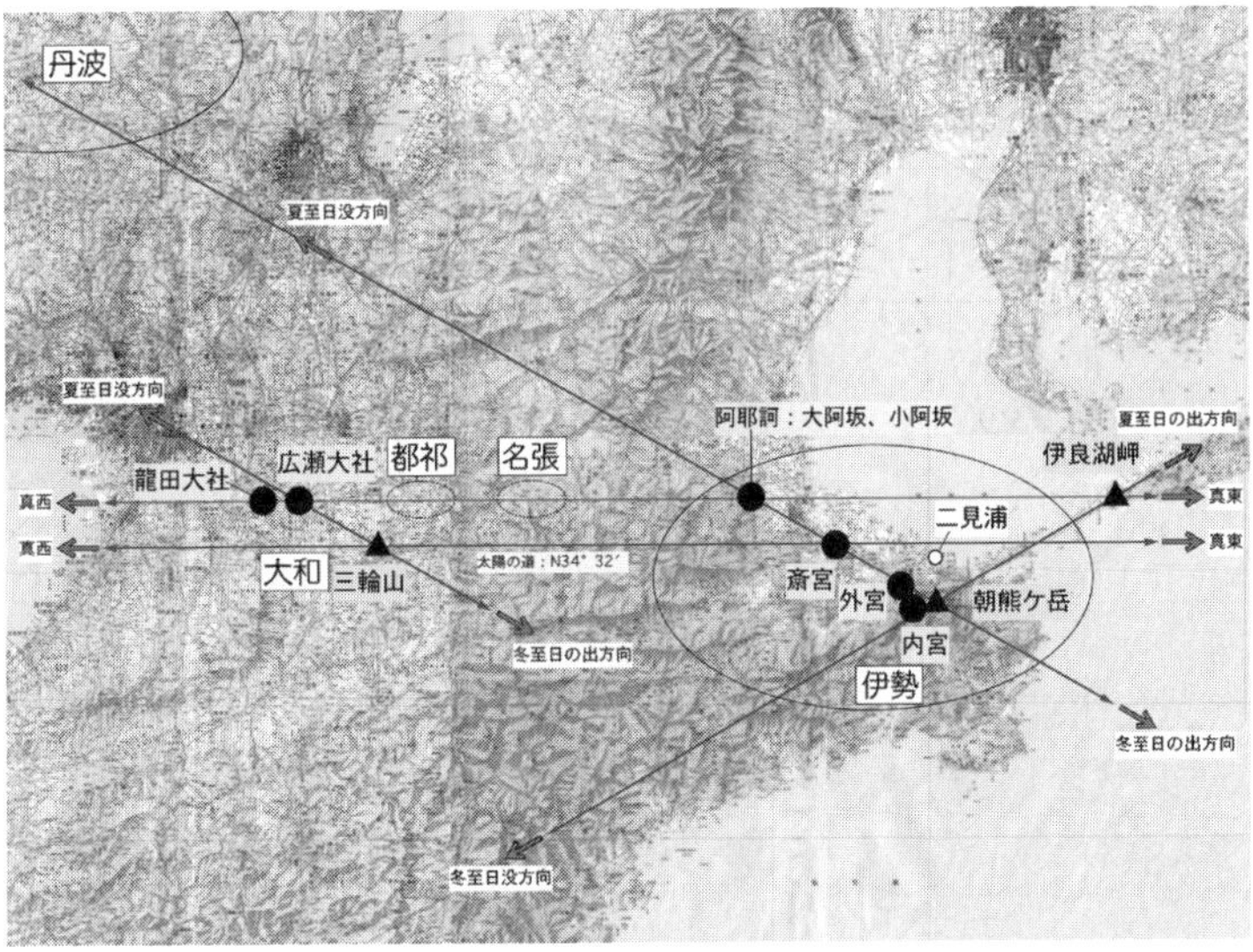

【図22】　伊勢神宮への布石　大和王権は斎宮を大和三輪山の真東に設けることによって、大和→斎宮→朝熊ヶ岳という明確な太陽方位軸によって導かれた祭祀経路を確立させた。外宮も斎宮と朝熊ヶ岳を結ぶ夏至日没－冬至日の出ライン付近に祀られている。このライン上に位置する阿耶訶の真西の大和には広瀬大社と龍田大社が祀られ、地主神である龍神の鎮魂が行われた。広瀬大社→三輪山の祭祀関係は斎宮→外宮→朝熊ヶ岳の祭祀関係と全く同じ方位関係にある。

34度32分の「太陽の道」の上に位置し、かつ、朝熊《あさま》ヶ《が》岳《たけ》と阿耶《あざ》訶《か》を結ぶ夏至日没↑↓冬至日の出ライン上に設けた。斎宮《いつきのみや》の設営によって大和の三輪山と伊勢を結ぶ東西の「太陽の道」が敷設され、大和と伊勢の関係がいっそう明確になった。その斎宮《いつきのみや》からは冬至の日の早朝、朝熊《あさま》ヶ《が》岳《たけ》から昇ってくる太陽を拝することができる。まさに、生まれ変わり再生する冬至の朝日を天照大神として見立てた祭祀をこの斎宮《いつきのみや》で行うことができるのである。ここにおいて、大和の三輪山→斎宮《いつきのみや》→朝熊《あさま》ヶ《が》岳《たけ》という明確な方位軸によって導かれた祭祀経路が確立したわけである。

そして、外宮である。外宮もまた、朝熊《あさま》ヶ岳《がたけ》と阿耶訶《あざか》を結ぶ夏至日没⇅冬至日の出ライン付近に祀られている。しかも、外宮を斎宮《いつきのみや》と朝熊ヶ岳の間に設けることによって、斎宮《いつきのみや》からは斎宮《いつきのみや》↓外宮↓朝熊《あさま》ヶ岳《がたけ》という関係で、同時に内宮外宮の両社を祀り上げることが可能となる。実に有効な布石の打ち方だと思う。

さらに他にも念を入れた布石が打たれている。それが阿耶訶《あざか》の真西の「朝日の日向かう処《ところ》、夕日の日隠《ひがく》る処《ところ》」に祀られた大和の龍田大社と広瀬大社なのである。先に述べたように、龍田大社と広瀬大社は互いに同時一対《いっつい》の祭祀関係にあった。しかも、『延喜式』竜田風神祭祝詞や『河相宮縁起』や『広瀬社縁起』などにあるように、この両社は共に崇神《すじん》天皇の時代に創始されたと伝えられている。また、『古事記』や『日本書紀』の崇神《すじん》天皇条に「河の瀬の神に幣帛《ぬさ》を祀った」という記載もこの両社の立地条件と重なっており、崇神《すじん》天皇との関連性がそこにも示唆されている。

『河相宮縁起』や『広瀬社縁起』が龍神の棲む「水足池《みずたるいけ》」を埋め立てて新たに社を建てたと伝えるように、おそらく、大和王権の始まりの時代に、龍田大社と広瀬大社は抹殺された龍神を秘匿し鎮魂するために新たに祀られた社だったのだろう。この地主神でもある龍蛇神たちは、今もなおこの両社の真東に位置する「日の出」の地・都祁《つげ》や室生や名張などの地に国津《くにつ》神社や九頭《くず》神社や葛《くず》神社などとして数多く祀られているが、さらに言えば、それらの龍蛇神はその真東の伊勢に祀られている阿耶訶《あざか》の荒ぶる神と同一だった可能性がある。阿耶訶《あざか》の荒ぶる神もまた、龍蛇神であると考えられるからである。大和の龍田大社と広瀬大社で龍蛇神を鎮める祭祀を行うことによって、阿耶訶《あざか》の荒ぶる神である龍蛇神も同時に鎮め祀ることができたのである。

その後、天武天皇や持統天皇もまた、この両社に毎年何度も足を運び、埋められた龍神を鎮めるために、「大忌神《おおいみ》」である宇迦之御魂《うかのみたま》（「ウカ（龍蛇）」の「ミタマ（御魂）」）の祭祀を入念に行った。しかも、広瀬大社と伊勢神宮外宮には共に地主神である龍蛇神を鎮めるために宇迦之御魂《うかのみたま》（豊受大神）が祀られており、その両社の場所からは三輪山と朝熊ヶ岳《あさまがたけ》というそれぞれの土地の聖山から冬至の朝日が昇ってくるのを拝することができる。大和で行われていた広瀬大社（宇迦之御魂命）と三輪山の祭祀関係は、伊勢の外宮（豊受大神＝宇迦之御魂《うかのみたま》）と朝熊ヶ岳《あさまがたけ》の祭祀関係と全く同じ配置構造にあったのである。

これが伊勢と大和の神々を結ぶために大和王権が打った布石の壮大な配置構造である。また、伊勢には旧来、地主神である龍蛇神だけでなく、伊勢固有の「興玉神《おきたま》」という太陽神が信仰されてきた。二見浦から夫婦岩の方向を望んだ時に、その先にあったと言われる「興玉石《おきたま》」の向こうの沖（オキ）から昇る太陽（タマ：玉）が「興玉神《おきたま》」であり、その太陽は夏至の頃に、富士山から昇ってくる特別な太陽でもあった。この方位軸は、「常世の浪が打ち寄せる」方位軸といっても良い。

その「興玉神《おきたま》」にはもう一つの方向性がある。それが、この朝熊ヶ岳《あさまがたけ》→外宮→斎宮《いつきのみや》→阿耶訶《あざか》へとつながっていく夏至の日没方位軸である。朝熊《あさま》ヶ《が》岳《たけ》から伊良湖岬→富士山へと向かう夏至日の出軸が、「興玉神《おきたま》」としての猿田彦命の生誕ラインであるとすれば、朝熊《あさま》ヶ《が》岳《たけ》から阿耶訶《あざか》へと向かう夏至の日没軸は猿田彦命が比良夫貝に挟まれ亡くなっていく死没のラインでもある。夏至の日に朝熊《あさま》ヶ《が》岳《たけ》に登ると、富士山から昇る朝日を迎え、阿耶訶《あざか》の方向へと沈んでいく夕陽を見送ることができるが、この昇り沈みする太陽の生と死が、猿田彦命の生と死の神話に投影されている。

そして、この朝熊《あさま》ヶ《が》岳《たけ》→外宮→斎宮《いつきのみや》→阿耶訶《あざか》へとつながる夏至の日没方位軸をはるか先までたどった所に、丹波が位置しているのである。伊勢神宮外宮に、「丹波国の比治の真奈井」から宇迦之御魂《うかのみたま》である豊受大神を呼び寄せるという布石の原初には、こういった奥深い配慮が隠されている。

おそらく伊勢から丹波へとつながる道も太古からの常世への道だったのだろう。「興玉神《おきたま》」がもたらす常世への時間と空間がつながりあい、直接目には見えない遠く離れた伊勢と丹波という二つの土地が深く結びつけられてきたのだ。

7　道主の王

丹波の日足姫《ひたしひめ》

『古事記』垂仁《すいにん》天皇条の沙本毗売《さほびめ》にまつわる説話には、燃えたぎる炎の中で本牟智和気命《ほむちわけのみこと》が生まれた時、垂仁《すいにん》天皇が「いかにして日足しまつらむ（どのようにして日を足して養育すればよいか）」と問うたところ、沙本毗売《さほびめ》が本牟智和気命《ほむちわけのみこと》の養育のために「御母（乳母）を取り、大湯坐、若湯坐を定めて、日足しまつるべし（養育するべきである）」と答えたと記されている。このことについて、大和岩雄氏は、『古代の海部と天照大神の生成』〔日本の神々―神社と聖地6：白水社〕の中で次のように述べている。

伊勢の内宮の神は皇祖神であり、その子孫は日の御子（天皇）である。日の御子を養育する事を「日足《ひたし》」という。垂仁《すいにん》記には、稲城を焼く火の中で皇后沙本毗売《さほびめ》が生んだ本牟智和気王を「日足《ひた》し奉らむ」ために、丹波から道主王（美知能宇斯王）の五人の娘たちを迎え、妃にしたとあるが、『大同本記』の「道主王の八乎止女」を想起させるこの娘たちは「日足姫《ひたしひめ》」である。

と記す。そして、息長《おきなが》氏や和邇《わに》氏や尾張氏など皇妃出自氏族の原形には、丹波とつながる要素が強く、その原点に「丹波の日足姫《ひたしひめ》」伝承があると指摘している。

また、『古事記』豊玉比売命の条には、玉依比売が鵜葺草葺不合命《うがやふきあえずのみこと》を「治養《ひた》しまつる」と記されており、御子を養育することは「日足《ひたし》」とも「養《ひたし》」とも表記された。それと同時に、「日足《ひたし》姫《ひめ》」は「養《ヲナリ》」とも呼ばれている。

丹波道主王《たにはのみちぬしのおう》の娘たちに象徴されるように、伊勢と丹波の間には、古来、伊勢神宮への豊受大神の遷座伝承と呼応するようにして、こうした「日の御子」を生み出し、養育する「日足姫《ひたしひめ》」の関係が作られてきた。その関係の背後には、「丹波の日足姫《ひたしひめ》」が「日の御子」を育成するために「日」の霊力を「足」すだけの本来的な「日」の力を有しているという前提があるはずである。おそらくその絶対的な要因とは、太陽の聖地である伊勢から見て、夏至の日没方向の先に丹波が位置するという伊勢と丹波の地理的な配置関係にある。

日下の日足姫《ひたしひめ》

この関係とよく似た方向性を持った妻問いが雄略天皇と若日下部命《わかくさかべのみこと》の婚姻である。『古事記』雄略天皇条に記された概要を示すと次のようになる。

大長谷の王（雄略天皇）の兄である安康天皇は、石上《いそのかみ》の穴穂宮に宮居を築いていたが、生駒山西麓の日下《くさか》に住む大日下王《おおくさかおう》の妹の若日下部命《わかくさかべのみこと》を弟の大長谷の王の妃として嫁がせたいと考え、大日下王《おおくさかおう》に使いを送った。ところが、この申し出は部下の謀略によって妨げられ、自分の思いを拒否されたと勘違いし激怒した安康天皇は、大日下王《おおくさかおう》を殺害してしまう。安康天皇は、大日下王《おおくさかおう》の正妻であった長田の大郎女を自分の妻にするが、その妻との間にできた子の目弱王によって殺害される。その後、雄略天皇が天下を治め、当初のいいなづけであった大日下王《おおくさかおう》の妹の若日下部命《わかくさかべのみこと》を妃にするために、結納の贈り物を携えて自ら日下の地に赴く。しかしこの時、若日下部命《わかくさかべのみこと》は

「日に背きて幸行でますこと、いと恐し。かれおのれ直にまい上りて仕へまつらむ（太陽を背中にして天皇自らがおいでになることはおそれ多いことでございます。私の方から参上してお仕え申しましょう）」

と語り、自ら宮中に赴き皇后となった。

日下《くさか》は、現在の大阪府東大阪市日下町《くさか》付近とみられ、神武東征の際に、神武天皇の軍が長髄彦に敗れた地でもある。『ひのもと考』で谷川健一氏が述べるように、この日下《くさか》の地は、神武東征以前の時代から東側の生駒山（642m）から朝日が昇ってくる「日下＝ヒノモト」の地として、非常に神聖な場所だった。

その日下《くさか》と安康天皇の穴穂宮があった石上《いそのかみ》は、夏至の日没↑↓冬至の日の出という位置関係にある。太陽の聖地である日下《くさか》の地に、雄略天皇は日の御子として、妻問いに訪れようとしたわけだが、『古事記』の記述では、天皇が「太陽を背にして」日下《くさか》に来ることを拒み、若日下部命が自ら大和に参上すると語っている。（【図23】）

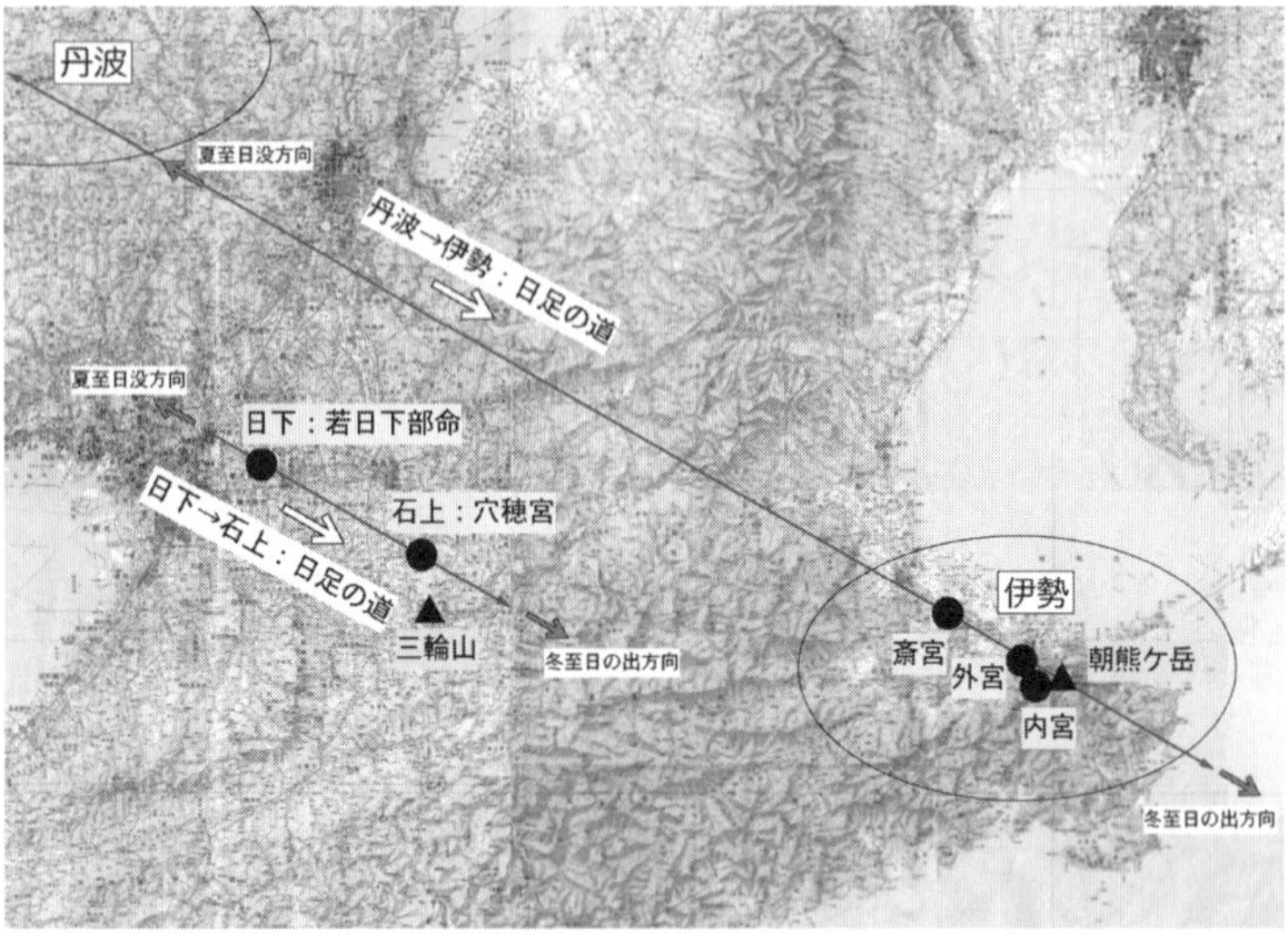

【図23】　日足の構造　伊勢と丹波の間には伊勢神宮への豊受大神の遷座伝承と呼応するようにして「日の御子」を生み出し養育する「日足姫」の関係があったが、太陽の聖地である日下と穴穂宮があった石上の関係も同様に夏至の日没ー冬至の日の出方位関係にある。『古事記』では雄略天皇が日下に妻問いのために訪れようとした際、天皇が「太陽を背にして」日下に来ることを拒み、若日下部命が自ら大和に参上すると記されている。

　これなどもまさに、伊勢と丹波の関係と同じ方向性の中で、日の御子―日女《ひるめ》という古代の日継ぎの関係が成立している例と言える。「瑞《みず》の小《を》佩《ひも》を解く」という特別な務めを任された丹波道主王《たにはのみちぬしのおう》の娘たちが、「丹波の日足姫《ひたしひめ》」として皇室を支えたのと同じように、雄略天皇の皇后となった若日下部命《わかくさかべのみこと》は「日下《くさか》の日足姫《ひたしひめ》」でもあったわけである。太陽の聖地である日下《くさか》に生まれた若日下部命《わかくさかべのみこと》は、太陽の力を受け継いだ日女《ひるめ》だったから、日の御子である天皇のもとに嫁ぎ、日継ぎの御子を生み育てることを望まれたのだ。これらの「日《ひ》足《たし》の構造」とも呼ぶべき婚姻の方向性は、この国の古代における皇室の

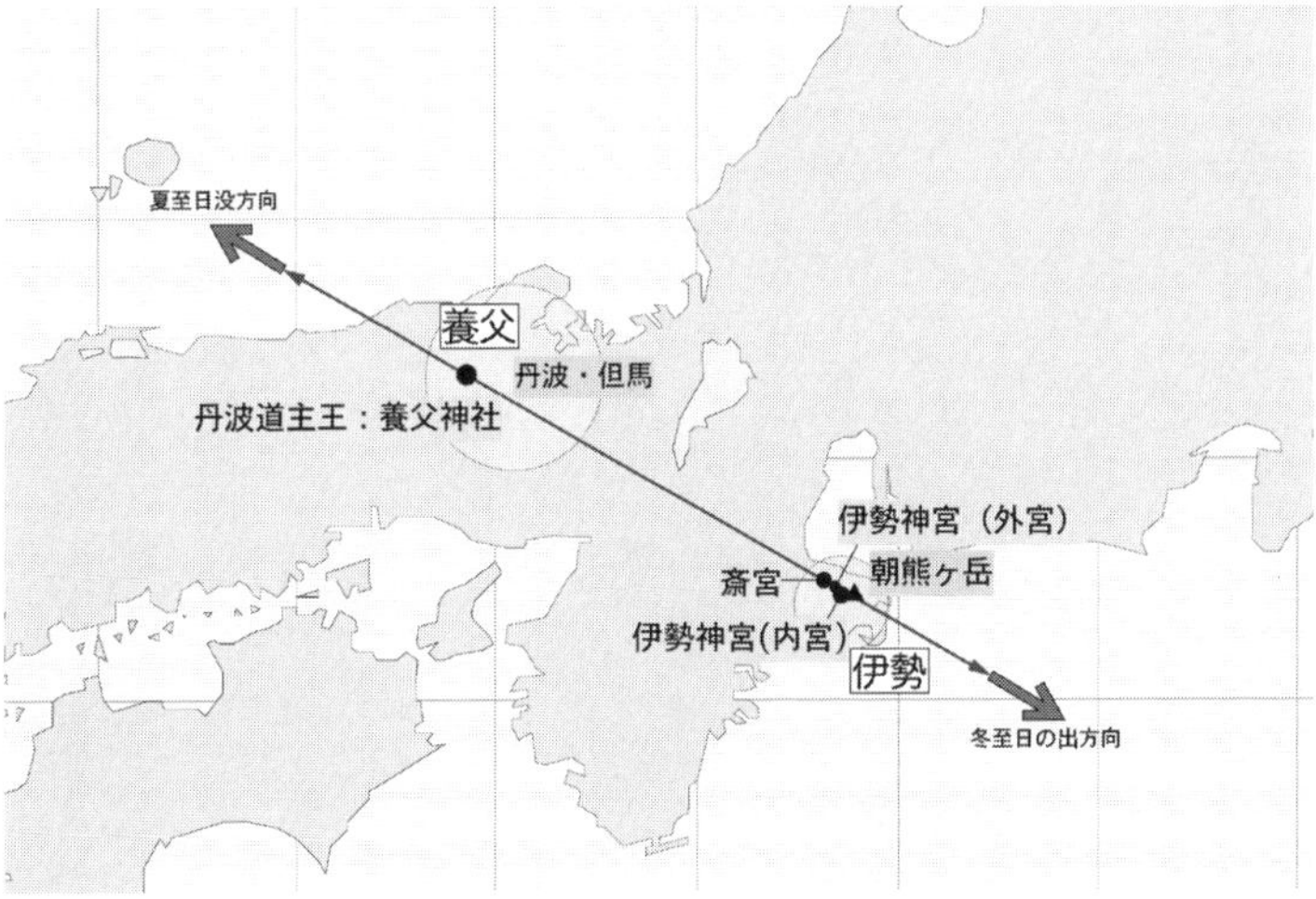

【図24】　伊勢と養父　但馬国三宮の養父神社には「丹波の日足姫」の父である丹波道主王が祭神として祀られている。養父と伊勢は夏至日没－冬至日の出の方位関係にある。

重要な婚姻形態を暗示している。

養父《やぶ》神社の位置

その伊勢と丹波をつなぐ「日足《ひたし》の構造」を象徴する神社が、朝熊《あさま》ヶ《が》岳《たけ》→外宮→斎宮《いつきのみや》→阿耶《あざ》訶《か》への夏至の日没方位軸をたどっていった先の兵庫県養父《やぶ》市養父《やぶ》市場に鎮座している。『延喜式』神名帳に式内社の名神大社として載る養父《やぶ》神社である。養父《やぶ》神社は但馬国三宮とされる古社で、ここには「丹波の日足姫《ひたしひめ》」の父である丹《たに》波道主王《はのみちぬしのおう》が祭神として祀られているのである。

(【図24】)

養父《やぶ》神社は日本海に注ぐ円山川が支流の大屋川や米地《めいじ》川と交わる川沿い付近に位置している。神社の背後には弥高《やたか》山（372m）が円山川に張り出すようにそびえていて、円山川が山の周囲を取り囲むように大きく曲がりこんで流れている。この地域は古代における交通や経済の要衝でもあり、現在の養父《やぶ》市場という地名にも残るように、牛市などを開催する経済の中心地でもあった。そこに丹波道主王《たにはのみちぬしのおう》が祀られており、この地が丹波道主王《たにはのみちぬしのおう》の拠点だったという説もある。

養父《やぶ》神社の社伝によれば、崇神《すじん》天皇三〇年の創祀と言われ、かつては、背後にそびえる弥高《やたか》山が神体山になっており、山頂や中腹にも社が祀られていたと伝えられている。今でこそ、この地域は但馬（兵庫県）の行政区分になっているが、古代の律令時代以前においては但馬国も丹波国に含まれていた。「但馬《たじま》」という名称が「但（タン）」「馬（バ）」でもあることがそのことを暗示しているが、古代の丹波は北側の丹後や西側の但馬を含む広大な地域だった。

その養父《やぶ》神社がある弥高《やたか》山から見て、夏至の日の出方向にあたる方向の先に、「丹波国の比治の真奈井」の有力な伝説地である丹後国一宮の籠《この》神社が位置している。籠《この》神社の奥宮には真名井神社が祀られており、天女にまつわる神話が残っている。丹波道主王《たにはのみちぬしのおう》の居城と見られる場所と、その娘である八乎止女《やおとめ》にまつわる伝説が残る場所が、特別な太陽の方位関係の元で向かい合っているのである。『止由気宮儀式帳《とゆけぐうぎしきちょう》』は伊勢神宮外宮に祀られている豊受大神が「丹波国の比治の真奈井」から呼び寄せられたことを伝えていたが、養父《やぶ》はまさにその二つの地点を結ぶ中心地に位置している。

そのことは、地名である「養父《やぶ》」という名称にも託されている。「養」という字は「ヲナリ」とも訓み、「養《ヲナリ》」は「日足姫《ひたしひめ》」のことでもある。丹波道主王《たにはのみちぬしのおう》の拠点であった可能性のある「養《や》父《ぶ》」は、文字どおり「養《ヲナリ》」の「父」と書く。そこは丹波から伊勢へ派遣される「日足姫《ひたしひめ》＝養《ヲナリ》」の原点ともいうべき場所だった。まさにこの地「養父《やぶ》」は、伊勢へと嫁いでいった「日足姫《ひたしひめ》」たちのふるさとであり、「養《ヲナリ》」の「父」の住む場所だったのだ。『丹後国風土記』逸文に描かれる八乎止女《やおとめ》伝説や、『古事記』や『日本書紀』に記される本牟智和気命《ほむちわけのみこと》に関わる養育の物語が、養《や》父《ぶ》神社を基点としてつながりあっていく。

養父《やぶ》の水谷明神

その養父《やぶ》神社には丹波道主王《たにはのみちぬしのおう》の他に、宇迦之御魂《うかのみたま》、大己貴命《おおなむちのみこと》、少彦名命《すくなひこなのみこと》、船帆足尼命《ふなほのすくねのみこと》が祀られている。養父《やぶ》神社は中古の時代に火災を被ったために古記録が消失しており、なぜこの神社にこれらの神々が祀られているかについて詳細は語られていない。可能な範囲でその理由について考えてみたい。

養父《やぶ》神社の祭神に宇迦之御魂《うかのみたま》が名を連ねている。宇迦之御魂《うかのみたま》は、今まで論じてきたように「ウカ（龍蛇）」の「ミタマ（御魂）」であり、「丹波国の比治の真奈井」から伊勢神宮外宮に呼び寄せられた豊受大神のことでもあった。したがって、「丹波国の比治の真奈井」にいた八乎止女《やおとめ》の父である丹波道主王《たにはのみちぬしのおう》が祀られている所に、宇迦之御魂《うかのみたま》が祀られることに違和感はない。

しかし、養父《やぶ》神社に宇迦之御魂《うかのみたま》が祀られていることに関しては、それだけでは済まされない別の理由が隠されている。

養父《やぶ》神社の神体山である弥高山《やたかやま》は別名を水谷山と称している。また、江戸時代の旅行記である『筑紫紀行』などによれば、当時、養父《やぶ》神社付近には『延喜式』神名帳の式内社で名神大社に名を連ねる水谷神社が併設されていたという。それが、『養父郡史』によると、いつの時代からかそこにあった水谷神社は養父神社に合祀され、養父水谷大明神などと呼ばれ混合されていったのだという。

現在、水谷神社は円山川に流れ込む支流の米地《めいじ》川を3㎞ほど遡った奥米地の集落に祀られていて、「ねってい相撲」などの特殊神事が残されている。この水谷神社について、『神祇全書』には、社名の「水谷」は「水垂《みずたり》」から生じた名称であると記されている。「水垂《みずたり》」とは即ち、「水足」だろう。大和の広瀬大社の「水足池《みずたるいけ》」にいた龍神を埋めた後、新たに「水足明神」である宇迦之御《うかのみ》魂《たま》を祀ったという、あの「水足」である。名神大社であった水谷神社を合祀したといわれる養父《やぶ》神社に宇迦之御魂《うかのみたま》が祀られているのは、その背景に、かつてこの神社にも広瀬大社と同様の龍神伝説があったからではないだろうか。

実は、養父《やぶ》神社の脇を流れる円山川にも「五社明神の国造り神話」と呼ばれる大蛇伝説が残されているのである。その伝説によれば、かつて、円山川下流の豊岡市周辺は泥沼地帯だったが、養父《やぶ》神社をはじめとする但馬の五社の神々が相談し、岩を切り開き泥沼の水を日本海へと流し出して新たに陸地を造り出そうとした。すると、沼の底から大蛇が現れ、水の流出を防ごうと抵抗したため、五社の神々がその大蛇を退治したという。現在、養父《やぶ》神社に伝えられている「お走り祭り」は、この伝説が起源となっているという。なお、但馬の五社とは、養父《やぶ》神社、粟鹿《あわが》神社、出石《いずし》神社、小田井神社、絹巻神社の五社をいう。

養父《やぶ》神社の神体山である弥高《やたか》山が「水足明神」につながる「水谷山」の別名を持ち、かつてそこに名神大社であった水谷神社が祀られていたことや、大蛇を鎮魂するために養父《やぶ》神社に「ウカ（龍蛇）」の「ミタマ（御魂）」としての宇迦之御魂《うかのみたま》が祀られていることは、おそらく、この伝説と無関係ではないだろう。退治された円山川の大蛇もまた、かつてこの地で奉斎されてきた地主神だったに違いない。

養父《やぶ》神社の創祀が崇神《すじん》天皇の時代と伝えられているのも、広瀬大社の場合と共通している。新たな国づくりを目論む崇神《すじん》天皇にとって、弥高《やたか》山（水谷山）のそびえるこの養父《やぶ》の地は交通の要衝であり、丹波や山陰を支配していく上において大変重要な場所だったに違いない。そのためにここに四道将軍である丹波道主王《たにはのみちぬしのおう》の居城を築いた。そして、円山川流域の干拓を行い、耕作地を広げていくと同時に、地主神であった龍蛇神の鎮魂のために宇迦之御魂《うかのみたま》をここに祀ったのだろう。

養父《やぶ》神社に祀られている船帆足尼命《ふなほのすくねのみこと》についても詳細ははっきりしないが、丹波道主王《たにはのみちぬしのおう》の後、但馬国造としてこの地域を治めた人物とみられている。養父《やぶ》の地は交通や経済の要衝として古代から栄えてきたが、大和王権を支える信仰上の拠点として、また、地方支配の上での重要地点でもあったのだ。

道主王《みちぬしのおう》の意味

実は、そのことを感じさせるのが、養父《やぶ》神社に祀られている残りの二祭神である大己貴命《おおなむちのみこと》と少彦名命《すくなひこなのみこと》の存在なのだ。大己貴命《おおなむちのみこと》とは大国主命の別名で、共に国づくりを行った出雲の神として著名である。なぜ、この養父《やぶ》の地に出雲の神々が祀られているのだろうか。

先に、養父《やぶ》神社は伊勢の朝熊ヶ岳《あさまがたけ》とは夏至日没↑↓冬至日の出の関係に位置していると述べた。そのライン上付近の京都府亀岡市千歳町出雲に丹波国一宮の出雲大神宮が祀られている。『延喜式』神名帳に式内社の名神大社として載る神社で、出雲大社の分霊を勧請したと言われている。

そして、養父《やぶ》神社の真西を行ったはるか先の日本海沿岸の地が、出雲大社がある出雲なのである。つまり、養父《やぶ》神社が祀られている養父《やぶ》の地は、真西の出雲と冬至日の出方向のもう一つの出雲である亀岡市の出雲大神宮をつなぐ所に位置する特別な地点と言えるのだ。おそらく、そういった地理的な理由もあって、大己貴命《おおなむちのみこと》と少彦名命《すくなひこなのみこと》という出雲の神々が祀られている。しかも、出雲から養父《やぶ》に続く東西の太陽の道をさらに真東に行くと、そのはるか先に富士山がそびえ立っている。

そういう視点で見ていくと、養父《やぶ》という所は実に不思議な場所だということがわかってくる。

【図25】を見ながら、もう一度この場所について整理してみよう。

①夏至日没↑↓冬至日の出の関係軸：

養父《やぶ》―出雲大神宮―伊勢がこの方位軸上に並ぶ。

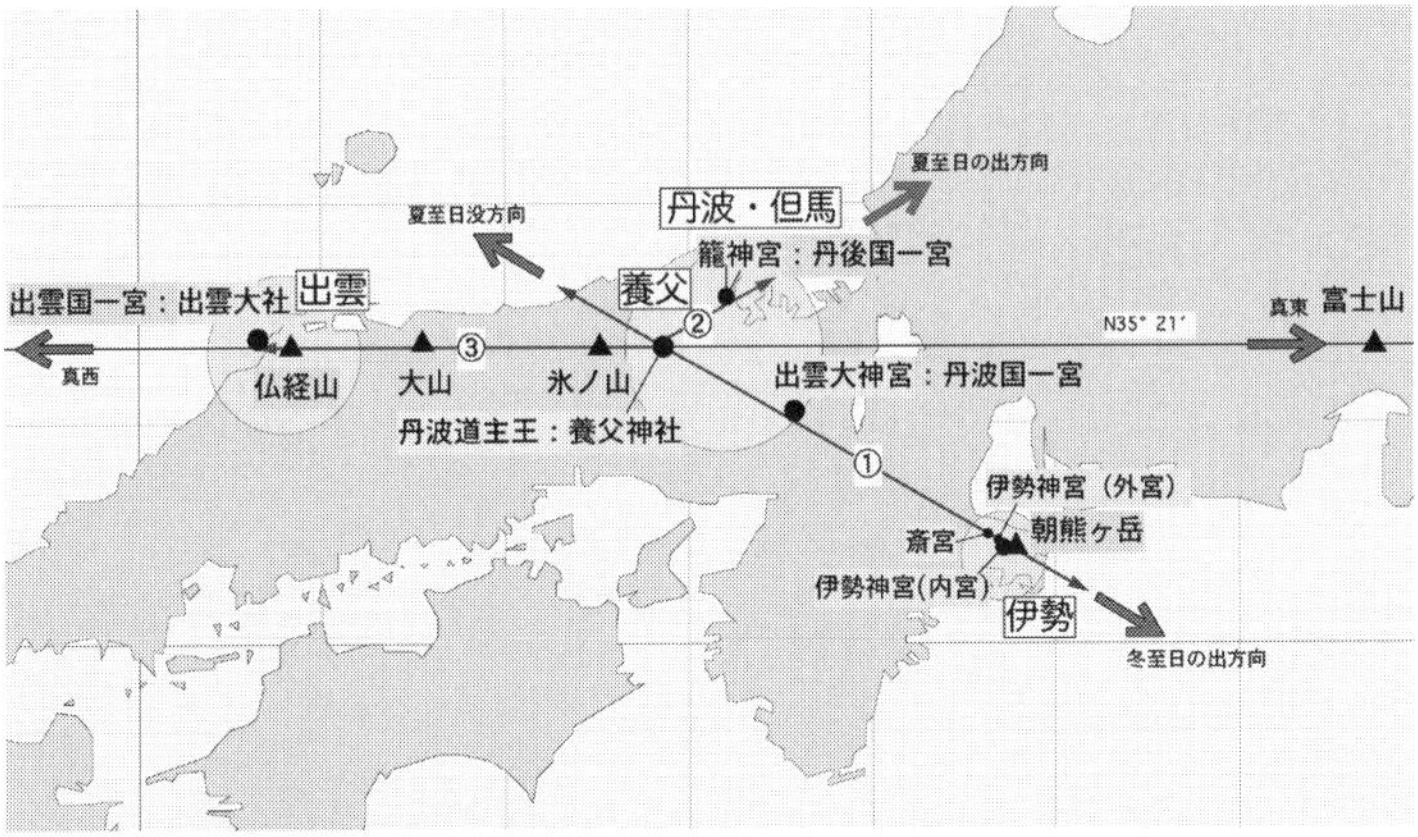

【図 25】　伊勢－養父－出雲の関係
①養父－出雲大神宮－伊勢が夏至日没－冬至日の出の方位軸上に並ぶ。
②養父－籠神社が夏至日の出－冬至日没の関係で向かい合う。籠神社奥宮の真名井神社には八乎止女にまつわる「丹波国の比治の真奈井」の伝説が残る。
③富士山－養父－出雲が東西に並ぶ。

②夏至日の出⇅冬至日没の関係軸：
養父《やぶ》—籠《この》神社が向かい合う。籠《この》神社奥宮の真名井神社には八乎止女《やおとめ》にまつわる「丹波国の比治の真奈井」の伝説が残る。
③東西・春分秋分の日の出、日没の関係軸：
富士山—養父《やぶ》—出雲が東西に並ぶ。

この図からも、養父《やぶ》神社が祀られている所が、夏至や冬至や春分・秋分の太陽が昇り沈みする特別な場所であることがよくわかる。いわば、聖地を結ぶ「太陽の道」が交わり合う地点といっても良いだろう。そこに祀られているのが、丹波道主王《たにはのみちぬしのおう》なのである。この「道主王《みちぬしのおう》」とはまさに、そういった特別な「道」の「主《あるじ》」である「王」なのだ。日本列島の主要な聖地である富士山や出雲や伊勢などからの聖なる道が交わり合い、それを支配する丹波の王であるから、「丹波道主王《たにはのみちぬしのおう》」という名前を付けられているのであろう。

しかし、丹波と出雲が本当に深い関係にあるのかどうかについては、もう少し詳しくその内容を探っていく必要があるだろう。次章では、神話の宝庫でもある出雲に焦点を合わせながら、そのあたりの関係について眺めていきたい。

第三章　スサノオの原像

1　和奈佐の翁

八岐大蛇《やまたのおろち》神話

『古事記』や『日本書紀』に記される出雲神話は、いずれも、高天原から追放された須佐之男命《すさのおのみこと》が、出雲国の斐伊《ひい》川の上流に位置する鳥髪《とりかみ》山に天降ったことから語り始められている。鳥髪《とりかみ》山は、船通山《せんつうざん》とも呼ばれ、出雲と伯耆、吉備の国境付近にそびえる標高１１４２ｍの山である。

須佐之男命は、そこで大山積神の子である足名椎《あしなづち》、手名椎《てなづち》という二人の老夫婦に出会っている。二人には、もともと八人の娘たちがいたのだが、高志《こし》（越）の八岐大蛇《やまたのおろち》によって毎年その娘たちが餌食になり、今年は最後に残った櫛名田比売《くしなだひめ》を八岐大蛇《やまたのおろち》に差し出さなければならないと悲しんでいるところだった。

須佐之男命は、足名椎《あしなづち》、手名椎《てなづち》に八つの酒樽を用意させ、八岐大蛇《やまたのおろち》にその酒をふるまい酔わせたところで、自分の持つ十挙《とつか》の剣で八岐大蛇《やまたのおろち》を斬り散らした。すると、八岐大蛇《やまたのおろち》の尾っぽからは鋭い太刀が出てきた。須佐之男命が持っていた十挙《とつか》の剣は、別名を韓鋤《からさひ》剣《のつるぎ》や蛇《おろち》の麁正《あらまさ》や天蠅斫剣《あまのははきりのつるぎ》などとも呼ばれており、八岐大蛇《やまたのおろち》から出てきた太刀は、草薙剣《くさなぎのつるぎ》や天叢雲剣《あめのむらくものつるぎ》と呼ばれ、後に天照大神に献上されたといわれている。八岐大蛇《やまたのおろち》を退治した須佐之男命は、その後、この時に助けた櫛名田比売《くしなだひめ》と結ばれ、出雲の須賀に宮を築いた。

有名な「八岐大蛇《やまたのおろち》退治」の話の大筋を記してみたのだが、この神話に描かれる舞台設定や状況設定に関して、何か類似した物語に思い当たる節はないだろうか。「足名椎《あしなづち》、手名椎《てなづち》という二人の老夫婦」、「八人の娘」、「八岐大蛇《やまたのおろち》という龍蛇神」等々、どうだろうか、第二章で紹介した『丹後国風土記』逸文にある天女の「羽衣伝説」とよく似た構図に見えてこないだろうか。羽衣伝説のほうにも「和奈佐老夫《おきな》、和奈佐老婦《おみな》という二人の老夫婦」が登場し、八人の天女である「八乎止女《やおとめ》」が描かれる。そして、「八乎止女《やおとめ》」が斎き祀った神といわれる豊宇賀能売命《とようかのめ》とは宇迦之御《うかのみ》魂《たま》のことであり、龍蛇神を鎮魂するための神だった。

もちろん、八岐大蛇《やまたのおろち》神話と羽衣伝説では、その舞台がそれぞれ、「出雲」と「丹波」であり、それぞれの土地で伝えられてきた全く別の神話ということになっている。ところが、折口信夫は『水の女』の中で「丹波」の和奈佐老夫《おきな》・和奈佐老婦《おみな》と同じ信仰や物語の痕跡が「出雲」にもあることをほのめかしているのである。

国々の神部《かむべ》の乞食《こつじき》流離の生活が、神を諸方へ持ち搬んだ。これをてっとりばやく表したらしいのは、出雲のあはきへ・わなさひこなる社の名である。阿波から来経（移り来て住みつい）たことを言うのだから。前に述べかけた阿波のわなさおほそは、出雲に来経たわなさひこであり、丹波のわなさ翁・媼も、同様みぬまの信仰と、物語を撒《ま》いて廻った神部の総名であったに違いない。養い神を携えあるいたわなさの神部は、みぬま・わなさ関係の物語の語りて

でもあった。　　　　　　　　　　　　　　　　　　　　　　（傍線筆者記入）

折口信夫はここで、丹波の和奈佐の翁《おきな》と媼《おうな》が「みぬま」即ち水の信仰と物語を携えて持ち歩いた神部の総称であったと言い、その痕跡が、出雲や阿波にもあると記しているのである。それがここに記される「出雲のあはきへ・わなさひこなる社」であり、「阿波のわなさおほそ」である。

出雲と阿波の和奈佐

「出雲のあはきへ・わなさひこなる社」については、『出雲国風土記』大原郡の条にそれに関連する記事が残されている。

船岡山：郡役所の東北一里百歩。阿波枳閇委奈佐比古《あはきへわなさひこ》命が曳いてきて据えた船が、この山である。だから船岡という。

船岡山は斐伊川の支流にあたる須賀川を遡った島根県雲南市大東町北村にあり、船のような形状をした小さな山である。ここに記述されているように、神部であるわなさひこが曳いてきて据えたと言うにふさわしい形と大きさをしており、神話の時代さながらの息吹を今に伝えている。なお、船岡山の山上には阿波枳閇委奈佐比古《あはきへわなさひこ》命を祭神とする舟林神社が祀られている。

この船岡山からさらに須賀川を2㎞ほど遡ったところに、「八岐大蛇《やまたのおろち》」神話で須佐之男命が宮を築いたという須賀の地がある。神話の中では八岐大蛇《やまたのおろち》を退治した須佐之男命が、宮を作る所を探して出雲各地を歩き回り、須賀の地に至った際に、「ここは自分の心が清々しくなる所だ」

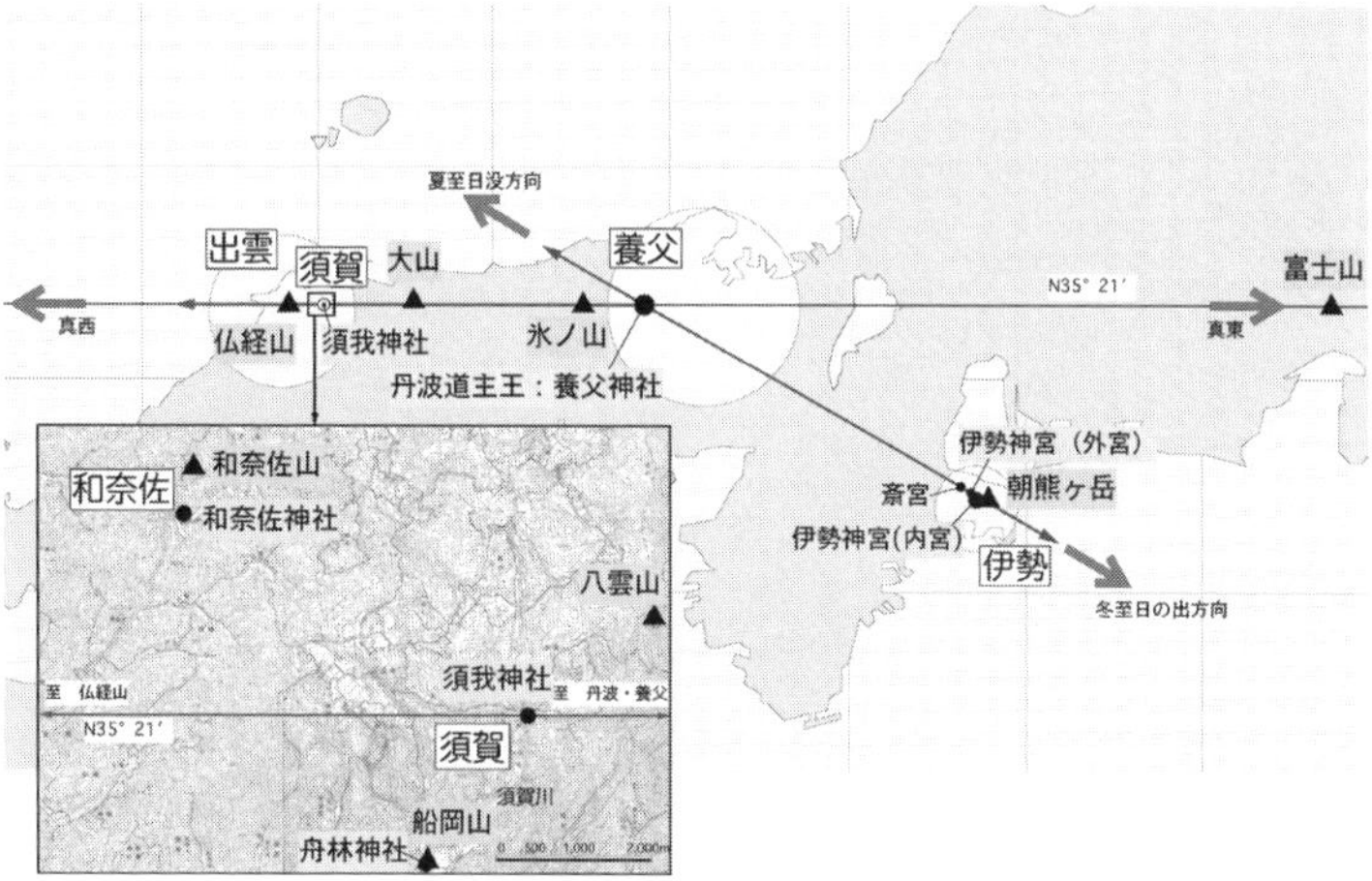

【図 26】　出雲の和奈佐　阿波枳閇委奈佐比古命を祀る船岡山や和奈佐山などがある出雲の和奈佐や須賀は養父の真西に位置している。

と語り、そこに須賀の宮を造ったと記されている。現在の島根県雲南市大東町須賀にある須我神社がそれで、夫婦となった須佐之男命と櫛《くし》名《な》田《だ》比《ひ》売《め》命（稲田比売命）が祭神として祀られている。

その須我神社から北西方向に山を越えて5㎞ほど行った所にも「和奈佐」の地名が残っている。松江市宍道町上来待和奈佐の集落がそれで、和奈佐神社が祀られている。この集落の北側には、『出雲国風土記』意宇郡条の来待川の項に載る和奈佐山がそびえる。この雲南市大東町北部から松江市宍道町東部にかけての地域に、出雲の「和奈佐」の痕跡が残っていると言ってよいだろう。折口信夫はそこに丹波の和奈佐の翁《おきな》と媼《おうな》が物語と共に水の信仰を伝えていると言っているわけだ。（【図26】）

そして、もう一つの痕跡が「阿波のわなさおほそ」である。出雲の船岡山に祀られている神は阿《あ》波《は》枳《き》閇《へ》委《わ》奈《な》佐《さ》比《ひ》古《こ》命であり、阿波から移り来て住みついた和奈佐比古という意味である。このことを裏付ける神社が阿波国海部郡にある。徳島県海部郡海陽町にある和奈佐意富曾神社《わなさおうそ》で、『延喜式』神名帳に載る式内社でもある。

阿波の和奈佐については、『播磨国風土記』美嚢郡《みなぎ》条にも、履中天皇が志深《しじみ》の里で食事をした時に食べた貝について、かつて阿波国の和奈佐に行った時に食べた貝であると述べたことが記されている。和奈佐の翁《おきな》と媼《おうな》が持ち歩いた水の神話や信仰は、丹波、出雲、阿波と海山を越えて実に遠方まで運ばれていたことがわかる。

宇迦之御魂《うかのみたま》の系譜

さて、「八岐大蛇《やまたのおろち》」神話には足名椎《あしなづち》、手名椎《てなづち》という二人の老夫婦が登場している。『古事記』では、この老夫婦が自らを、「国津神である大山積神の子」と名乗っている。大山積神は、伊弉諾尊《いざなぎのみこと》と伊弉冉尊《いざなみのみこと》が国生みをした後に生んだ神々のうちの一人で、その名の通り山の神であるが、この神は邇邇芸命《ににぎのみこと》が阿多の笠沙岬で出会い結ばれた木乃花咲耶姫《このはなさくやひめ》（神阿多都比売《かむあたつひめ》）の父でもある。したがって、系譜上は足名椎《あしなづち》、手名椎《てなづち》と木乃花咲耶姫《このはなさくやひめ》は兄弟神ということになる。

ところが、『丹後国風土記』逸文の羽衣伝説で、「八乎止女《やおとめ》」が斎き祀った神といわれる豊宇賀能売命《とようかのめ》とは宇迦之御魂《うかのみたま》のことであって、『古事記』によれば、この神は須佐之男命が大山津見神《おおやまつみ》の娘の神大市比売《かむおおちひめ》に生ませた神であると書かれているのである。つまり、宇迦之御魂《うかのみたま》の母が足名椎《あしなづち》、手名椎《てなづち》や木乃花咲耶姫《このはなさくやひめ》と兄弟関係にあることになるのである。

この系譜の関係に至って、出雲の八岐大蛇《やまたのおろち》神話と『丹後国風土記』逸文の羽衣伝説に登場する人物関係が微妙に交錯し合ってくる。二つの神話が混在化してくるのである。それぞれの神話に登場する足名椎《あしなづち》、手名椎《てなづち》の八人の娘も、「比治の真奈井」に舞い降りた八人の天女である「八乎止女《やおとめ》」も、おそらくは神に仕える神女たちだったのだろう。出雲の八岐大蛇《やまたのおろち》神話の場合には、八人の神女の一人である櫛名田比売《くしなだひめ》が須佐之男命の妻となり、「八乎止女《やおとめ》」の場合には、丹波道主王《たにはのみちぬしのおう》の娘の兄比売《えひめ》と弟比売《おとひめ》である氷羽州比売《ひばすひめ》命と沼羽田入比売《ぬばたのいりひめ》命が垂仁《すいにん》天皇の妃となった。いずれもその背景には、神妻としての「水の女」の気配が漂う。

そして両方の神話に共通して登場するのが、宇迦之御魂《うかのみたま》なのである。そのあたりのことをもう一度整理してみる。

出雲の八岐大蛇《やまたのおろち》神話では、須佐之男命によって龍蛇神である高志《こし》（越）の八岐大蛇《やまたのおろち》が退治され殺害された。『古事記』の系譜によれば、その後、須佐之男命は大山津見神《おおやまつみ》の娘の神大市比売《かむおおちひめ》と結ばれて宇迦之御魂《うかのみたま》を生んでいる。宇迦之御魂《うかのみたま》とは、「ウカ（龍蛇）」の「ミタマ（御魂）」であり、須佐之男命が殺害した八岐大蛇《やまたのおろち》の御魂を鎮魂するために、自ら生み出した神であるという言い方もできる。

それに対して『丹後国風土記』逸文の羽衣伝説では、「比治の真奈井」に舞い降りた「八乎止女《やおとめ》」が斎き祀った神が豊宇賀能売《とようかのめ》命であり、この神は宇迦之御魂《うかのみたま》のことでもあった。さらには、この神は伊勢神宮外宮に呼び寄せられた豊受大神として、伊勢の地主神である龍蛇神を鎮め祀る役目を果たした。

つまり、出雲と丹波に関わるこの二つの神話の背景には、かつて各地で祀られていた地主神である龍蛇神を抹殺した後、それらを鎮め祀り、新たな神々を祀り直していくための水の信仰があったことが語られているわけだ。その象徴が水の信仰を持ち歩いた和奈佐の翁《おきな》と媼《おうな》であり、水の神である宇迦之御魂《うかのみたま》だったのだ。

出雲の須賀宮

八岐大蛇《やまたのおろち》を退治した須佐之男命が出雲国内を探し回ったあげく、「ここは自分の心が清々しくなる所だ」と語って宮を築いた須賀の地が、出雲における「和奈佐」の痕跡を残す地域だったということも、二つの神話の類似性や重なりを感じさせるもう一つの要因だ。かつて、出雲と丹波に同じような信仰や物語を伝える集団が居住しており、「和奈佐」を語っていた。そして、『古事記』や『日本書紀』では、それらの地に二人の王を派遣した。それが出雲における須佐之男命であり、丹波における丹波道主王《たにはのみちぬしのおう》だったのではないだろうか。

そういえば、須佐之男命の姉神である天照大神《あまてらすおおみかみ》が倭姫命《やまとひめのみこと》に導かれ、自らが鎮まる場所を求めて伊勢にたどり着いた時に発した言葉を覚えているだろうか。大和を出発し、近江や美濃、尾張を経由して伊勢の五十鈴川の河上に着いた時、天照大神《あまてらすおおみかみ》は、倭姫命《やまとひめのみこと》に、「この神風の伊勢の国は常世《とこよ》の浪がいくたびも打ち寄せてくるすばらしい国なので、この国にいたい」と言葉を発し、そこに宮を建てた。

伊勢の二見浦や朝熊ヶ岳《あさまがたけ》からは富士山から昇ってくる夏至の朝日を遥拝することができる。そこは、数ある朝日の中でも、最も強く激しく照り輝き、生命の根源として崇められてきた夏至の太陽と共に、蓬莱山《ほうらいさん》とも別称され、常世《とこよ》信仰を有する霊峰富士山とが重なり合うという絶対無比な光景を眺めることのできる場所だった。まさに常世《とこよ》でもある富士山からの浪が押し寄せる特別な場所だったのである。

その時に発した天照大神の言葉と、出雲各地を歩き回った末に須賀の地にたどり着き、「ここは自分の心が清々しくなる所だ」と言って、そこに宮を築いた須佐之男命の言葉はとてもよく似ているように思う。それは伊勢と出雲という太古からの聖地を手に入れた二人の神々の、心からの喜びと安堵の叫びだったと言ってもよい。

しかも、これら二神の言葉の裏には、苦労して各地を巡り歩いた果てに手に入れたその特別な場所を強く明示しておきたいという神話の作り手側の強い意図が感じられる。天照大神と須佐之男命は、伊弉諾尊《いざなぎのみこと》の禊ぎによって生まれた姉弟神で、その時に一緒に生まれた月読命《つくよみのみこと》と共に三貴子や三貴神として数えられている神である。『古事記』や『日本書紀』に登場する多数の神々の中でも別格の扱いを受けていると言える。天照大神と須佐之男命が宮を築いた伊勢と出雲という場所の重要性もさることながら、どうやらこの姉弟神にはまだまだ隠された秘密がありそうだ。

【図27】に丹波と出雲、伊勢という二つの神話に関わる場所を落とし込んでみた。この図から

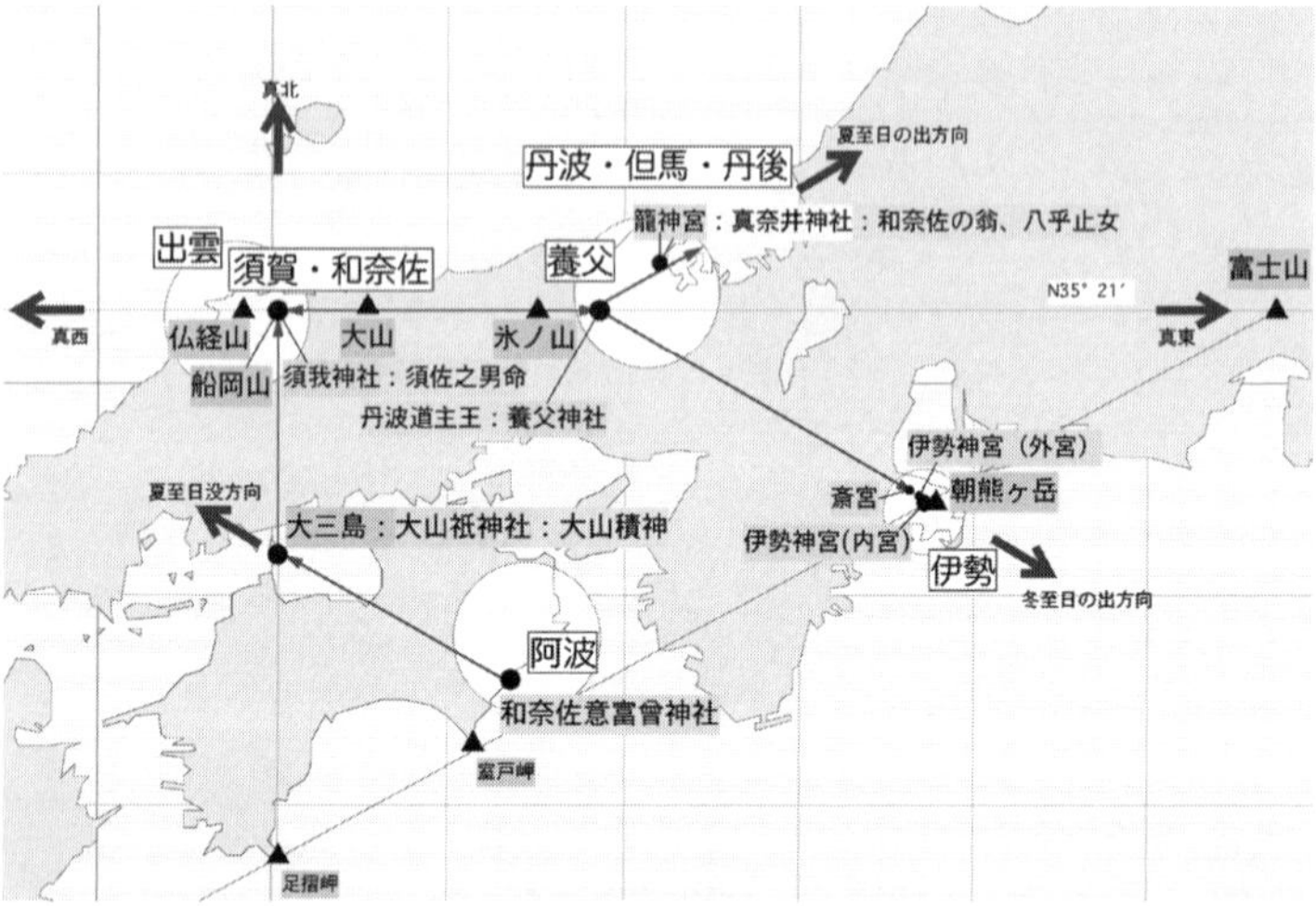

【図 27】　出雲・丹波・阿波の和奈佐　和奈佐の翁や八乎止女の一族の拠点である丹波を中心にして、冬至の日の出方向の先に天照大神を祀る伊勢が位置し、真西方向に須佐之男命が宮を築いた出雲が位置している。しかも、伊勢と出雲の両地に丹波の水の信仰を持ち歩いた八乎止女たちが祀る宇迦之御魂が深く関わっている。また、阿波の和奈佐意富曾神社の夏至の日没方向に大三島が位置し、大三島の真北方向に出雲の須賀や船岡山が位置している。

もわかるように、須佐之男命が宮を築いた出雲の須賀の地と丹波道主《たにはのみちぬし》王《おう》の居城があった養父《やぶ》の地はほぼ正確に東西の位置関係にある。そして、注目すべき点は、和奈佐の翁《おきな》や八《や》乎止女《おとめ》の一族の拠点である丹波を中心として、冬至の日の出方向の先に伊勢が位置し、春分・秋分の日没方向である真西方向に出雲が位置していることである。それぞれの地に天照大神と須佐之男命がたどり着き、宮を築いた。しかも、その日本の二大聖地とも言える伊勢と出雲の両方に、丹波の水の信仰を持ち歩いた八《や》乎止女《おとめ》たちが斎き祀る宇迦之御魂《うかのみたま》が深く関わっている。

　そして、もう一つの「和奈佐」の

地である「阿波のわなさおほそ」の和奈佐意富曾《わなさおうそ》神社についても出雲との方位的な関連がある。阿波国の和奈佐意富曾《わなさおうそ》神社から夏至の日没方向に行った瀬戸内海に、大三島が位置している。大三島は瀬戸内海の海運交通上の要衝で、ここには伊予国一宮の大山祇《おおやまづみ》神社があり、大山積神が祀られている。その大山祇《おおやまづみ》神社の真北方向に出雲の須賀や船岡山が位置しているのである。大山積神は足名椎《あしなづち》、手名椎《てなづち》の父神で、須佐之男命の妻となった櫛名田比売《くしなだひめ》の祖父にあたるが、また同時に、須佐之男命の子神の宇迦之御魂命《うかのみたまのみこと》の祖父でもあるのだ。その大山積神を祀る大三島を中心にして「阿波のわなさおほそ」と「出雲のあはきへ・わなさひこなる社」が「太陽の道」によってつながりあう。

つまり、出雲の船岡山に祀られている阿波枳閇委奈佐比古《あはきへわなさひこ》命の名前が物語るように、和奈佐比古は阿波から夏至日没方向→真北方向への「太陽の道」を移り来て、出雲の船岡山に住みついたという見方ができるのである。

これらの丹波、出雲、阿波に関わる和奈佐の伝承は、古代の水の信仰が太陽信仰とも深く関わっていることを示しているように思われる。「和奈佐」の集団には、夏至、冬至、春分・秋分などの特別な朝日・夕日が導く「太陽の道」や、南北に連なる「太陽の道」の上を歩きながら、水の信仰を伝える習慣があったのではないだろうか。

「太陽の道」はまた、「水の道」でもあったのだ。そう思わせる事柄が次に述べる本牟智和気《ほむちわけ》命の伝承にも隠されている。

2 本牟智和気《ほむちわけ》伝承

白鳥の行方《ゆくえ》

すでに前章で取り上げたように、本牟智和気命《ほむちわけ》は垂仁天皇《すいにん》と沙本毗売《さほびめ》の間に生まれた御子であり、沙本毗売《さほびめ》にまつわる悲劇の物語の中で、燃え盛る炎の中から生まれてきたという特殊な出自を抱えている。その後、本牟智和気命《ほむちわけ》には白鳥にまつわる異色の物語が展開されている。『古事記』の記述に沿いながら、その物語を読み進んでいくことにしたい。

本牟智和気命《ほむちわけ》は、大人になり鬚が胸先に達するようになっても言葉を発することができなかったが、ある日、大空を白鳥が鳴き渡っていった時に初めて「あぎ」と声を発することができた。それに驚いた垂仁天皇は、山辺大鶙《やまのおおたか》を遣わせてその白鳥を捕まえることにした。山辺大鶙《べのおおたか》は紀伊国から播磨国に到り、そこから因幡国に越え、丹波国、但馬国に到り、さらに東の近江国、美濃国、尾張国を伝って信濃国に行き、越国の和那美《わなみ》の水門《みなと》で網を張ってその白鳥を捕まえた。その白鳥を持ち帰り本牟智和気命《ほむちわけ》に見せたが、言葉を発することはなかった。

この後、まだ物語が続くのだが、まずは白鳥を巡る列島巡遊の足跡から追いかけていきたい。この物語に登場する白鳥については、『古事記』と『日本書紀』には共に鵠《くぐい》であると表記されている。また、『日本書紀』では白鳥を追いかけた者が鳥取造《みやつこ》の祖である天湯河板挙《あめのゆかわたな》であって、白鳥を出雲で捕らえたとも、但馬で捕らえたとも記している。なお、『日本書紀』には、天皇の都である大和から捕獲地の出雲や但馬までの経路に関しては一切記載されていない。

ただし、『日本書紀』で白鳥が捕らえられたと記す出雲については、『新撰姓氏録《しんせんしょうじろく》』の右京神別に載る鳥取連の項目に、「出雲国宇夜江《うやえ》に詣で、白鳥を捕らえ献上した」という記載がある。出雲国宇夜江《うやえ》は『出雲国風土記』に出雲郡健部《たけるべ》郷の旧名として載る宇夜《うや》の里を指すとみられ、現在の島根県出雲市斐川町神庭宇屋谷付近にあたる。宇屋谷のすぐ近くには大量の銅鐸と銅剣、銅矛を出土した神庭荒神谷遺跡がある。

『日本書紀』に白鳥の捕獲者として登場する天湯河板挙《あめのゆかわたな》については、第一章の印色入日子命《いにしきいりひこのみこと》の「鳥取の河上の宮」のところで触れたように、鳥取氏の祖であり、『新撰姓氏録』和泉国神別に「鳥取：角凝魂命《つぬこりたまのみこと》三世孫湯河桁命《ゆかわたなのみこと》之後也」と記されている。この和泉国の「鳥取の河上の宮」（大阪府阪南市）や河内国の鳥取郷（大阪府柏原市大県付近）はそれぞれ、大和の広瀬大社から見て、冬至の日没方向と真西方向という特別な方向に位置しており、狭山池や血沼《ちぬ》の池や依羅《よさみ》の池などの白鳥の舞い降りる水辺もそれらを結ぶ位置に点在していた。大和と河内や和泉をつなぐ「太陽の道」に重なり合うようにして、鳥取氏の「白鳥の道」が通じていたのである。

ところで、天湯河板挙《あめのゆかわたな》という名称に含まれる湯河板挙《ゆかわたな》とは、川や湖沼などの淵に張り出すように設けられた懸崖作りの小さな建物のことを指すらしい。その中に織機を持ち込み神女が機《はた》を織ったという。天湯河板挙《あめのゆかわたな》に白鳥の伝説が伝わるところからすると、民話の「鶴の恩返し」にも似た情景が想像されるが、また一方では、七夕伝説に登場する織姫のイメージも伴っている。

白鳥はまた、天女ともつながっている。琵琶湖の北方の滋賀県長浜市余呉町に余呉湖がある。ここには「丹波国の比治の真奈井」と同じく、八人の天女による羽衣伝説が伝えられており、『近江国風土記』逸文に古老が伝えた話として記される内容によれば、八人の天女が白鳥になって余呉湖に水浴びに来たことになっている。八人の天女とはまさに丹波の「八乎止女《やおとめ》」と同じであるが、余呉湖の羽衣伝説の場合には天女が白鳥に重ねられているのである。

このことからも想像できるように、おそらく、本牟智和気《ほむちわけ》伝承に伝えられる白鳥伝説と丹波の和奈佐の翁《おきな》や八乎止女《やおとめ》の一族などが伝えた羽衣伝説とは無関係ではない。『日本書紀』に、天《あめの》湯河板挙《ゆかわたな》が白鳥を追いかけて行って、出雲で捕らえたとも、但馬で捕らえたとも記していることは、その二つの場所に白鳥にまつわる由縁があることを示している。出雲と但馬といえば、須佐之男命が宮を築いた出雲の須賀と丹波道主王《たにはのみちぬしのおう》の居城があった但馬の養父《やぶ》の東西関係であり、「和奈佐」の水の信仰を持ち歩いた集団の東西の拠点があった場所でもある。

和那美水門《わなみのみなと》

白鳥を捕まえるために経由した場所については、『古事記』の記載には国名のみが表記してあるだけで詳しい位置が特定されているわけではない。唯一、白鳥を捕らえた場所が越の国の「和《わ》那美水門《なみのみなと》」であったことが記されている。現在、新潟県新潟市西蒲区岩室や新潟県北魚沼郡川口町などがその伝説地とされている。『古事記』には、白鳥を捕まえる様子を「和那美水門《わなみのみなと》に網を張り、その鳥を取った」と記されているが、ここにある地名の「和那美《わなみ》」とは「羂網《わなあみ》」のことで、鳥を捕獲するために罠を仕掛け、網を張った場所を指している。「羂網《わなあみ》」を「水辺の津」に仕掛けた所が「和那美水門《わなみのみなと》」である。

その「和那美《わなみ》」を名前に持つ神社が因幡国八頭郡（鳥取市河原町和奈見）に祀られている。『延喜式』神名帳に載る式内社の都波奈弥《つわなみ》神社がそれで、社伝によれば、須佐之男命と櫛名田比売《くしなだひめ》を祭神として祀っている。この神社は和奈見という地名の集落に祀られており、吉田東伍は『大日本地名辞書』の中で次のように述べる。

【和奈見】千代川の岸に在り。名義は和奈阿弥（羂網）にして、古の鳥取部の民など、其業を為しし地歟。地形又合ふ。但馬に和奈美神社あり、参考すべし。

都波奈弥《つわなみ》神社が祀られている和奈見は、古《いにしえ》の鳥取部の民などが鳥を捕らえるのを生業《なりわい》としてきた場所で、都波奈弥《つわなみ》とは津の和奈見であろうとも言っている。また、ここで吉田東伍が触れているように、但馬にも和奈美神社がある。それが『延喜式』神名帳の但馬国養父《やぶ》郡に載る式内社の和奈美神社である。

和奈美神社は兵庫県養父《やぶ》市八鹿《ようか》町下網場《しもなんば》にあり、大己貴命と天湯河板挙《あめのゆかわたな》を祭神として祀っている。この場所は、丹波道主王《たにはのみちぬしのおう》を祀る養父《やぶ》神社から円山川をわずか３㎞ほど下った所にあたり、

【図28】　和奈美と白鳥の道　因幡国の都波奈弥神社と但馬国の和奈美神社は氷ノ山を中心にほぼ同距離の関係で東西に向かい合っている。その真西には本牟智和気伝承の中で白鳥が捕まえられたという出雲の宇夜の里が位置している。この東西軸は養父と出雲の須賀を結ぶ「和奈佐」の東西軸とも重なり合う。

西にそびえる氷ノ山《ひょうのせん》（1510m）から流れ下る八木川と円山川が合流する地点である。『日本書紀』で天湯河板挙《あめのゆかわたな》が但馬で白鳥を捕獲したと記す有力地でもある。

　この因幡国の都波奈弥《つわなみ》神社と但馬国の和奈美神社の位置を落とし込んだのが、【図28】である。この図からもわかるように、この二つの「和奈美」神社は氷《ひょう》ノ山《のせん》を中心にして、ほぼ同距離で東西に向かい合うようにして位置している。しかも、両社を結ぶ直線は、先の【図27】に示した養父《やぶ》と出雲の須賀を結ぶ「和奈佐」の東西ラインとも重なり合うのである。都波奈弥《つわなみ》神社が祭神を須佐之男命と櫛名田比売《くしなだひめ》としているのも、真西に位置する出雲の須我神社の場合と同じである。和奈佐の翁《おきな》や八乎止女《やおとめ》の一族が伝え歩いた水の信仰と、天湯河板挙《あめのゆかわたな》が追い求めた「白鳥の道」が地形図の上でも重なり合ってくる。

二つの「和奈美」神社の中心にあり、但馬国と因幡国の境にそびえる氷ノ山《ひょうのせん》は、別名を須賀ノ山とも言う。須賀ノ山という名が付けられている理由は、この山に『古事記』や『日本書紀』の出雲神話と同様に八岐大蛇《やまたのおろち》伝説が残っているからである。かつて氷ノ山《ひょうのせん》（須賀ノ山）には八《や》岐大蛇《またのおろち》が住み着いていたという伝承があり、奈良時代の頃には山頂に須賀峰権現社が祀られていたという。須佐之男命が櫛名田比売《くしなだひめ》と共に宮を築いた出雲の須賀はこの氷ノ山《ひょうのせん》の真西に位置しており、出雲と氷ノ山《ひょうのせん》という東西に位置する二つの地域が、同じ神話によってつながりあっている。

和奈佐と和那美

また、この白鳥の捕獲者について、『古事記』は山辺大鶙《やまべのおおたか》という名を挙げている。山辺大鶙《やまべのおおたか》は他には登場する場面がないが、谷川健一氏は『白鳥伝説』の中で、次のように解説している。

山辺大鶙《やまべのおおたか》は『日本書紀』のアメノユカワタナとおなじ役割を果たした。垂仁帝の皇子のホムツワケが物を言わないというので、垂仁帝が白鳥を捕らえることを命じた人物が山辺大鶙である。古代には鷹を使って白鳥を捕獲する方法が大陸から導入された。山辺大鶙は、その鷹の擬人化である。

白鳥を捕獲するためには鷹匠の存在があるが、そのことを示す場所が因幡国の都波奈弥《つわなみ》神社が祀られているすぐ近くにある。都波奈弥《つわなみ》神社がある和奈見の集落の隣に、鳥取市用瀬《もちがせ》町鷹狩の集落が存在しているのだ。まさにこれなども鷹を使った狩猟がこの場所で実際に行われてきたことを地名が裏付けているとも言えよう。

水の信仰を持ち歩く和奈佐の翁《おきな》たちの「ワナサ」と、白鳥を追い求める天湯河板挙《あめのゆかわたな》たちの「ワナミ」は、その音韻が似ていることも含めて、非常に多くの面で重なり合っている。崇神《すじん》天皇や垂仁《すいにん》天皇の子の印色入日子命《いにしきいりひこのみこと》は、鳥取氏が拠点としていた方位をめがけて新たな池を築造していった。おそらく、それらの池には白鳥が舞い降り、水と白鳥の信仰の象徴的な場所になっていったと思われる。それと同様のことが、丹波と出雲を結ぶ東西の「太陽の道」の上でも展開されている。垂仁《すいにん》天皇は、天湯河板挙《あめのゆかわたな》を祀る鳥取氏らの一族を遣わせて、白鳥を追いかけながら、水の信仰を支える禊の水辺である「和那美水門《わなみのみなと》」を見つけ出し、祭祀していったのだろう。

そして、天湯河板挙《あめのゆかわたな》にはもう一つの役目が与えられた。それが金属精錬や金属器具製作を行うテクノクラートとしての役割だ。天湯河板挙《あめのゆかわたな》は鍛冶集団とも関係が深い。印色入日子命《いにしきいりひこのみこと》が「鳥取の河上の宮」で一千振もの大量の太刀を製作させたと『古事記』や『日本書紀』にあったように、天湯河板挙《あめのゆかわたな》を祖とする鳥取氏は鍛冶や金属精錬に優れた氏族だった。天湯河板挙《あめのゆかわたな》は白鳥を求めて水の聖地を発見していったと同時に、山間の峠道をたどりながら鉱山の在《あ》り処《か》を求め、そこで金属の精錬も行っていったのだろう。

『新撰姓氏録《しんせんしょうじろく》』の鳥取連の項目に、「出雲国宇夜江《うやえ》に詣で、白鳥を捕らえ献上した」という記載があり、その捕獲場所である宇夜《うや》の里が大量の銅鐸と銅剣、銅矛を出土した神庭荒神谷遺跡のすぐそばに位置しているということも、天湯河板挙《あめのゆかわたな》を祖に持つ鳥取氏の特質を裏付けているように思われる。

3　紀伊国に出る道

曙立王《あけたつのおう》と菟上王《うなかみのおう》

『日本書紀』では、天湯河板挙《あめのゆかわたな》が白鳥を捕まえて本牟智和気《ほむちわけ》命に献上したところ、本牟智和気《ほむちわけ》命が喋《しゃべ》ることができるようになったとあり、そこでこの話は終了している。ところが、『古事記』の場合は、せっかく山辺大鶙《おおたか》が越の国の和那美水門《わなみのみなと》で白鳥を捕まえ持ち帰ったにもかかわらず、本牟智和気《ほむちわけ》命は言葉を喋《しゃべ》ることができなかったと記され、この物語にはまだ続きがある。垂仁《すいにん》天皇の落胆は相当激しかったようで、何とか本牟智和気《ほむちわけ》命に言葉を取り戻させようとさらなる苦心が続いていく。再び、その話の続きを追いかけてみる。

結局、白鳥を捕まえても本牟智和気《ほむちわけ》命は言葉を喋《しゃべ》ることができなかった。そのことを心配した垂仁《すいにん》天皇は夢の中で、「自分の宮を天皇の宮殿のように立派に造ったならば御子もきっとものを喋《しゃべ》るようになるだろう」と、ある神が告げるのを聞いた。その夢に出てきた神が誰かを占ったところ、出雲の大国主命であることが判明した。天皇は曙立王《あけたつのおう》と菟上王《うなかみのおう》の二人の王を本牟智和気《ほむちわけ》命に従わせて出雲に向かわせることにした。その道行きを占ったところ、奈良山越えの道や二上山の穴虫越えの道から行くのは良くないが、紀伊国に出る道は良いとされた。

出雲に着くと大国主命を拝礼し、斐伊《ひい》川に橋を架けて仮宮を造り、そこに本牟智和気《ほむちわけ》命を迎え入れた。出雲国造の祖の岐比佐都美《きひさつみ》が食事を準備した時に、本牟智和気の御子が突然話し始めた。それを聞いていた従臣たちは大変喜び、御子を檳榔《あじまさ》の長穂《ながほ》宮に案内して、天皇にも急いで連絡した。本牟智和気《ほむちわけ》命は、そこで一夜、肥長比売《ひながひめ》と交わったが、その姫は大蛇の姿をしていたため、あわてて逃げ戻ってきた。垂仁天皇は、本牟智和気《ほむちわけ》命が言葉を話せるようになって戻ってきたことをたいそう喜び、菟上王《うなかみのおう》を出雲に引き返させ神宮を造らせた。

『古事記』の本牟智和気《ほむちわけ》命を巡る物語の続編では、垂仁天皇の夢に出雲の大国主命が現れ、その夢の導きによって、本牟智和気《ほむちわけ》命は曙立王《あけたつのおう》と菟上王《うなかみのおう》という二人の家臣を従えて出雲に向かうことになる。曙立王《あけたつのおう》と菟上王《うなかみのおう》については、『古事記』開化天皇条の系譜に記載があり、この二人の兄弟王は日子坐《ひこいます》王の孫にあたっていて、曙立王《あけたつのおう》は伊勢の品遅部《ほむちべ》や佐那造《さなのみやつこ》の祖であり、菟《うな》上王《かみのおう》は比売陀《ひめだ》の君の祖であると記されている。

谷川健一氏は『青銅の神々の足跡』の中で、伊勢の佐那が鉄鐸《さなぎ》と関係していることや、伊勢の品遅部《ほむちべ》が朱砂や水銀などの採掘と関連を持っていたことを述べ、本牟智和気《ほむちわけ》命の障害が水銀中毒などによる病と密接な関係があるのではないか、と記している。その両者の関係を明らかにすることは難しいが、『日本書紀』の本牟智和気《ほむちわけ》伝承で、白鳥を追いかけた天湯河板挙《あめのゆかわたな》が金属精錬に優れた鳥取氏の祖であったことを思い出すと、本牟智和気《ほむちわけ》伝承には単なる白鳥伝説だけではない

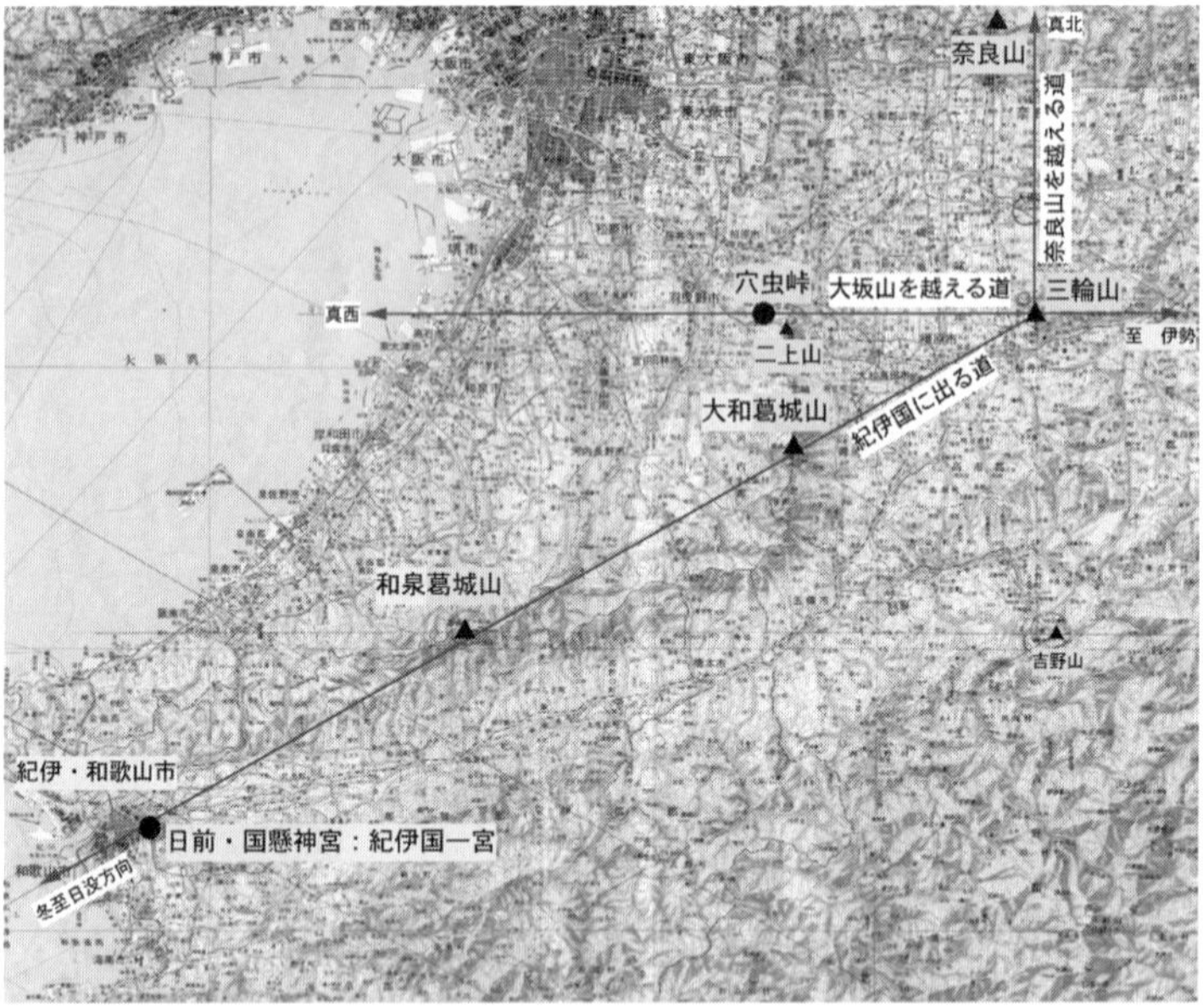

【図29】　紀伊に出る道　奈良山を越える道は三輪山山麓からはほぼ真北に向かう道であり、大坂山の穴虫峠を越える道は真西に向かう道である。それらの道を避けて、冬至の日没方向にあたる紀伊国に出る道が選ばれた。この道の先には紀伊国一宮の日前・国懸神宮が祀られている。

金属資源開発や金属器製造にからむ別の要素が複雑に絡み合っていることが見えてくる。

日前《ひのくま》・国懸《くにかかす》神宮

さて、ここで本牟智和気《ほむちわけ》命が大和から出雲に向かった経路について考えてみたい。『古事記』には、大和から奈良山を越える道（那良戸）、大坂山の穴虫峠を越える道（大阪戸）、紀伊国に出る道（木戸）の三方向に向かう経路が提示されている。ところが占いの結果、前者の二つの道では足が不自由な者や目の見えない者に出会うので良くないと記し、結局、紀伊国に出る道が選択されている。

【図30-1】三輪山からの冬至の日没風景〔シミュレーション図〕三輪山からは冬至の夕日が大和の葛城山の方向へと沈んでいくのを眺めることができる。

【図29】にこの三経路の方向性を図示してみた。奈良山は平城宮の北方丘陵地を指すと見られるが、そこを越える道は垂仁天皇の宮があった三輪山山麓からはほぼ真北に向かう道になる。また、大坂山の穴虫峠を越える道は真西に向かう道である。それらの道を避けて、紀伊国に出る道が選ばれた。それが占いの結果であるとはいえ、なぜ紀伊国だったのだろうか。

実は、紀伊国には皇室にとって特別な神社が祀られている。それが紀伊国一宮の日前《ひのくま》・国懸《くにかかす》神宮である。紀伊国の日前《ひのくま》・国懸《くにかかす》神宮は『延喜式』では名神大社に列せられ、伊勢神宮と共に神階を贈られない特別な神社とされ、鏡と日矛《ひぼこ》を御正体とし、天照大神の前霊《さきみたま》を祀っている。天照大神が天の岩戸に隠れた時に、天照大神を導き出すために石斯許理度売命《いしこりどめのみこと》に命じて三種の神器の一つである八尺の鏡を作らせているが、『古語拾遺《こごしゅうい》』には、その時、二枚の鏡が作られたとあり、最初のあまりできの良くない鏡が紀伊国の日前《ひのくま》神であり、次に作った形の良い鏡が伊勢大神で

【図 30-2】 大和葛城山からの冬至の日没風景〔シミュレーション図〕大和葛城山山頂からはもう一つの葛城山である和泉葛城山の方向に冬至の夕日が沈んでいくのを眺めることができる。さらに同じ時、和泉葛城山山頂からは紀伊国の日前・国懸神宮が祀られている和歌山市街の方向に夕日が沈むのを眺めることができる。

あると記されている。

その紀伊国の日前《ひのくま》・国懸《くにかかす》神宮は、大和の三輪山から見てちょうど冬至の日没方向に位置している。三輪山からは冬至の日の太陽が大和の葛城山の方向へと沈んでいくが、その同じ時、大和の葛城山山頂からはもう一つの葛城山である和泉の葛城山の方向に冬至の夕日が沈んでいくのを眺めることができる。さらに和泉の葛城山山頂からは紀伊国の日前《ひのくま》・国懸《くにかかす》神宮が祀られている和歌山市街の方向に同じ太陽が沈むのを眺めることができるのである。大和と紀伊国の日前《ひのくま》・国懸《くにかかす》神宮との間を二つの葛城山がつないでいる。(【図30】)

一方、三輪山の真東には伊勢神宮の祭祀を務める斎宮が設けられ、伊勢神宮に八尺の鏡が収められている。皇室にとって重要な伊勢神宮と日前《ひのくま》・国懸《くにかかす》神宮が、共に神器である八尺の鏡に関わり、しかも真東方向と冬至の日没方向という特別な方位関係で

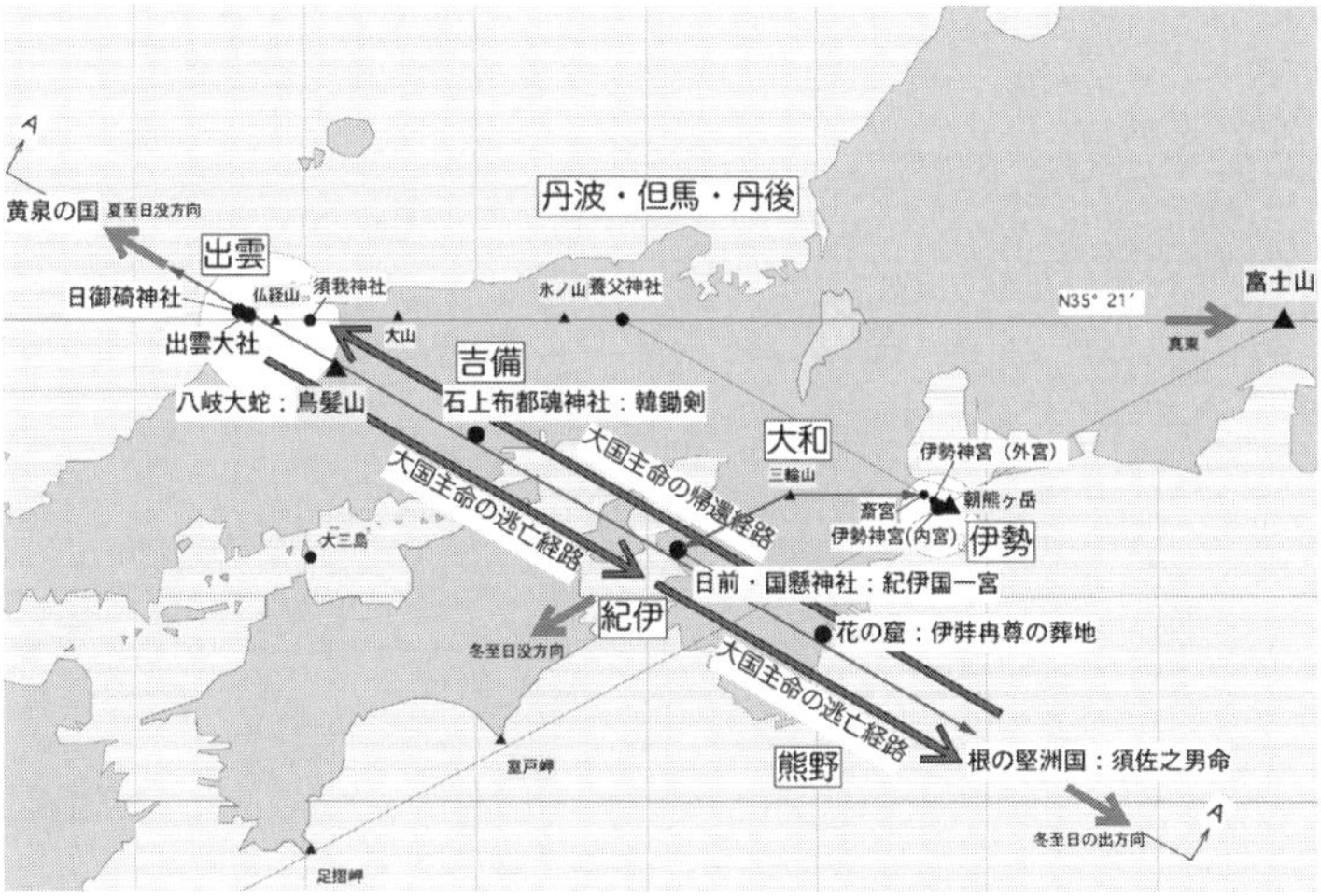

【図 31】　出雲－紀伊－熊野の関係　『日本書紀』が伊弉冉尊の葬地として記す紀伊国の熊野の有馬村は、出雲からは冬至の日の出方向の最端部に位置している。大国主命はこの夏至日没－冬至日の出方位軸をたどるようにして、大屋比古神の住む和歌山市秋月から須佐之男命がいる根の堅洲国へと向かい、そこで須勢理比売命という伴侶を得た後、再び根の堅洲国→熊野・花の窟→出雲へと逃れ帰っている。

祀られているのである。八尺の鏡が太陽の象徴であることからも、その鏡を奉斎する二つの神社の方位関係について無視することはできない。

そして、紀伊国の日前《ひのくま》・国懸《くにかかす》神宮が祀られている紀伊・和歌山と出雲もまた、冬至日の出⇅夏至日没の方位関係にある。つまり、大和の三輪山山麓にある垂仁《すいにん》天皇の宮から紀伊国に出て、出雲に向かう道とは、冬至の日没方向→夏至の日没方向という特別な「太陽の道」を経る経路なのである。言ってみれば、紀伊国に出て出雲に向かう道というのは太陽信仰に基づいた古代の王道だったと言えるのかもしれない。(【図31】)

しかもその道は、伊勢神宮と並ん

で皇室にとって重要な神を祀る紀伊国の日前《ひのくま》・国懸《くにかかす》神宮を経て出雲に向かう道である。紀伊・和歌山と出雲の方位関係は、豊受大神を呼び寄せた伊勢と丹波の間の方位関係とも同じであり、「日足《ひたし》の構造」の関係にある。本牟智和気《ほむちわけ》命を「日足す（養す）：養育する」ために、丹波から丹波道主王《たにはのみちぬしのおう》の娘の兄比売《えひめ》と弟比売《おとひめ》が呼び寄せられたが、今度は同じような方位関係の中で、本《ほ》牟智和気《むちわけ》命の障害を取り除き、「日足す（養す）：養育する」ために、自ら紀伊・和歌山から出雲へと「日足の道」を歩んでいくのである。

出雲と紀伊

その出雲と紀伊には同名の地名や神社が多数見られる。このことについては、江戸時代の国学者である本居宣長をはじめ多くの人々が指摘してきている。例えば、その一つに『延喜式』神名帳において、共に熊野坐神社と称されている出雲国一宮の熊野大社と和歌山県田辺市本宮町に祀られる熊野本宮大社がある。共に、出雲と紀伊の「熊野」という地域に祀られてきた神社であり、古より有数の格式を持ち続けてきた。他にも、『出雲国風土記』意宇郡の条に記される速玉の社に対して、和歌山県新宮市には熊野速玉神社があり、出雲市佐田町須佐と和歌山県有田市千田には同名の須佐神社が祀られている。両者の地名においても「くまの：熊野」、「みほ：美保」、「あわしま：淡島」、「ひのみさき：日御崎、日ノ御崎」、「かた：加太、加多」などといった同名の地名が数多くみられる。

『古事記』や『日本書紀』などが伝える神話にも相互の関連性を伝えるものが多数残っている。例えば、須佐之男命の子神の五十猛命《いたけるのみこと》は、天降る時にたくさんの木の種を持って天降り、大八島国を緑で覆い尽くした有功《いさおし》の神であるとされているが、最後に紀伊国の大神になり、木(紀伊)の国を作ったと神話は記している。また、須佐之男命自身も母の伊弉冉尊《いざなみのみこと》が眠る根の堅洲国《かたすくに》を目指して出雲の鳥髪山《とりかみ》に天降ったが、鳥髪山《とりかみ》は、紀伊和歌山と出雲を結ぶ冬至日の出↑↓夏至日没の方位線上に位置している。

この他にも『古事記』の出雲神話で、出雲の大国主命が兄弟神である八十神《やそがみ》たちに殺されそうになった時に、祖神の助言で、紀伊国の大屋比古神《おおやびこのかみ》のところに逃げて難を逃れるという逸話が記されている。伊弉冉尊《いざなみのみこと》の葬地は出雲と伯耆の国境の比婆山や紀伊熊野の有馬村にあると言われているが、これらのこととも合わせて、神話からは出雲と紀伊という二つの地域に秘められた強い密着性を読み取ることができる。

本牟智和気《ほむちわけ》の御子に関するこれら伝承の背景には、この列島にあった元々の太陽聖地に赴き、それらの土地を経ることによって、それぞれの土地に宿る神々の力を得ることで、御子の成長を得ようという意図が感じられる。国に災いや病が蔓延した時、崇神《すじん》天皇は天津神《あまつかみ》と国津神《くにつかみ》の社を定め祀ったと『古事記』に記されていたが、同じく垂仁《すいにん》天皇も、山辺大鶙《おおたか》や天湯河板挙《あめのゆかわたな》に命じて白鳥を追うというかたちで、この国の国津神の居場所を巡らせ、それぞれの場所を斎き祀っていったのだろう。そして、『日本書紀』に白鳥を出雲で捕らえたと記され、『古事記』に本牟智和《ほむちわ》気《け》の御子が出雲の大神の元に参拝した後、話すことができるようになったと伝えるように、最終的に、国津神としての最大の威力を持ち得ていたのが出雲の大神である大国主命だったのだ。

4　宇迦《うか》の山

出雲大社の創建神話

本牟智和気《ほむちわけ》命を心配した垂仁《すいにん》天皇は夢の中で、大国主命と思われる神が「自分の宮を天皇の宮殿のように立派に造ったならば御子もきっとものを喋《しゃべ》るようになるだろう」と言うのを聞いた。そして、出雲に向かった本牟智和気《ほむちわけ》命が無事に言葉を話すことができるようになって戻って来た後、菟上王《うなかみのおう》を再び出雲に送り出し、大国主命のために神宮を造らせている。

大国主命のために造られた神宮とは、かつて杵築大社《きづきのおおやしろ》と呼ばれていた出雲大社のことである。出雲大社は、島根県松江市八雲町に祀られている熊野大社と共に、出雲国一宮に挙げられる神社で、かつては十六丈（４８ｍ）もの高さを誇る社殿が建てられていたと言われている。

この大社の創建にあたっては、『古事記』の出雲神話の中にもその由来が描かれている。その一つが有名な国譲り神話で、大国主命が出雲を譲り渡す時に、その条件として、出雲の多芸志浜《たぎしのはま》に立派な大社を造ることを要求している。しかし、実はその前にも出雲神話の中で、大国主命のために社を造ることが告げられているのである。それが、須佐之男命による根の堅洲国《かたすくに》の物語だ。

八十神《やそがみ》たちから迫害を受けた大国主命は、紀伊国の大屋比古神《おおやびこのかみ》のところに逃げた後、母神の助言で須佐之男命がいる根の堅洲国《かたすくに》へと向かった。そこで須佐之男命から数々の試練を与えられた大国主命は、須佐之男命の娘の須勢理比売《すせりびめ》命と共にそこから逃げ出した。その際に、須佐之男命の宝物である太刀と弓矢と琴も一緒に持ち出すが、黄泉比良坂《よもつひらさか》まで追いかけてきた須佐之男命は逃げ去る大国主命に向かって次のような言葉を叫んでいる。

「お前が持っている太刀や弓矢で八十神《やそがみ》たちを坂の上に追い伏せ、河の瀬に追い払って、自ら大国主神となり、また宇都志国玉神《うつしくにたまのかみ》となって、私の娘の須勢理比売《すせりびめ》命を正妻として迎え、宇迦の山の山本に、しっかり大地に固定した石の上に宮柱を太々と突き立て、大空高く千木を伸ばして社を造り、そこに住めよ、この奴め」

ここでは、伊弉諾尊《いざなぎのみこと》が亡き妻の伊弉冉尊《いざなみのみこと》に追いかけられて黄泉《よみ》の国から逃れてきた時の描写と同様に、緊迫した逃走場面が描かれている。特に、須佐之男命が黄泉比良坂《よもつひらさか》まで二人を追いかけ、そこで大国主命に向かって言葉を吐くまでの描写は、伊弉冉尊《いざなみのみこと》が伊弉諾尊《いざなぎのみこと》を追い詰め、黄泉比良坂《よもつひらさか》にある千引《ちびき》の石《いわ》をはさんで二人が言葉を交わす状況と瓜二つである。高天原から妣《はは》の国に向かった須佐之男命は、文字通り妣《はは》（母）の伊弉冉尊《いざなみのみこと》が棲むという黄泉の国でもある根の堅洲国《かたすくに》にたどり着き、そこに住まいを得ていたのだ。

その黄泉《よみ》の国について、『古事記』には、亡くなった伊弉冉尊《いざなみのみこと》が出雲国と伯耆国の境にある比婆山《ひばやま》に葬られたと記されているのに対し、『日本書紀』一書（第五）では、伊弉冉尊《いざなみのみこと》は紀伊国の熊野の有馬村に葬られていると明言している。そこは現在の三重県熊野市有馬で、花の窟《いわや》という巨岩を御神体とする花の窟《いわや》神社が祀られている。この場所が、紀伊国の日前《ひのくま》・国懸《くにかかす》神宮が祀られている紀伊・和歌山市から見て、冬至の日の出方向の海際にあたっている。おそらく、須佐之男命がいたという根の堅洲国《かたすくに》は、花の窟《いわや》のある熊野の海辺から冬至の朝日が昇り来る海の果ての方向に想定されていたのではないだろうか。（【図31】）

日前《ひのくま》・国懸《くにかかす》神宮が現在の和歌山市秋月に祀られるようになる前、そこには現在和歌山市伊太《いた》祁曾《ぎそ》にある伊太祁曽《いたきそ》神社が祀られていたという。伊太祁曽《いたきそ》神社は五十猛命《いたけるのみこと》を祀っているが、この五十猛命《いたけるのみこと》と大屋比古神《おおやびこのかみ》は同じ神であると考えられている。つまり、八十神《やそがみ》たちに追いかけられた大国主命は、出雲から紀伊国の大屋比古神《おおやびこのかみ》がいた和歌山市秋月に渡り、そこからさらに伊弉《いざ》冉尊《なみのみこと》が葬られている三重県熊野市有馬の花の窟《いわや》の方向へ逃げていったと考えることができる。その方向の先の海の果てに根の堅洲国《かたすくに》がある。

【図31】に示すように、八十神《やそがみ》たちに追われた大国主命は、出雲→紀伊・和歌山市→熊野・花の窟《いわや》→根の堅洲国《かたすくに》という冬至の日の出方向に向かって逃亡したのである。そして、須佐之男命がいる根の堅洲国《かたすくに》を逃げ出した大国主命は須勢理比売命《すせりびめ》と共に、再び、根の堅洲国《かたすくに》→熊野・花の窟《いわや》→出雲へと逃れ帰るのである。これは冬至の日の出方向への移行（出雲から紀伊・熊野）→夏至の日没方向への往還（熊野から出雲）であり、まさに大国主命自らが太陽の生と死の道をたどり、そこで伴侶を得て戻って来ることによって、新たな生命を生み出すことを表している。しかも、大国主命を祀る出雲大社がこの出雲―紀伊・和歌山市―熊野・花の窟《いわや》ラインの西北西の最も端に位置しているのである。

宇迦《うか》の山

さらに、根の堅洲国《かたすくに》から逃げ去る娘と大国主命を追いかけ、二人に向かって激しい口調で叫んだ須佐之男命の言葉の中にも、重要なキーワードが潜んでいる。須佐之男命は大国主命の住む社《やしろ》、即ち出雲大社について、それを「宇迦の山の山本」に建てよと言っているのだ。「宇迦《うか》」とは第二章で述べたように、蛇を表す古語である。そうすると、大国主命が祀られている出雲大社の背後にそびえている山は「宇迦の山」であり、蛇神が棲まう山なのではないかという疑問が生じてくる。

現在、出雲大社の社殿背後には八雲山（１７５ｍ）がそびえている。その東側には亀山、西側には鶴山がそびえ、山々に囲まれた所に出雲大社の社殿が設けられている。背後に佇む八雲山一帯は神域となっていて、人の立ち入りが禁じられている。言ってみれば、八雲山は出雲大社の御神体のような存在でもある。

その八雲山について、鎌倉時代中期に描かれた古絵図である『出雲大社并神郷図』には、八雲山が「蛇山（蛇山）」と表記されている【図32】。須佐之男命が「宇迦の山」と呼んだのはどうもこの八雲山のことらしい。大国主命を祀る出雲大社の背後は、蛇、亀、鶴という動物の名を持つ山々で取り囲まれているわけだ。

さらに、この山並みに向かって、南のほうから出雲大社への参道を進んで行く時、手前に流れる堀川に架かる橋の名前を宇迦橋《うかのはし》という。この橋の北詰めにはコンクリート製の大きな鳥居が建てられていて、神門通りの大鳥居と呼ばれている。蛇の橋という意味を持つ宇迦橋《うかのはし》からこの鳥居越しに眺めると、正面に「宇迦の山」である八雲山と出雲大社を拝することができるのである。

どうやら、古代出雲の奥底にも龍蛇神の気配があちこちに漂っている。

そういえば、本牟智和気《ほむちわけ》命が出雲で言葉を取り戻した時、出雲の肥長比売《ひながひめ》と一夜を共にしたが、その姫は大蛇の姿をしていたと記されていた。本牟智和気《ほむちわけ》命は肥長比売《ひながひめ》の本当の姿に驚き、慌てて大和に逃げ帰ったわけだが、まさにこれなども出雲に龍蛇神を信仰する氏族がいたことを物語っている。

【図 32】　宇迦の山　出雲大社の社殿背後にそびえる八雲山について、『出雲大社并神郷図』には「虵山（蛇山）」と表記されている。

出雲の龍蛇神

実は、現在でも出雲には龍蛇を祀る信仰が残っている。出雲では旧暦十月の神無月《かんなづき》になると、全国各地からあらゆる神々が集まってくるという伝承が伝えられている。現在でも、出雲各所で神迎えや神送りの神事が行われ続けていて、神々が集まるこの十月の月の呼び名を全国各地の場合とは逆に神有月《かみありづき》と称し、神在《かみあり》祭が行われる。その時、龍蛇神が祀られるのである。

島根県松江市鹿島町佐陀宮内には出雲国二宮の佐太《さだ》神社が祀られている。『出雲国風土記』秋鹿郡の条では、そこにある神名火山《かんなびやま》の麓に佐太大神《さだのおおかみ》の社があったと記されている。ここにある神《かん》名火山《なびやま》とは宍道湖北側の島根半島中央部にそびえる朝日山（３４２ｍ）のことで、この北麓の志《し》谷奥《だにおく》遺跡からは銅鐸と銅矛が出土している。この佐太《さだ》神社では神在《かみあり》祭の時に、海で捕まえた海蛇を「龍蛇さま」として奉納し、火難水難の魔除けとして信奉している。

このような祭祀は出雲大社の神在《かみあり》祭でも行われている。出雲大社西側の稲佐浜に海蛇である龍蛇神が上がるとそれを大社に奉納する。谷川健一氏は『蛇―不死と再生の民俗』の中で、「出雲大社の神紋が六角の亀甲形になっているのは、この海蛇の背の紋をかたどったとされている」と記している。

出雲の神在《かみあり》祭で祀られている海蛇については、その存在を感じさせる描写が出雲神話にも登場する。少名毘古那神《すくなびこなのかみ》が常世《とこよ》の国に行ってしまった後、大国主命が一緒に国づくりを手伝ってくれる神を探していると、海を照らしながら一人の神がやってきた。『日本書紀』はその神について、

「時に、神しき光り海に照らして、たちまちに浮かび来る者あり」

と記している。その神は正しく祀ってくれるならば大国主命と一緒に国づくりをしても良いと言い、自らを大和の青垣の東の山の上に祀るように告げた。この神は御諸山《みもろやま》の山頂にいる神であって、大国主命の幸魂奇魂《さきみたまくしみたま》であり、大三輪の神であると記されている。

すでに第一章で述べたように、御諸山《みもろやま》とは大和の三輪山のことであり、そこには蛇神である大

物主神が祀られている。つまりこの神話においては、出雲の海を照らしながら浮かび来た神とは龍蛇神であり、出雲と大和の三輪山がダイレクトにつながりあった関係にあることが示されているわけである。おそらく、「神しき光り海に照らして、たちまちに浮かび来る者」とは、佐太《さだ》神社や出雲大社の神在《かみあり》祭で祀られている海蛇を指している。

本牟智和気《ほむちわけ》命の物語の中で大和と出雲が舞台となり、出雲に大蛇の姿をした肥長比売《ひながひめ》が登場する構図は、大国主命の国づくり神話において出雲に現れた龍蛇神が大和の三輪山に祀られていく構図とよく似ている。さらに、三輪山に祀られている大物主神は崇神《すじん》天皇の夢にも現れ、国の乱れを治めるために太田田根子によって自らを祀れと語る。その崇神《すじん》天皇の息子が垂仁《すいにん》天皇であり、本牟智和気《ほむちわけ》命の出雲行きは垂仁《すいにん》天皇の見た大国主命の夢から始まっている。

まさに、出雲と大和を交錯するように神話が巡り廻っている。

5　物言わぬ皇子たち

阿遅須枳高日子命《あぢすきたかひこのみこと》の高椅《たかはし》

出雲には本牟智和気命《ほむちわけ》の物語とよく似た神話が残っている。それが大国主命の子神の阿遅須枳《あぢすき》高日子命《たかひこのみこと》の神話である。阿遅須枳高日子命《あぢすきたかひこのみこと》もまた、本牟智和気命《ほむちわけ》と同じように大きくなっても言葉を話すことができなかった。『出雲国風土記』神門郡の条には次のような記載がある。

高岸の郷。郡家の東北二里。天の下所造らしし大神の御子、阿遅須枳高日子命《あぢすきたかひこのみこと》、甚く昼夜哭き坐《なま》しき。よりて、そこに高屋《たかや》造りて坐せ《ま》き。即ち高椅《たかはし》を建てて登り降らせて、養し《ひた》奉《まつ》りき。故《かれ》、高崖《たかぎし》と云《い》う。神亀三年、字を高岸と改む。

ここにある天の下所造らしし大神とは大国主命の別名だが、大国主命は泣いてばかりいた阿遅《あぢ》須枳高日子命《すきたかひこのみこと》を養す《ひた》（養育する）ために、高い梯子を持つ施設（高椅《たかはし》）を建てて、そこを登り降りさせたと記されている。

また、同じく『出雲国風土記』仁多郡の三津の郷の項にも阿遅須枳高日子命《あぢすきたかひこのみこと》に関する記載があり、そこには阿遅須枳高日子命《あぢすきたかひこのみこと》は鬚が長くのびるような大人になってからも泣いてばかりいて言葉を話すこともできなかったとある。心配した大国主命が夢の中でその原因を知りたいと祈願すると、阿遅須枳高日子命《あぢすきたかひこのみこと》が突然「御津《みつ》」という言葉を喋《しゃべ》ったのでその場所を探し出したところ、そこには禊ぎの水が湧き出ていたとも記されている。

いずれも不思議なことが綴られた神話である。しかも、本牟智和気命《ほむちわけ》の物語とよく似ている。二人の皇子は共に大きくなっても言葉を話すことができなかった。それを苦慮した大国主命と垂仁天皇《すいにん》という二人の父親は、どちらも子供の障害を直すために夢を見、その夢に頼っている。本牟智和気命《ほむちわけ》はその障害を克服するために家臣と共に出雲を訪れたわけだが、すでにその出雲では、もう一人の物言わぬ皇子の神話が語り継がれていたわけである。

出雲の物言わぬ皇子である阿遅須枳高日子命《あぢすきたかひこのみこと》は大国主命と多紀理比売《たぎりひめ》の間に生まれている。多紀理比売《たぎりひめ》は天照大神と須佐之男命の契りによって生まれた宗像三女神の一人で、玄界灘に浮かぶ沖ノ島の宗像大社沖津宮に祀られている。沖ノ島は海の正倉院という異名を持ち、島内には古代からの神宝が数多く残されてきた。また、この島は大陸との古代航路の要衝でもあり、ここに祀られている多紀理比売《たぎりひめ》ら宗像三女神の別名を道主貴《ちぬしのむち》ともいっている。

阿遅須枳高日子命《あぢすきたかひこのみこと》は『古事記』や『日本書紀』の出雲の国譲り神話にも登場している。天若日子《あまのわかひこ》は出雲の荒ぶる国津神《くにつかみ》たちを押さえ込むために天照大神によって出雲に送り込まれた神だったが、阿遅須枳高日子命《あぢすきたかひこのみこと》の妹の下照比売《したてるひめ》と結婚したことなどを疑われ、天界から放たれた矢に突き刺され亡くなってしまう。その時、弔問に訪れた神が阿遅須枳高日子命《あぢすきたかひこのみこと》だった。阿遅須枳《あぢすき》高日子命《たかひこのみこと》は天若日子《あまのわかひこ》と姿形がよく似ていたために、天若日子《あまのわかひこ》の親族にそこに横たわっている

【図33】　阿遅須枳高日子命の関係地　大国主命は物言わぬ皇子だった阿遅須枳高日子命のために出雲国神門郡高岸の郷に高椅を建てたが、この真東に阿遅須枳高日子命が喪屋を斬り飛ばした場所である美濃国の喪山の伝説地がある。また、高岸の郷から冬至の日没方向の先の沖ノ島に阿遅須枳高日子命の母神である多紀理比売が祀られている。

死人と間違われてしまう。そのことを怒った阿遅《あぢ》須枳高日子命《すきたかひこのみこと》は十拳《とつか》の剣で喪屋《もや》を斬り払い、足で蹴飛ばすと、喪屋《もや》は美濃国まで飛んでいき藍見《あいみ》川の川上にある喪山《もやま》という山になったという。なお阿遅須枳高日子命《あぢすきたかひこのみこと》は、『古事記』では阿遅志貴《あぢしき》高日子根《たかひこね》神、『日本書紀』では味耜高彦根《あぢすきたかひこね》神と表記されている。

阿遅須枳高日子命《あぢすきたかひこのみこと》と「太陽の道」

さてここで、阿遅須枳高日子命《あぢすきたかひこのみこと》にまつわる場所の位置関係を図上で整理したい。（【図33】）

『出雲国風土記』の中の記載で高椅《たかはし》を建てたという神門郡の出雲国神門郡高岸の郷は、現在の島根県出雲市塩冶町高西や今市町付近とみられている。かつてはこの西側には神門水海《かむどのみずうみ》と呼ばれる広大な潟湖が広がっていた。現在、斐伊川から別れて日本海に流れ込む神戸川や神西湖がわずかにその名残を残している。高岸の郷の真東には出雲郡の神名火山《かんなびやま》である仏経山を望むことができるが、これをさらに真東に行った所に須佐之男命が宮を築いた須賀の地が位置している。

須賀周辺は和奈佐の翁《おきな》が持ち運んだ水の信仰を伝える場所であり、さらにそのはるか真東に丹波道主王《たにはのみちぬしのおう》の居城があった但馬の養父《やぶ》がある。しかも、この東西ラインをさらに真東に向かった所に阿遅須枳高日子命《あぢすきたかひこのみこと》が喪屋《もや》を斬り飛ばした場所である美濃国の喪山《もやま》の伝説地があるのだ。それが、岐阜県垂井町にある喪山《もやま》古墳で、美濃国一宮の南宮大社の約1.5㎞北に位置している。

すでに少しだけ触れたように、須賀—氷ノ山《ひょうのせん》—養父《やぶ》へとつながる東西ラインを真東にたどっていくと、日本最大の霊峰である富士山に至る。この東西ラインを緯度表示で表すと、北緯35度21分の東西ラインということになるが、ここで登場した高岸の郷の高椅《たかはし》も神名火山《かんなびやま》の仏経山も美濃国一宮の南宮大社も全てこの同緯度上に位置している。神話の上では阿遅須枳高日子命《あぢすきたかひこのみこと》自身もこの東西ラインである「太陽の道」に関与しているという言い方ができる。

また、出雲神門郡の高岸の郷に建てられたという高椅《たかはし》に昇って西方に広がる日本海を眺めた時、冬至の日の太陽は、阿遅須枳高日子命《あぢすきたかひこのみこと》の母である多紀理比売《たぎりひめ》が祀られている沖ノ島の方向へと沈んでいくのである。こうしたことからもわかるように、大国主命が物言わぬ皇子である阿遅須《あぢす》枳高日子命《きたかひこのみこと》のために建てた高椅《たかはし》は、無作為にそこに建てられたわけではない。『出雲国風土記』には、「高椅《たかはし》を建てて登り降らせて、養《ひた》し奉《まつ》りき」と記されているが、阿遅須枳高日子命《あぢすきたかひこのみこと》をその高椅《たかはし》に昇らせ、真東に見える神名火山《かんなびやま》の仏経山から昇る春分・秋分の朝日や、母の住む沖ノ島の方向へと沈む冬至の夕日といった特別な太陽の光を浴びさせて、「養《ひた》す」即ち「日足す」ことを目的としていたに違いない。特別な太陽の光を浴びさせることが、子供の成長や障害の克服に結びつくと考えられていた。

本牟智和気《ほむちわけ》命が、大和の三輪山山麓→紀伊国→出雲へという経路をたどったのも、それが冬至の日没方向→夏至の日没方向という特別な「太陽の道」であり、その太陽の光を体に受けて自らの障害を打ち破っていくための道行きでもあったのだ。『古事記』垂仁《すいにん》天皇条の沙本毗売《さほびめ》の悲劇を伝える物語の中で、垂仁《すいにん》天皇が、「いかにして日足《ひた》しまつらむ（どのようにして養育すれば良いのか）」と本牟智和気《ほむちわけ》命の養育方法を尋ねる場面があるが、『出雲国風土記』の阿遅須枳高日子《あぢすきたかひこの》命《みこと》の場合も同じく、「高椅《たかはし》を建てて登り降らせて、養《ひた》し奉《まつ》りき」と書かれている。両者の間には太陽信仰に基づく共通した「養《ひた》し＝日足《ひた》し」の概念が流れている。

阿遅須枳高日子命《あぢすきたかひこのみこと》と水の信仰

また、『出雲国風土記』仁多郡の三津の郷に伝わる、阿遅須枳高日子命《あぢすきたかひこのみこと》の神話には、和奈佐の翁《おきな》や八乎止女《やおとめ》が伝える「丹波国の比治の真奈井」との関連性も秘められている。折口信夫は『水の女』の中で、『出雲国風土記』仁多郡三津の郷の条に関わる内容に触れて、次のように記している。

この条は、この本のあちこちに散らばったあぢすき神の事蹟と、一続きの呪詞的叙事詩であったようだ。おそらく、国造代替りまたは、毎年の禊ぎを行うときに唱えたものであろうと思う。禊ぎの習慣の由来として、みぬまの出現を言う条《くだ》りがあり、実際にもみぬまがはたらいたものと見られる。だが、その詞は、神賀詞《かんがごと》とは別の物で、あぢすき神と禊ぎとの関係を説く呪詞だったのである。（中略）

三津郷の名の由来でも、「三津」にみつまの「みつ」を含み、あるいは三沢にみぬ（沢をぬ・ぬまと訓じたと見て）の義があったものと見る方がよいかも知れない。

（傍線筆者記入）

少しわかりにくい部分があるかも知れないが、折口信夫はここで、阿遅須枳高日子命《あぢすきたかひこのみこと》と禊ぎの間に深い関係があると言っている。この後さらに同書の中で、「みぬま」、「みつ」は共に同じ語であって、宗像三女神を斎き祀った筑後国三潴《みぬま》郡の水沼《みぬま》氏の「みぬま」も、『出雲国風土記』に現れる仁多郡の三津《みつ》である「みつ」も、その根源では同じ「みぬま神」を祀っていると折口は言っている。

『日本書紀』神代紀一書〔第三〕には宗像三女神は筑紫の水沼君《みぬま》らが斎き祀る神であると記されている。水沼《みぬま》君は筑紫の豪族で、筑後国三潴《みぬま》郡に本拠地があったと見られている。折口信夫はその宗像三女神を斎き祀る筑紫の水沼（みぬま）と、出雲国仁多郡の三津（みつ）がつながっていると語っているわけである。また、仁多郡の三津《みつ》郷に阿遅須枳高日子命《あぢすきたかひこのみこと》を祀る三澤神社があるが、この三澤（三沢）も「みぬま」だろうと折口は述べていて、「丹波国の比治の真奈井」の「比治《ひじ》」も本来は「比沼《ひぬま》」から来ており、「ひぬま」もまた、「みぬま」と同義語であるという。

仁多郡の三津《みつ》郷の禊ぎの水を見つけ出した阿遅須枳高日子命《あぢすきたかひこのみこと》は、宗像三女神の一人である多《た》紀理比売《ぎりひめ》の子神である。宗像三女神を斎き祀ったのは筑後国三潴《みぬま》郡の水沼《みぬま》氏であり、多紀理比売《たぎりひめ》―阿遅須枳高日子命《あぢすきたかひこのみこと》という系譜には「みぬま神」に関わる水の信仰が付きまとっている。しかも多紀理比売《たぎりひめ》が祀られている沖ノ島と阿遅須枳高日子命《あぢすきたかひこのみこと》が昇り降りした出雲の高椅《たかはし》は冬至の日没↑↓夏至の日の出の位置関係にある。

この「みぬま神」と同じ水の信仰を持ち歩いていたのが、丹波の和奈佐の翁《おきな》や八乎止女《やおとめ》たちだった。彼らは水の信仰を持ち歩きながら、丹波と出雲という東西ラインを太陽に導かれるようにして移動していった。禊ぎの水に関わる出雲の阿遅須枳高日子命《あぢすきたかひこのみこと》もまた、神門郡高岸郷の高椅《たかはし》に昇り、その真東の美濃国の喪山《もやま》へと喪屋を斬り飛ばし、和奈佐の翁らと同じ北緯35度21分の東西ラインを移動していくのである。「みぬま」や「ひぬま」にまつわる水の信仰もまた、太陽信仰と大いに関連がある。

この丹波と出雲の地理的な位置関係は、いわば「朝日の日向かう処《ところ》、夕日の日隠《ひがく》る処《ところ》」の関係にあると言ってもよい。上田正昭氏は『古代日本の輝き』の中で、丹波は、『大宝令』以前の表記では、「旦波」であり、「旦」には「よあけ」、「あけがた」、「あかつき」の意味があり、『古事記』などに「旦波」と記されたのには、それなりの理由があったのではないか、と語っている。出雲の仏経山や、その東に位置する大山の山頂から東を望む時、文字通り、「旦波（丹波）」は夜明けの方向である真東に位置し、そちらの方向から太陽が昇ってくる。古代の人々が、丹波の地名表記にあえて「旦（よあけ、あけがた、あかつき）」の文字を用いた理由は、この出雲の方角から見た日の出の風景の中に隠されている。

6　スサノオの鉄剣

泣きわめく皇子

『出雲国風土記』仁多郡三津郷の条に、阿遅須枳高日子命《あぢすきたかひこのみこと》は「御須髪八握《みひげやつか》に生《お》ふるまで、昼夜哭《な》き坐《ま》して、辞通《ことかよ》はざりき」と記され、本牟智和気《ほむちわけ》命も『古事記』垂仁天皇条に、「八拳鬚心前《やつかひげむなさき》に至るまでに真事《まこと》とはず」と記されている。どちらも鬚が胸先まで長くのびるような大人になってからも言葉を喋《しゃべ》ることができなかった様子が、非常によく似た表現で書き残されている。しかも、本牟智和気《ほむちわけ》命の父である垂仁《すいにん》天皇は、夢の中で息子の障害を直すために大国主命の声を聞いたが、その大国主命はもう一人の物言わぬ皇子である阿遅須枳高日子命《あぢすきたかひこのみこと》の父神だった。二人の物言わぬ皇子の伝承の背後には、二組の父子の物語が不思議な関係で糸を引き合いながら絡み合っている。

その二人の物言わぬ皇子の他に、もう一人、同じような言葉を用いて生い立ちを語られている神がいる。それが、須佐之男命である。『古事記』には須佐之男命の誕生を伝えた後、次のような記述がある。

速須佐の男の命、依さしたまへる国を知らさずて、八拳須心前《やつかひげむなさき》に至るまで、啼《な》きいさちき。

その泣く状《さま》は、青山は枯山なす泣きからし河海《がわうみ》は悉《ことごと》に泣き乾《ほ》しき。伊弉諾尊《いざなぎのみこと》が伊弉冉尊《いざなみのみこと》の住む黄泉の国から逃れ帰って来る途中、禊をした後に生まれたのが、天照大神と月読命と須佐之男命の三兄弟だった。須佐之男命は伊弉諾尊《いざなぎのみこと》に海原を治めるように申し付けられたが、その命令を聞くこともなく、鬚が胸先まで長くのびるような大人になっても泣きわめいていたと記され、その泣きわめく様子は山々が枯れ果て、海河が泣き干すようだったという。

須佐之男命は物言わぬ皇子ではなかったけれども、阿遅須枳高日子命《あぢすきたかひこのみこと》と同じく、「八拳須心前《やつかひげむなさき》に至るまで、啼《な》き」続けていた。その須佐之男命が高天原を追放されて妣《はは》の国に向かう途中、出雲に天降り、八岐大蛇《やまたのおろち》を退治して須賀に宮を築いた。その場所は大国主命が息子の阿遅須枳高《あぢすきたか》日子命《ひこのみこと》のために高椅《たかはし》を建てた所の真東にあたる地点であり、和奈佐の翁たちの出雲での拠点でもあった。

また、もう一人の物言わぬ皇子である本牟智和気命《ほむちわけ》は、紀伊・和歌山を経て出雲に向かった。その道は、大国主命が須佐之男命の住む根の堅洲国《かたすくに》から逃げ帰った熊野・花の窟《いわや》―紀伊・和歌山市―鳥髪山―出雲大社という冬至日の出↔夏至日没の「太陽の道」とも重なり合っていた。須佐之男命、阿遅須枳高日子命《あぢすきたかひこのみこと》、本牟智和気命《ほむちわけ》という三人の皇子たちもまた同じような「太陽の道」を歩き、お互いに接点を持っているのである。

韓鋤剣《からさひのつるぎ》の奉納地

さらにこの三人の皇子たちに共通するのが、鉄剣をはじめとした金属器に関わる性質である。本牟智和気《ほむちわけ》命については、すでに天湯河板挙《あめのゆかわたな》や鳥取氏との関連の中で、金属精錬との関係性があることを説明した。本牟智和気《ほむちわけ》命に関わる白鳥を追い求めた天湯河板挙《あめのゆかわたな》は、金属精錬と深い由縁を持つ鳥取氏の祖だった。垂仁《すいにん》天皇の息子の印色入日子命《いにしきいりひこのみこと》は、この鳥取氏がいた和泉国の「鳥取の河上宮」で太刀一千振を作り、石上神宮に奉納している。

また、阿遅須枳高日子命《あぢすきたかひこのみこと》に関しては、その名前が鉄器から付けられている。阿遅須枳高日子《あぢすきたかひこの》命《みこと》の「アジ」は美称であり、「スキ」は「鉏《すき》（鋤）」を指すとされていて、鉄器を人格化した名称であると言われているのである。阿遅須枳高日子命《あぢすきたかひこのみこと》が天若日子《あまのわかひこ》と間違われた時に、喪屋《もや》を斬り払った太刀の名前を大量《おおはかり》（大葉刈《おおはがり》）というと『古事記』や『日本書紀』に記されているように、阿遅須枳高日子命《あぢすきたかひこのみこと》は大きな太刀を身につけていた。その大きな太刀もまた、阿遅須枳高日子命《あぢすきたかひこのみこと》と鉄器との関係を象徴している。

須佐之男命も櫛名田比売《くしなだひめ》を助けるために、身につけていた十拳《とつか》の剣で八岐大蛇《やまたのおろち》を斬った。この太刀は、韓鋤剣《からさひのつるぎ》や蛇の麁正《あらまさ》、天蠅斫剣《あまのははきりのつるぎ》などの別名を持っているが、ここに韓鋤《からさひ》の名があるように、大陸から伝えられた鉄剣だったとみられている。この鉄剣に関しては、『日本書紀』一書〔第二〕には石上に奉斎してあると記され、『日本書紀』一書〔第三〕には吉備の神部のところにあると記されている。ここに登場する石上や吉備の神部とは、『延喜式』神名帳に載る備前国赤坂郡の式内社である石上布都魂《いそのかみふつみたま》神社を指すものとみられている。
石上布都魂《いそのかみふつみたま》神社は、現在は須佐之男命を祭神として祀っているが、明治時代初期までは太刀そのものである布都御魂を祭神としていた。韓鋤剣《からさひのつるぎ》が奉納されていたとされる石上布都魂《いそのかみふつみたま》神社の場所が、先に述べた熊野・花の窟《いわや》―紀伊・和歌山市―鳥髪山―出雲大社へとつながる冬至日の出⇅夏至日没の太陽の道の上にほぼ位置している。石上布都魂《いそのかみふつみたま》神社は、須佐之男命が出雲に最初に天降った場所である鳥髪山からは80㎞余り東南東方向に向かった岡山県赤磐市石上にある。（【図31】）

石上神宮と韓鋤剣《からさひのつるぎ》

石上布都魂《いそのかみふつみたま》神社に奉納してあったと『日本書紀』一書に伝える韓鋤剣《からさひのつるぎ》は、その後、大和の石上神宮に移されている。太刀が移された時期については諸説あり、江戸時代の岡山藩士、大沢惟貞が記した『吉備温故秘録』では、その時期を崇神《すじん》天皇の時代とし、その時に備前国赤坂郡の石上布都魂《いそのかみふつみたま》神社を大和国山辺郡の現在の石上神宮の場所に遷宮したと記している。また、『新撰姓氏録』には、仁徳天皇の時代に市川臣を神主と為して、石上布都魂《いそのかみふつみたま》神社のもとに祀られていた布都御魂を大和の石上神宮の高庭の地に遷したとある。

また、『日本書紀』垂仁《すいにん》天皇二十六年条には、物部十千根大連《もののべのとおちねのおおむらじ》を出雲に遣わせ、出雲にある神宝を調査させて報告させたとあり、後に、『日本書紀』垂仁《すいにん》天皇八十七年条によれば、物部《もののべ》十千根大連《とおちねのおおむらじ》が石上神宮の神宝を管理することになったことが記されている。本居宣長は、この時期に布都御魂である須佐之男命の霊剣が他の神宝と共に大和の石上《いそのかみ》神宮に移されたのではないかという見方をしている。

大和国山辺郡の石上《いそのかみ》神宮は、『延喜式』神名帳に名神大社として記載され、『古事記』や『日本書紀』に、印色入日子命《いにしきいりひこのみこと》が「鳥取の河上宮」で作った太刀一千振を奉納したと記される神社である。この場所は広瀬大社からはほぼ真東方向にあり、「朝日の日向かう処《ところ》、夕日の日隠《ひがく》る処《ところ》」にある龍田大社に至る東西の「太陽の道」上に祀られている。崇神《すじん》天皇や垂仁《すいにん》天皇の時代に造られたとみられる水分《みくまり》神社や灌漑用の人造池もこのラインに沿って配置されている。また、山を越えた真東には「日の出」の地である都祁《つげ》があり、さらに真東方向に向かった伊勢の海沿いには、荒ぶる神がいた阿耶訶《あざか》が位置していた。

阿耶訶《あざか》には「宇迦之日古《うかのひこ》」の子の吉志比女《よしひめ》と吉彦がいたと『倭姫命世記《やまとひめのみことせいき》』に記されているが、「宇迦之日古《うかのひこ》」とは「ウカ（蛇）」の「ヒコ（日子）」であり、そこは龍蛇神が棲む所でもあった。また、都祁《つげ》や室生、名張周辺には龍蛇神を祀る九頭神社や葛神社や国津神社などが各所に残っている。広瀬大社が建っている場所にはもともと水足池《みずたるいけ》という池があり、そこには龍神が棲んでいた。さらに、備前国の石上布都魂《いそのかみふつみたま》神社から韓鋤剣《からさひのつるぎ》を勧請したという石上神宮の境内にも摂社として出雲建雄神社が祀られているが、その祭神である出雲建雄命は水神であり、蛇神でもあったと言われている。伊勢と大和を結ぶこの古代の「太陽の道」には、龍蛇神を祀る古い信仰が根深く浸透している。

須佐之男命が八岐大蛇《やまたのおろち》を斬り殺した霊剣韓鋤剣《からさひのつるぎ》はそういう場所に移され、奉斎されていたのである。おそらく、この列島各地で太古から信奉されてきた龍蛇神の威力を封じ込めるために、八岐大蛇《やまたのおろち》をも斬り殺す須佐之男命の太刀の霊力が必要とされたのだろう。それは、伊勢の地主神を封じ込めるために打ち込まれた伊勢神宮正殿床下の「心の御柱」の役目と同じである。

古来、大和の石上《いそのかみ》神宮には正殿は設けられていなかったという。そのため、備前国の石上布《いそのかみふ》都魂《つみたま》神社から遷した韓鋤剣《からさひのつるぎ》は、石上《いそのかみ》神宮の境内禁足地の地中に埋納されていた。後世になって、その霊剣の存在自体が不明になっていたが、明治七年になって境内の発掘を行い、神剣と勾玉を発見したという。これと同じように、伊勢神宮内宮の「瀧祭神《たきまつりのかみ》」の地中には、伊弉諾尊《いざなぎのみこと》と伊弉冉尊《いざなみのみこと》が国生みをした時に用いたといわれる天の瓊矛《ぬぼこ》（沼矛）が埋められているという伝説がある。「瀧祭神《たきまつりのかみ》」とは龍蛇神のことであり、伊勢神宮内宮の「瀧祭神《たきまつりのかみ》」の地底には龍宮があると言われてきた。その龍蛇神を鎮め、封じ込めるために天の瓊矛《ぬぼこ》を埋め、祭祀を欠かさず行ってきた。まさにそれと同様に、霊剣を地中に埋め、地主神である龍蛇神を鎮めるための祭祀が石上神宮でも行われてきたのである。

須佐之男命の鉄剣は最初、鳥髪山から冬至日の出方向にあたる備前国赤石上布都魂《いそのかみふつみたま》神社に祀られていたが、この方位軸を逆にたどった夏至の日没方向の果てに出雲大社が位置している。そこからさらにその方向軸をたどって海際へと向かった所には日御碕《ひのみさき》神社が祀られているが、そこの神官である小野氏の祖先は八岐大蛇《やまたのおろち》から出てきた草薙《くさなぎ》の剣を天照大神に献上した天葺根命《あめのふきねのみこと》であると伝えられている。このように、須佐之男命の神話に関わる場所が紀伊・熊野と出雲を結ぶ「太陽の道」の上に実に数多く重なっているのである。

なお、日御碕《ひのみさき》神社には上の社と下の社の二社があり、上の社には須佐之男命が、下の社には天照大神が祭神として祀られている。下の社は日沈《ひしずみ》宮とも呼ばれているが、まさにこの地は出雲の中でも最も西側の端に位置し、太陽が日本海へと沈んでいくのを望む所にある。この出雲の最も端の太陽を見送る場所に、天照大神と須佐之男命という姉弟神が一緒に祀られているというのも、非常に象徴的なことであるように思われる。

7　三貴神の誕生

『出雲国風土記』の中の須佐之男命

須佐之男命という名前については、その由来を「須佐」の男という意味から生じたとする考えがある。「須佐」とは地名で、『出雲国風土記』飯石郡に現れる須佐の郷のことを指す。そこには次のように記されている。

神須佐能袁命《すさのお》は、「この国は小さい国だが、国として良いところだ。だから、私の名前をわざわざ木や石に付けることはない」と言われ、自分の御魂をそこに鎮め置かれた。そして、大須佐田、小須佐田を定められた。その故あって、須佐と言う。

須佐之男命は出雲国飯石郡の須佐の地を褒め、そこに自らの御魂を鎮め置いた。その場所は現在の島根県出雲市佐田町須佐にあたり、須佐之男命を祭神として祀る須佐神社がある。須佐神社は『延喜式』神名帳に載る式内社で、代々、須佐氏が神職を務めている。

『出雲国風土記』はその他、意宇郡安来郷や大原郡佐世郷や御室山などの項で須佐之男命に関する経歴を伝え、また須佐之男命の子神についての動向を意宇郡、島根郡、秋鹿郡、神門郡などで記している。しかし、『出雲国風土記』に頻繁に登場する大国主命（大穴持命、天の下所造らしし大神）や、国引きを行った八束水臣津野命《やつかみずおみつののみこと》らの活躍ぶりに比べると、『出雲国風土記』における須佐之男命の存在感はきわめて乏しい。

特に、『古事記』や『日本書紀』が出雲神話の冒頭に大々的に報じている八岐大蛇《やまたのおろち》退治の話については、『出雲国風土記』には一切触れた気配がない。唯一、『出雲国風土記』意宇郡母理郷の項に、大国主命が「越の八口を平定して帰ってくる時に」という記述があるが、「越の八口」とは越国の地名と見られており、「高志の八岐大蛇《やまたのおろち》」が描かれているわけではない。また、「越の八口」を平定したのも大国主命であり、須佐之男命ではない。

さらに、八岐大蛇《やまたのおろち》退治の舞台となった鳥髪山についても、『出雲国風土記』仁多郡の山野・河川の条に、

鳥上山。郡家の東南三十五里。伯耆と出雲との堺なり。塩味葛《えびかづら》有り。

と素っ気なく記されるだけで、須佐之男命や八岐大蛇《やまたのおろち》に関する記載がないどころか、単なる国の境にある一峰という事務的な扱いしか受けていない。

また、『古事記』や『日本書紀』において、須佐之男命が八岐大蛇《やまたのおろち》を退治した後、出雲各地を歩き回った末に須賀の地にたどり着き、「ここは自分の心が清々しくなる所だ」と言って、そこに宮を築いた須賀についても、『出雲国風土記』には特に改めて取り上げられることはなく、唯一、須我の社の名前が載るだけである。ただし、『出雲国風土記』意宇郡安来郷の項に、これとよく似た記載があり、国々を巡っていた須佐之男命が安来郷に来た時に、「私の御心は安平《やす》けくなった」

と語ったので、その地を安来と言うようになったと記されている。

その他、先に述べた須佐郷や安来郷以外で須佐之男命自身について記されている内容としては、大原郡佐世郷の地名の由来に関して、須佐之男命が頭に挿して踊った佐世の木の葉が地面に落ちたのでそこを佐世と言うとか、須佐之男命が大原郡の御室山に御室を作って宿ったという、たわいもない事柄が伝えられる程度である。

このように、『出雲国風土記』だけを読む限り、須佐之男命は出雲国飯石郡須佐郷という小さな集落に祀られていた地元の神様という風情しか見えてこないのである。『古事記』や『日本書紀』に登場する須佐之男命と、『出雲国風土記』に現れる須佐之男命とのこの大きな差はいったい何なのだろうか。ここでもう一度、『古事記』や『日本書紀』の中で語られている須佐之男命の誕生の様子を振り返ってみることにしたい。

三貴神の誕生

『古事記』によれば、「筑紫の日向の橘の小門《おど》の阿波岐原《あわきはら》」で禊ぎを行った伊弉諾尊《いざなぎのみこと》は、綿津見三神や筒男《つつのお》三神を始《はじ》めとした様々な神を生んだ後、最後に、天照大神《あまてらすおおみかみ》と月読命《つくよみのみこと》と須佐之男命を生んでいる。その時、自分の左目を洗った際に太陽神である天照大神《あまてらすおおみかみ》が、右目を洗った際に月神である月読命《つくよみのみこと》が、鼻を洗った際に須佐之男命が生まれたという。また、『日本書紀』一書〔第一〕では、左手で白銅鏡を持った時に天照大神《あまてらすおおみかみ》（大日孁貴《おおひるめのむち》）が生まれ、右手に白銅鏡を持った時に月読命《つくよみのみこと》が生まれ、首を廻した時に須佐之男命が生まれたとも記されている。この三神は貴い神々として特別視され、三貴子とも三貴神とも称された。

この三貴神が祭祀され、活躍する場所はほぼ確定している。天照大神《あまてらすおおみかみ》は、倭姫命《やまとひめのみこと》が近江や美濃を巡り、伊勢に到った時に、「この神風の伊勢の国は常世《とこよ》の浪がいくたびも打ち寄せてくるすばらしい国なので、この国にいたい」という神託を発したために、伊勢に祀られることになった。そこはまさに富士山から昇る夏至の朝日を望む場所であり、太陽神である天照大神を祀る場所としてふさわしいところだった。

月読命《つくよみのみこと》は山城国葛野郡の桂の里に天降ったと『山城国風土記』逸文に記され、京都の松尾大社摂社の葛野坐月読神社《かどのにますつきよみ》がその場所であると伝えられている。ところが、長崎県の壱岐島にある月読神社には、そこが山城国の葛野坐月読神社《かどのにますつきよみ》の本社であり、全国の月読神社の元宮でもあるという伝えが残っている。月読命《つくよみのみこと》が神話の中で活躍する場面は少ないが、夜を治める神として、元々、この列島の一番西端の日が沈む所に祀られていた可能性は高い。

そして、須佐之男命は妣《はは》の国である根の堅洲国《かたすくに》に行きたいと泣きわめき、出雲へと天降ることになった。伊弉諾尊《いざなぎのみこと》が禊ぎをした「筑紫の日向の橘の小門《おど》の阿波岐原《あわきはら》」の場所を、その伝承地の一つである宮崎市北部の阿波岐原の沖合付近に想定すると、伊勢、壱岐島、出雲のそれぞれの方角が夏至日の出方位、夏至の日没方位、真北方位にあたっている。（【図34】）

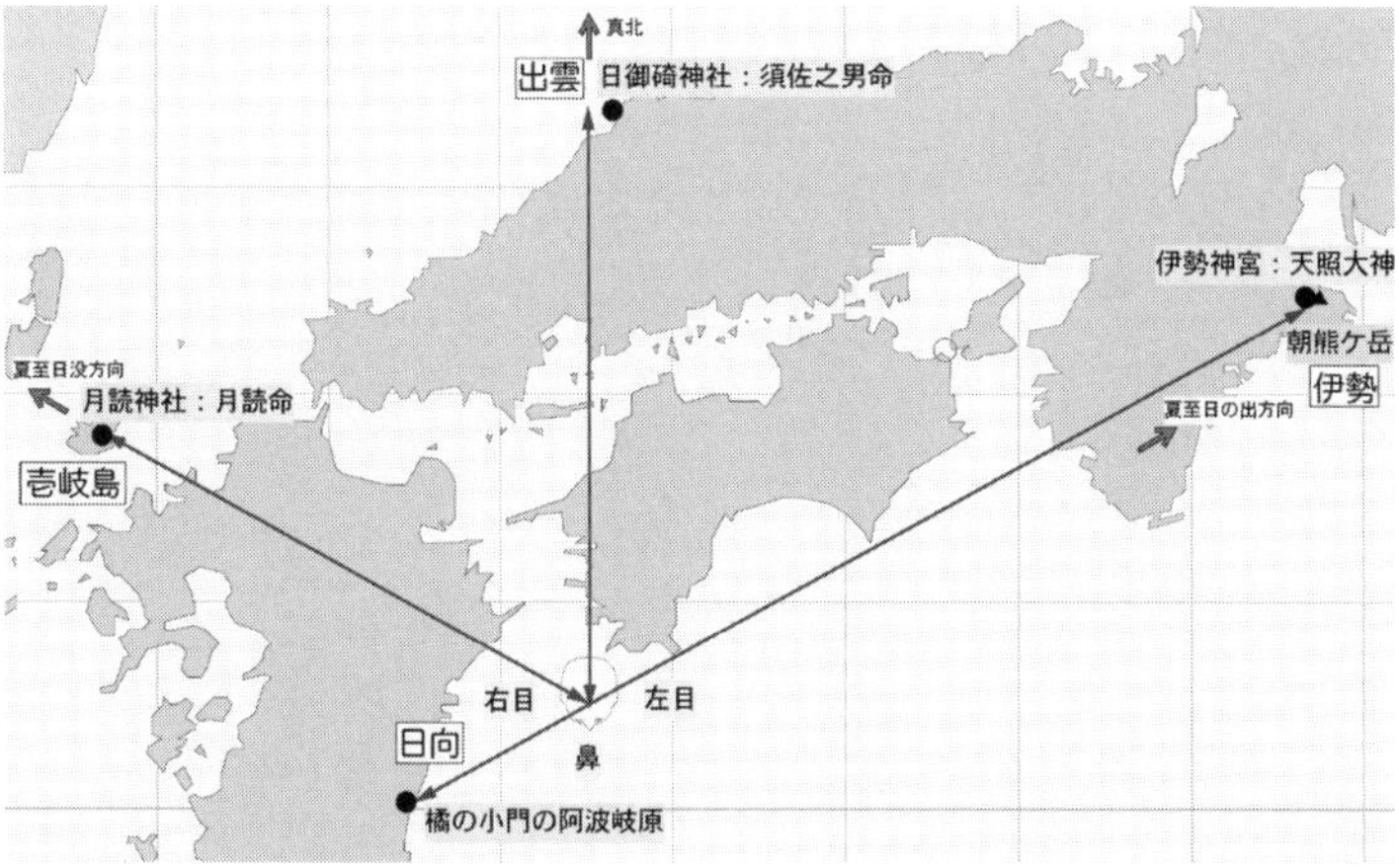

【図 34】　三貴神の誕生　伊弉諾尊が禊ぎをした「筑紫の日向の橘の小門の阿波岐原」の場所をその伝承地の一つである宮崎市北部の阿波岐原の沖合付近に想定すると、天照大神を祀る伊勢はその夏至の日の出方向に、月読命を祀る壱岐島は夏至の日没方向に、須佐之男命が天降った出雲は真北方向に位置している。

三貴神の支配世界

三貴神が治めた世界については、『古事記』には、天照大神《あまてらすおおみかみ》は高天原を、月読命《つくよみのみこと》は夜の世界を、須佐之男命は海原を治めるように命じられたとあるが、『日本書紀』一書〔第六〕では、須佐之男命ではなく月読命《つくよみのみこと》が海原を治めると記している。また『日本書紀』一書〔第一〕には次のような記載がある。

> 天照大神（大日孁貴《おおひるめのむち》）と月読命《つくよみのみこと》は双方とも性質が明るく麗しいので、天地を照らし治めよ。須佐之男命は損ない壊すことを好む性質なので、下に降って根の国を治めよ。

『日本書紀』一書〔第二〕でも、須佐之男命は根の国を治めるように命じられている。須佐之男命が治めるように命じられた根の国とは、地中や海中の闇の世界であり、天照大神と月読命《つくよみのみこと》が治めた地上や天空の世界とは反転した世界である。須佐之男命が妣《はは》の国を求めて行き着いた根の堅洲国《かたすくに》と同様の世界であると言っても良いと思う。

そのイメージを【図35】に表現してみた。この図は、八十神たちに追われた大国主命が、出雲から紀伊国の大屋比古神《おおやびこのかみ》がいた和歌山市秋月に渡り、さらに須佐之男命のいる根の堅洲国《かたすくに》へと逃げていったとされる出雲―紀伊・和歌山市―熊野・花の窟《いわや》―根の堅洲国《かたすくに》という夏至日没⇅冬至の日の出ラインで日本列島を切断した断面図である。図の左側が出雲で、その最も端に出雲大社や日御碕神社が位置し、夏至の太陽が日本海の向こう側に沈んでいく。その太陽は再び図の右側に位置する紀伊熊野の太平洋上から冬至の朝日として昇ってくる。その海際の地が伊弉冉尊《いざなみのみこと》の葬地とされる熊野有馬村の花の窟《いわや》である。

このように図面化してみると、須佐之男命が治めたといわれる根の国や、妣の国を求めて行き着いた根の堅洲国がイメージしやすいと思う。太陽が沈む出雲の先の日本海の向こう側や、太陽が昇る熊野の先の太平洋の向こう側も共に、地中・海中の根の国であって、そこは黄泉の国のように暗闇の世界ではあるけれども、同時に太陽が昇ってくる常世の国に至る所でもあったわけだ。

民俗学者の柳田國男は神話に登場する根の国に対して、沖縄のニライカナイのような生と死を併せ持った世界をイメージしていたというが、それはまさしく、この図にあるような地中・海中の世界だったと思われる。ニライカナイとは水平線のはるか彼方の常世の国に至る世界で、「ニライ」の「ニ」は根の国の「根」に相当するとも言われる。生者の魂がこの世に訪れ、再び去っ

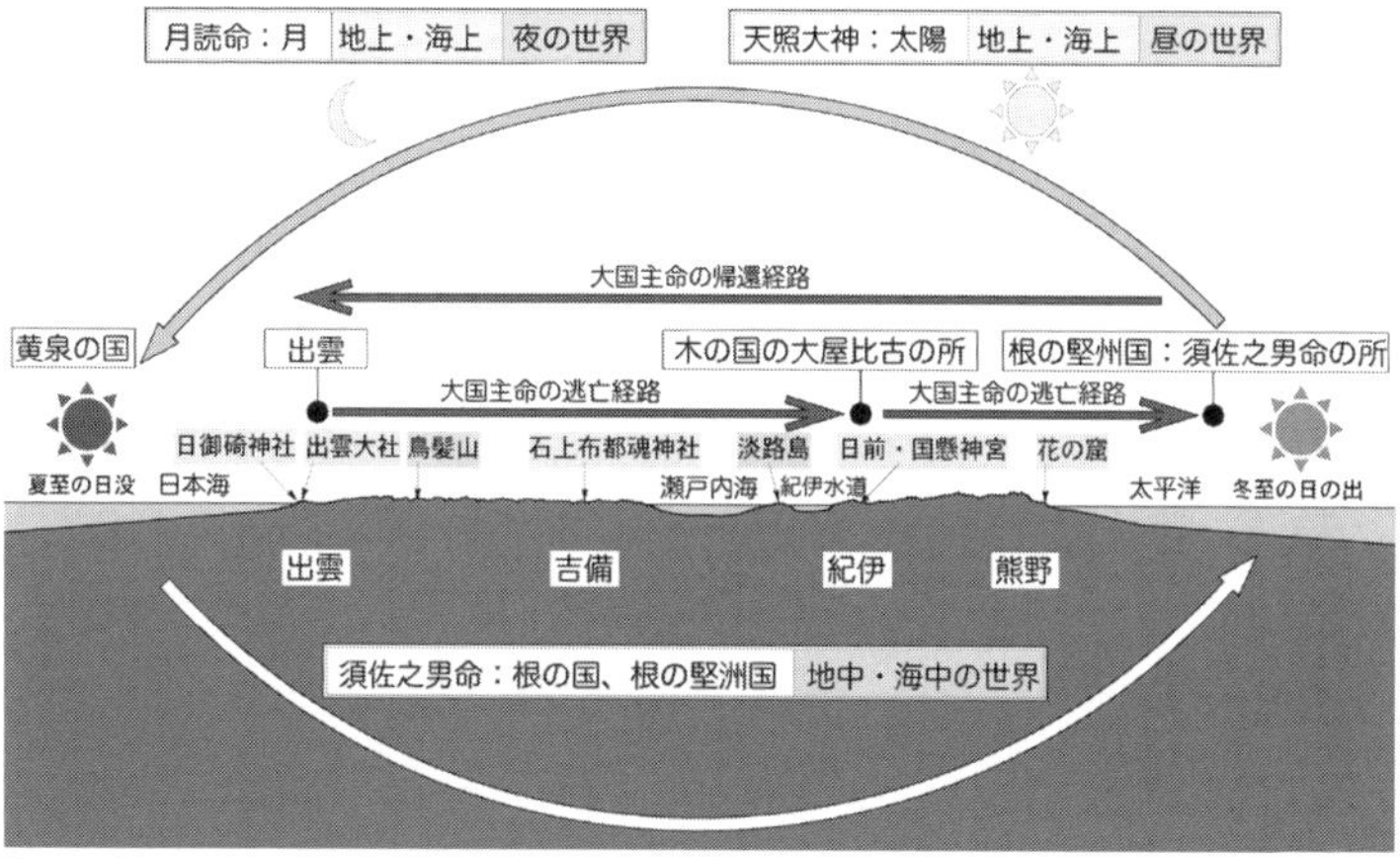

【図 35】　三貴神の支配構造　この図は【図 31】の出雲－紀伊・和歌山市－熊野・花の窟－根の堅洲国という夏至日没－冬至の日の出ラインで日本列島を切断した断面図である。図の左側が出雲大社や日御碕神社がある出雲で、その日本海の沖に夏至の夕日が沈んでいく。太陽は再び図の右側に位置する紀伊熊野の太平洋上から冬至の朝日として昇ってくるが、その海際に伊弉冉尊の葬地とされる熊野有馬村の花の窟が位置する。天照大神は太陽が照り輝く地上・海上の昼間の世界を支配し、月読命は太陽が沈んだ後の夜の地上・海上の世界を治め、出雲に天降った須佐之男命は地中・海中の暗闇の世界である根の国を治めた。

ていくように、来訪神はニライカナイからやって来て、再びニライカナイへと帰っていくと信じられていた。

　その来訪神であるマレビトの役目を須佐之男命が担ったのだろう。時と共に移ろいゆく時空間の中で、太陽が照り輝く地上・海上の世界を天照大神が支配し、太陽が沈んだ後の夜の地上・海上の世界を月読命《つくよみのみこと》が治めた。そして、マレビトとして出雲に天降った須佐之男命は、地中・海中の暗闇の世界である根の国への道筋を固め、そこを治めたのである。

　この三貴神が全て揃うことによって初めて、世界の全ての時空間が支配できたのである。天照大神、月読命《つくよみのみこと》、須佐之男命のうちのどの神が欠けても支配する世界の時空間に穴が空いてしまう。全ての隙を漏らさず支配していくことが、大和王権にとって重大な問題だったのだ。しかし、それにしてもこの三貴神による支配の構造はあまりに完璧であり、作為に満ちた感じが否めない。おそらく、そこには大和王権による隠された意図が含まれている。

——月読命《つくよみのみこと》や須佐之男命は天照大神と同様に、大和王権によって新たに王権側の象徴として作り上げられた神だったのではないか。

彼らは元々、壱岐島や出雲で祀られていた一地方神であったのかもしれないが、大和王権はこれらの神々を国家的な神として持ち上げ、クローズアップしていった。その方法として、『古事記』や『日本書紀』に伝えられるような神話が創作され、その中で英雄化された神々は祭神として社に祀られ、偶像化されていったのだろう。

太陽神である天照大神は、皇祖神として太陽の昇る国、伊勢に祀られ、月神である月読命《つくよみのみこと》は太陽の沈む所である西海の壱岐島に祀られた。そして、荒ぶる気性を兼ね備えた須佐之男命には、太古から列島各地で祀られてきた龍蛇神を葬り去るという役目が与えられ、出雲に天降ることになった。

その神話の構造については次章でさらに詳しく検証してみたい。

第四章

神話の構造

1　八岐大蛇《やまたのおろち》の正体

伊勢と出雲

伊勢は、「常世《とこよ》の浪がいくたびも打ち寄せてくるすばらしい国」であるとされ、そこに天照大神が祀られた。伊勢の二見浦《ふたみがうら》や朝熊ヶ岳《あさまがたけ》からは、直接富士山を眺めることができ、夏至の頃の早朝にはその富士山から太陽が昇るのを望むことができる。その特別な太陽は伊勢の興玉《おきたま》として猿田彦命に重ね合わされてきたが、天照大神は猿田彦命と「幽《かく》れたる契《ちぎ》り」を交わすことで、伊勢の太陽神の座を手に入れた。

猿田彦命は、天照大神の孫である邇邇芸命《ににぎのみこと》を導いて、日向の高千穂峯に天降らせた。猿田彦命はその時、「御前《みさき》に立ちて仕えた」と『古事記』に記されているが、その「御前《みさき》（御崎）」を伊勢から冬至の日没方向に位置する四国の足摺岬と読み取ると、その真西に邇邇芸命《ににぎのみこと》が降臨して宮を築いた高千穂があり、冬至の日没方向に邇邇芸命《ににぎのみこと》が木乃花咲耶姫《このはなさくやひめ》と結ばれた場所である笠沙岬が位置している。木乃花咲耶姫《このはなさくやひめ》は富士山の神として駿河国や甲斐国の一宮である浅間神社に祀られている。夏至日の出↑↓冬至日没方向に連なる富士山―伊勢―足摺岬―日向―笠沙岬は地理的に一直線につながりあうだけでなく、神話や信仰の中でも強く結びつけられている。

富士山を扇の要として結びつけられるもう一つの特別な「太陽の道」が、富士山と出雲をつなぐ東西軸である。その西端の出雲の神門郡高岸郷には、阿遅須枳高日子命《あぢすきたかひこのみこと》のために高椅《たかはし》が建てられた。その真東には出雲の神奈備山である仏経山がそびえ、さらに真東に向かった所に、出雲に天降った須佐之男命が宮を築いた須賀が位置している。須賀周辺の地は水の信仰を持ち歩いた和奈佐の翁たちの出雲での拠点であり、その真東の但馬の養父《やぶ》には、その信仰を守る八乎止女《やおとめ》たちの父である丹波道主王《たにはのみちぬしのおう》の居城があった。出雲の阿遅須枳高日子命《あぢすきたかひこのみこと》が喪屋《もや》を斬り飛ばした場所という喪山《もやま》もこの「太陽の道」の上の岐阜県垂井町にその伝説地がある。他にも、富士山と出雲を結ぶ北緯35度21分の東西軸上には大山や氷ノ山《ひょうのせん》などの聖山や各地の一宮や古代関などが数多く点在している。

天照大神と須佐之男命という二人の姉弟《してい》は、富士山を扇の要とする二本の「太陽の道」の上に位置する伊勢と出雲という場所に自らの宮を築いている。伊勢と出雲は古代から現代に至るまで、相変わらず、この国きっての聖地であり続けてきた。なぜ、伊勢と出雲が特別視されてきたのかという秘密を解く鍵は、この富士山との方位関係の中に隠されている。

アヅマ・サツマ・イヅモ

富士山を扇の要とする二本の「太陽の道」の関係は、東（アヅマ）と薩摩（サツマ）、東（アヅマ）と出雲（イヅモ）という関係にも置き換えられる。神話に登場する「アヅマ」、「サツマ」、「イヅ

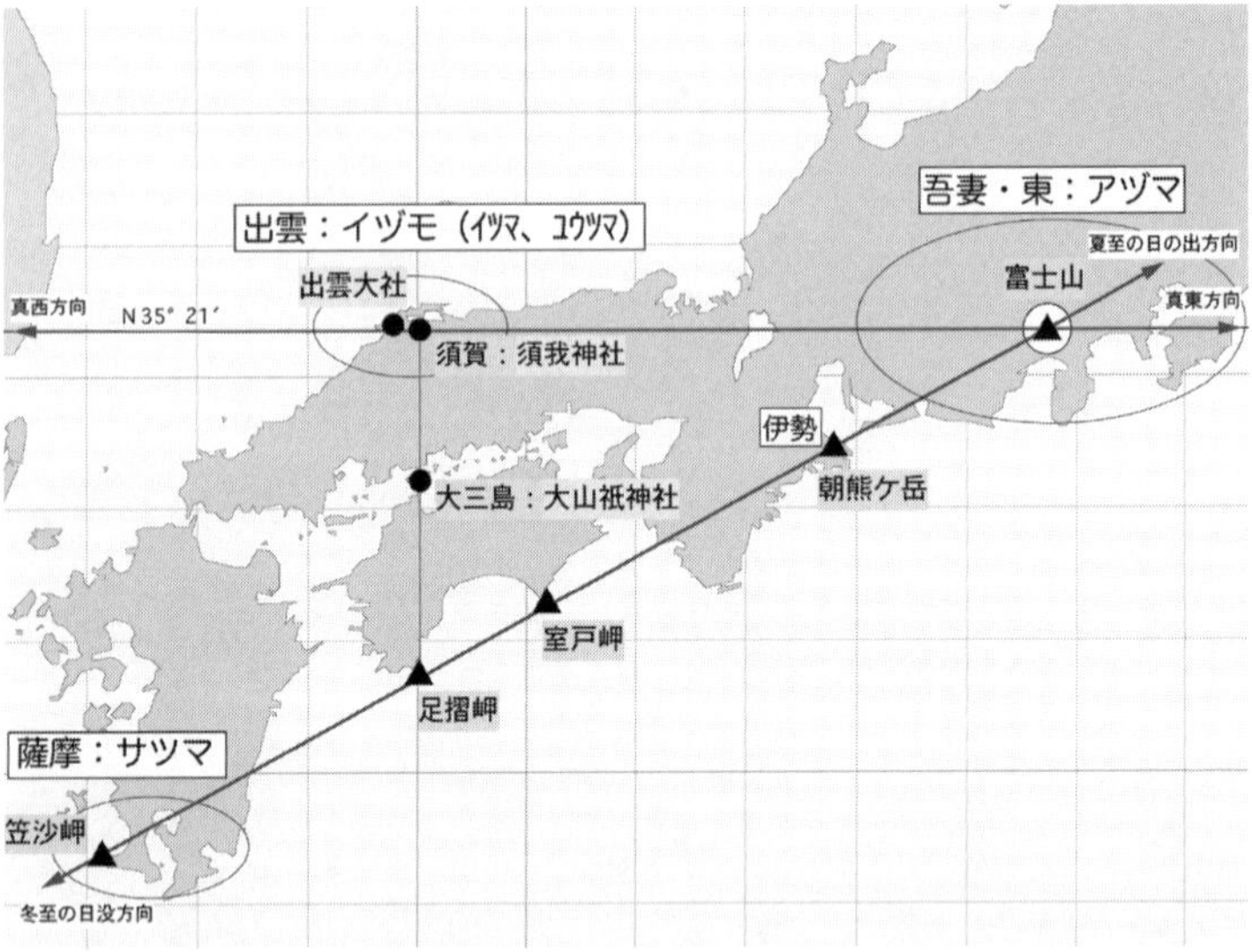

【図36】　サツマ・アヅマ・イヅモ　サツマ・アヅマ・イヅモは共に列島の一番端の地域を示す「ツマ」の土地である。アヅマの中心である富士山を扇の要として、サツマは富士山から冬至の日没方向の端に位置し、イヅモ（イ・ツマ）は富士山の最西端に位置している。伊勢と出雲が特別な聖地とされてきたのは、伊勢が富士山から昇る夏至の朝日を直接望むところに位置し、出雲が富士山から昇る春分・秋分の太陽が沈んでいく西端に位置しているからである。

モ」という言葉の意味について、前著『古事記のコード（暗号）』で次のように図解を交えて説明したことがある。（【図36】）

　西郷信綱氏は『日本の古代語を探る―詩学への道―』の中で、古代の「アヅマ」と「サツマ」の語源について、両者に共通する「ツマ」は着物の褄《つま》や建物の端（切妻造《きりづま》、妻入りなど）を示す妻《つま》や爪先《つまさき》などの、ものの端を意味する言葉であると述べている。おそらく、爪《つま》弾《はじ》きのツマなどもこれにあたる。さらに、「アヅマ」とは東の端の辺境地帯であり、「アヅマは南西のもう一つの辺境の地であるサツマと一対をなす呼称なのである」とその書の中で記している。

また、池田末則氏は『日本地名伝承論』の中で、出雲の語源について、「イヅモのイは接頭語で、ツモはツマで端の意味を持つ」と記し、白鳥庫吉氏も「イヅモ」が「アヅマ（吾妻）」に対する「ユウツマ（夕つ方）」に由来するのではないかという考え方を示している。

これらの先学の「アヅマ」、「サツマ」、「イヅモ」という地名に関する考察を、富士山を扇の要として結びつけられる富士山—伊勢—笠沙岬の道と、富士山—出雲の東西の道にあてはめて見ていくと、「アヅマ」、「サツマ」、「イヅモ」の意味している内容が非常に理解しやすくなる。東の富士山を中心とする「アヅマ」とそれと一対をなす南九州の「サツマ」は、夏至の日の出⇅冬至の日没線の両端に位置する「ツマ」の場所であり、東の富士山を扇の要とする「アヅマ」とその真西の夕日が沈んでいく西端に位置するところがもう一つの「ツマ」の地である「ユウツマ（夕つ方）」であり、「イヅモ（イツマ）」なのである。

古代人《びと》たちは、この列島のはるか遠くを見つめながら、それぞれの土地の名前を呼んでいる。海を隔てて「アヅマ」に向かう地である伊勢もまた、特別な「磯：イソ（イセ）」の地だったのだろう。

伊勢が、この国きっての霊峰である富士山から昇る夏至の朝日を直接拝することのできる「太陽の昇る地」であるのに対し、出雲は富士山から昇った春分・秋分の太陽が西の海に沈んでいく「太陽の沈む地」なのである。太陽神であり、天地を照らし治めた天照大神が「太陽の昇る地・伊勢」に祀られ、地中・海中の根の国を治めた須佐之男命が「太陽の沈む地・出雲」に天降って宮を築いたのには正当な理由があったのだ。

しかも、須佐之男命が宮を築いた出雲の須賀は、猿田彦命が「御前《みさき》に立ちて仕えた」場所である足摺岬の真北に正確に位置している。出雲の須賀と足摺岬を結ぶ南北軸の中間地点には、大山祇神を祀る大三島が位置するが、大山祇神は足摺岬から冬至の日没方向にある笠沙岬にいた木乃《この》花咲耶姫《はなさくやひめ》の父神であり、須佐之男命の妻となった櫛名田比売《くしなだひめ》の祖父神であり、須佐之男命の子神の宇迦之御魂《うかのみたま》神の祖父神でもある。大山祇神を中心とする神々の系譜が明確な地理的方位関係の上でもつながりあっている。

高志《こし》の八俣《やまた》の遠呂智《おろち》

さらにここからは、富士山を扇の要として結びつけられるもう一本の「太陽の道」の存在について語ってみたい。実は、そのもう一本の「太陽の道」は、今まで語ってきた須佐之男命の八《や》岐大蛇《またのおろち》退治神話とも深く関係している道なのである。

出雲の鳥髪山に天降った須佐之男命が、櫛名田比売《くしなだひめ》を助けるために退治した八《や》岐大蛇《またのおろち》のことを、『古事記』は「高志《こし》の八俣《やまた》の遠呂智《おろち》」と表記している。「高志《こし》」とは地名を表しているが、「高志《こし》」の在《あ》り処《か》についてはニつの考え方がある。

その一つは、本居宣長が言うように、出雲国神門郡の古志郷を指すものである。古志郷は『出雲国風土記』神門郡の条に、太古の時代に古志国の人々が移住してきて堤を造った所であると記載されており、現在の島根県出雲市古志町や知井宮町あたりを指している。

そして、もう一つは北陸地方である越国《こしのくに》を指すという考えである。『出雲国風土記』意宇郡の条には有名な国引き神話が語られているが、その中にも、越国《こしのくに》にある都都《つつ》の三埼《みさき》から土地をたぐり寄せたという記述があり、意宇郡母理郷の項にも、大国主命が越の八口を平定して帰ってきたと記されている。

また、『古事記』の出雲神話には、大国主命（八千矛《やちほこ》の神）が沼河比売《ぬなかわひめ》に求婚するために高志《こし》の国まで出かけて行き求愛の歌を詠んだことが記されている。越国《こしのくに》は北陸地方である越前、越中、越後の各地を総称した国名であるが、この地域には今でも大国主命を祀る神社が数多く残っている。出雲と越国《こしのくに》の間では、古代から日本海沿岸航海が盛んに行われていたと見られていて、「高《こ》志《し》の八岐大蛇《やまたのおろち》」についても、その出自を必ずしも出雲国内のみに限定する必要はないという見方は多い。

その越国《こしのくに》を代表する山が白山である。白山は美濃国、越前国、加賀国などにまたがる霊峰で、別山《べっさん》（2399m）、御前峰《ごぜんがみね》（2702m）、剣ヶ峰（2677m）、大汝峰《おおなんじみね》（2684m）などの峰々が南から北へと連なっている。白山は古来、「越の山」あるいは「越のしらやま」などと呼ばれ、越国を代表する山として親しまれてきた。

君がゆく越の白山《しらやま》知らねども雪のまにまにあとはたづねむ〔三九一〕藤原兼輔
思ひやる越の白山《しらやま》知らねども夜も夢に越えぬ夜ぞなき〔九八〇〕紀貫之

ここに挙げた『古今和歌集』の和歌などにも「越のしらやま」である白山が詠まれているが、山頂に真っ白な雪を冠るその勇姿は、日本海沿岸の各地から眺めることができるばかりでなく、美濃国や飛騨国などの内陸地からも見通すことができる、まさに越国《こしのくに》を象徴する山だった。

九頭龍伝説

この白山に、八岐大蛇《やまたのおろち》を連想させる龍神伝説が伝えられている。

「越のしらやま」でもある白山は、養老元年（七一七）に泰澄《たいちょう》によって開かれたと伝えられている。泰澄の事蹟を伝える『泰澄和尚伝』によれば、泰澄が白山神の出現にあたって最初に眼のあたりにしたのが、白山山頂の火口付近にある翠ヶ池《みどりがいけ》から現れた九頭龍《くずりゅう》神だったと記されている。その九頭龍《くずりゅう》神を見た泰澄はそれが本来の白山神の姿ではないと思い、さらに祈祷し続けるとやがて十一面観音が現れ、その観音を守護神として祀ったとされている。

その他にも白山には大蛇《おろち》にまつわる伝説も残っている。かつて、白山山頂には数千匹もの大蛇《おろち》が棲んでいたといい、泰澄がそれらの大蛇《おろち》を退治し、封じ込めたと言われている。現在、白山山頂にある蛇塚や千蛇ヶ池といった所がその伝説の名残をとどめている。

これらの伝承からも察することができるように、どうやら古代の白山には地主神としての九頭《くず》

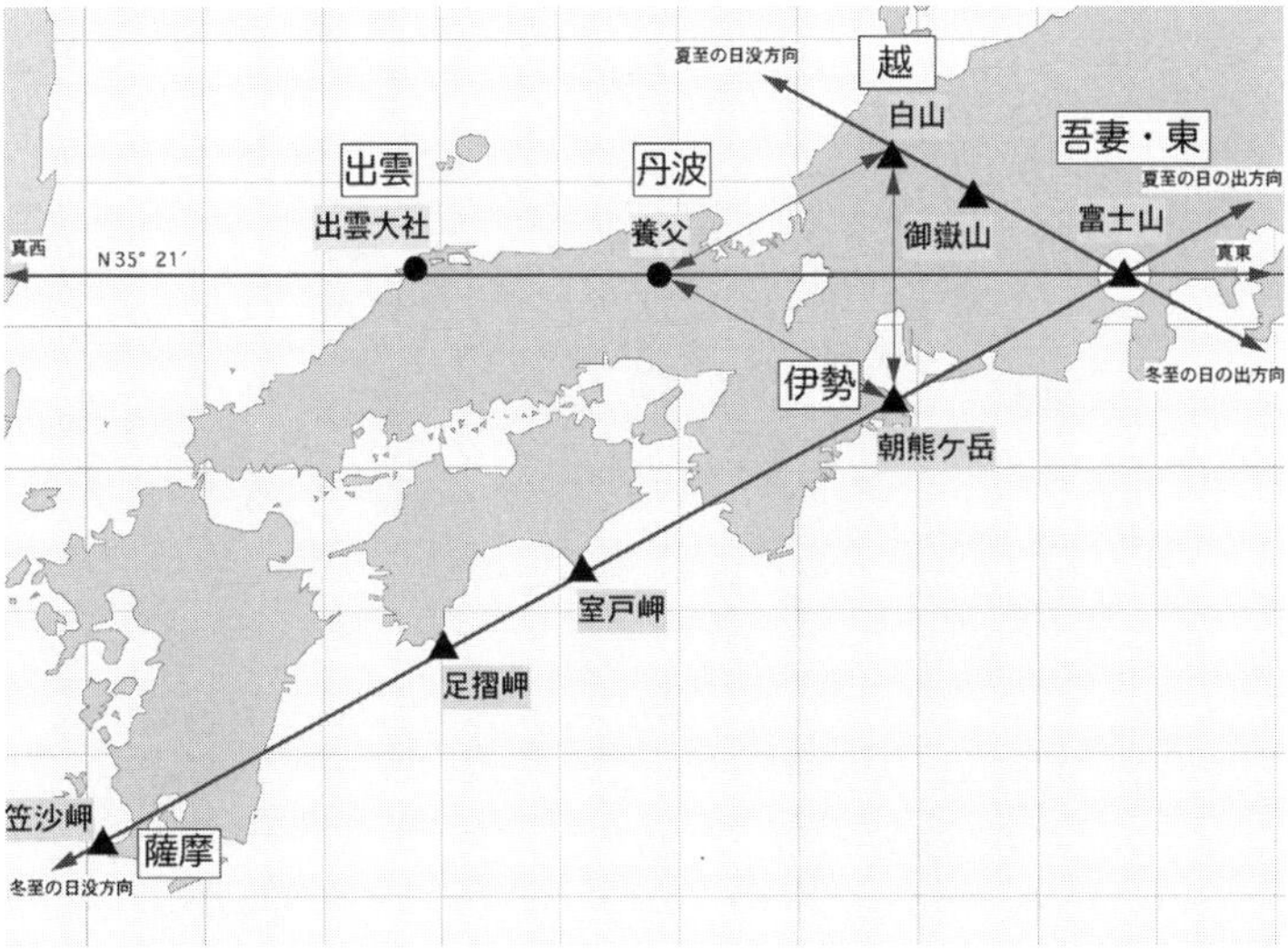

【図 37】　富士山－白山－伊勢－養父の関係　富士山を扇の要とし、夏至の日没方向に向かう方位軸上付近に白山が位置している。白山は伊勢の朝熊ヶ岳の真北にもあたっている。また、富士山の真西、伊勢の夏至日没方向、白山の冬至日没方向にあたる地点に養父が位置する。

龍《りゅう》神や大蛇《おろち》が山頂高くに棲みついていたようである。白山周辺には九頭竜川など九頭龍《くずりゅう》の付く名称が残されているように、この地域の人々の間では九頭龍《くずりゅう》神は身近な存在でもあった。

その九頭龍《くずりゅう》神が、『古事記』の出雲神話に登場する「高志《こし》の八岐大蛇《やまたのおろち》」と深く関係している可能性がある。八《や》岐大蛇《またのおろち》も九頭龍《くずりゅう》神もその名の通り、頭が八つあるいは九つに分かれた異様な姿を持った龍蛇神だ。須佐之男命はその「越のしらやま」の九頭龍《くずりゅう》神を「高志《こし》の八岐大蛇《やまたのおろち》」として、出雲で殺害したのではないだろうか。

そのことを想像させるのが、富士山を扇の要として結びつけられる三本目の「太陽の道」の存在なのである。【図

37】に、富士山から伊勢に向かう冬至の日没方向軸、出雲に向かう春分・秋分の日没方向軸と共に、夏至の日没方向に向かうもう一つの「太陽の道」を描き足した。この方位軸の方向に「越のしらやま」である白山がほぼ位置しているのである。不思議なことに白山の位置は、伊勢の朝熊ヶ岳《あさまがたけ》の真北にもあたっている。富士山と白山の間には、御嶽山《おんたけさん》などの高山が中間に位置しているため、直接、富士山から白山を見通すことはできないが、中間に位置する御嶽山《おんたけさん》山頂付近からは、冬至の朝日が富士山付近から昇るのを見ることができ、夏至の夕日が白山方向に沈むのを眺めることができる。

また、伊勢の朝熊ヶ岳《あさまがたけ》から白山を見通すことは地形上、可能だ。今でこそ両者の中間に名古屋や岐阜などの大都市が控えており、大気汚染などによって直接白山を見通すことは難しくなっているが、シミュレーション図に示したように条件さえ整えば、真北に白山を見通すことができる。おそらく、伊勢に立つ古代の人々の目には、はるか遠くの真北方向に真っ白な雪を冠った白山の姿が映っていたに違いない。

この富士山—伊勢—白山の関係は【図38】に示すように、ほぼ正三角形に近い配置関係にある。自然が生み出した幾何学関係ではあるが、白山とはそういった地理上の特異な力を与えられた山であったと言うことができる。そこに、「高志《こし》の八岐大蛇《やまたのおろち》」に相当する九頭龍《くずりゅう》神が棲みついていたのだ。

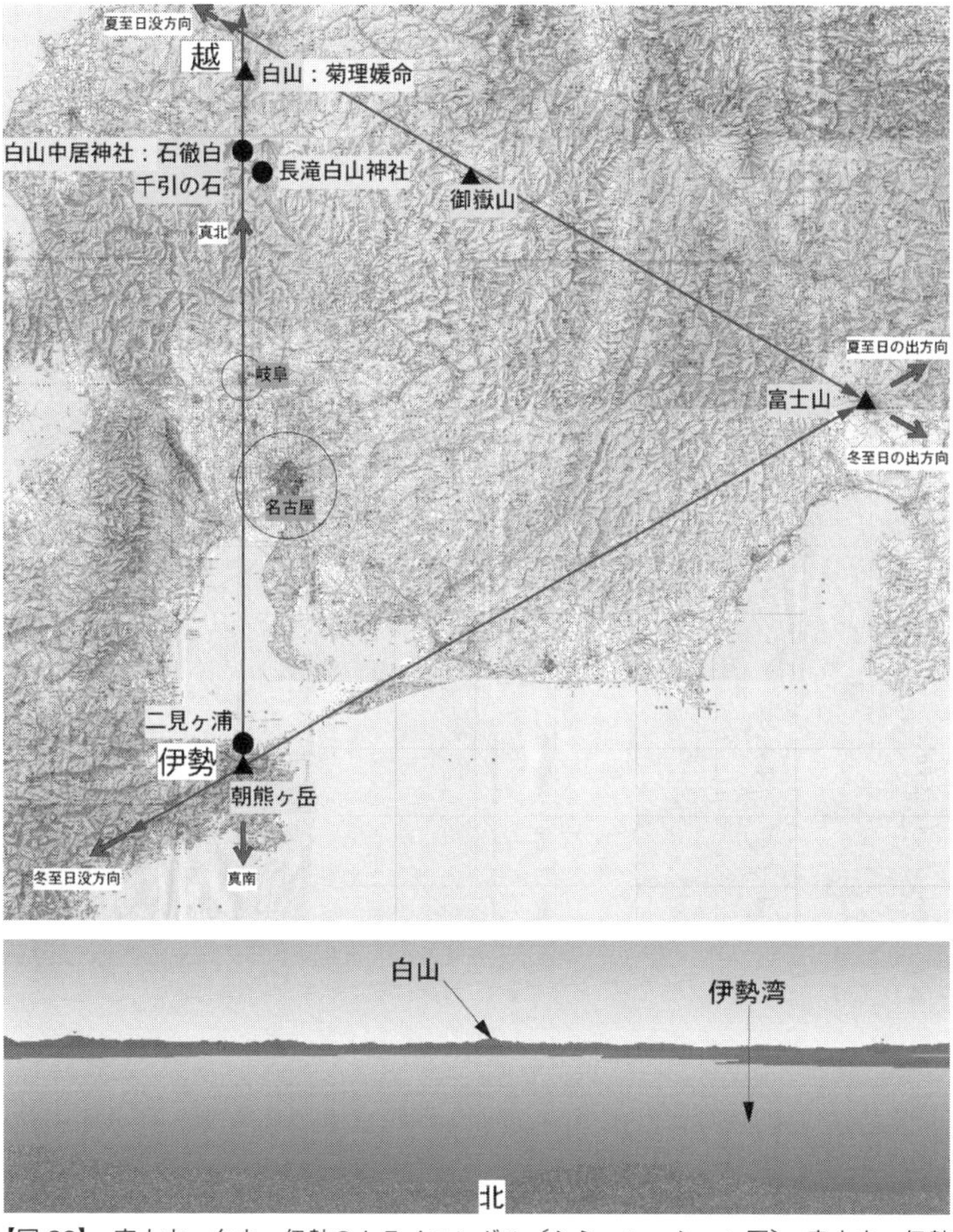

【図 38】 富士山ー白山ー伊勢のトライアングル〔シミュレーション図〕 富士山ー伊勢ー白山はほぼ正三角形に近い配置関係にある。自然が生み出した幾何学関係ではあるが、白山とはそういった地理上の特異な力を与えられた山だった。条件さえ整えば、伊勢の朝熊ヶ岳山頂から真北に白山を見通すことも可能だ。

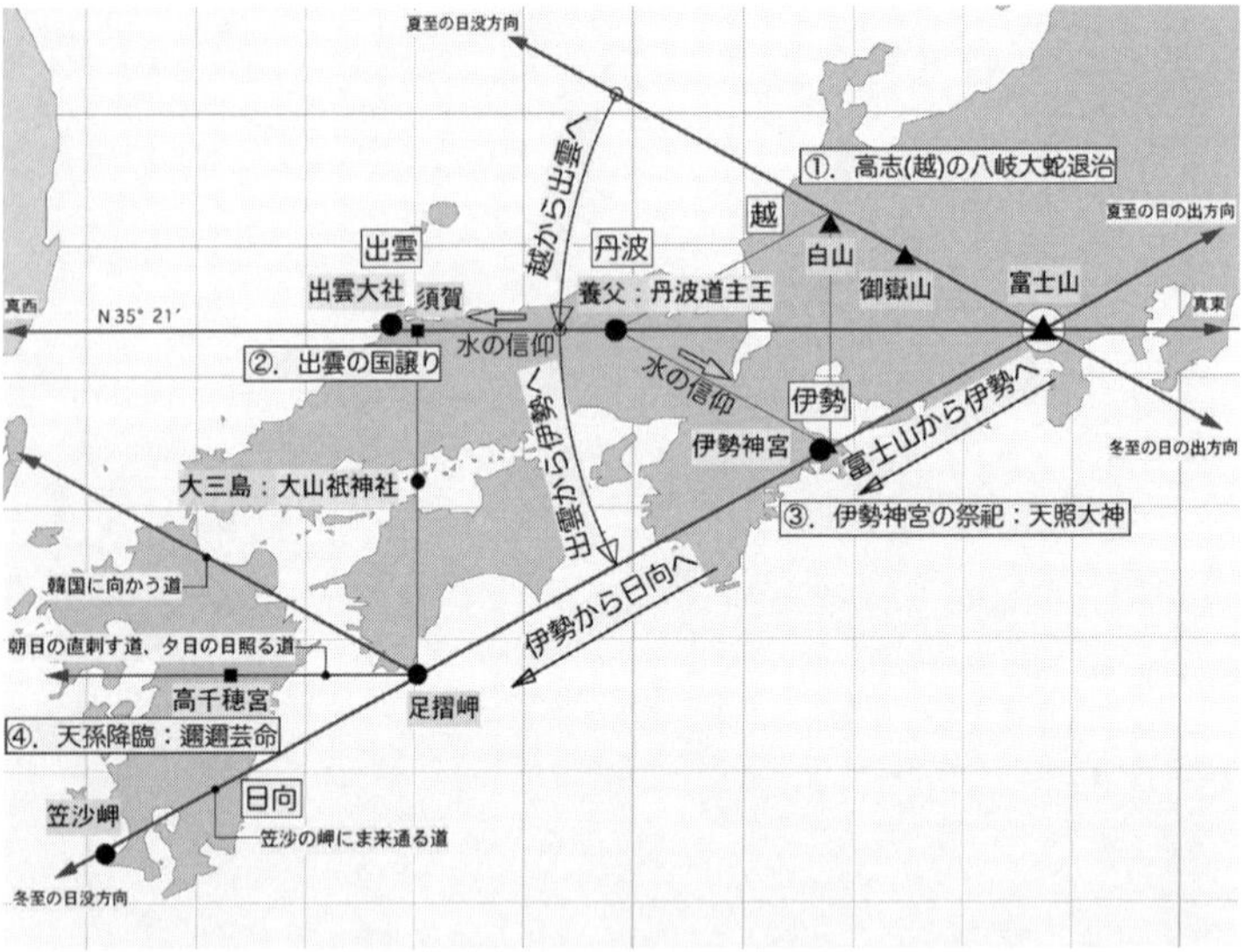

【図39】　三本の「太陽の道」の行方　大和王権は出雲神話の冒頭で高志（越）の九頭龍神でもあった八岐大蛇を抹殺し、最終的に出雲を国譲りさせた。その神話の構造は「富士山と白山」、「富士山と出雲」を結ぶ二本の「太陽の道」の関係に置き換えることができる。大和王権は富士山を扇の要とするもう一本の「太陽の道」の上に位置する伊勢に天照大神を祀り、その後の天孫降臨神話では天照大神の孫神の邇邇芸命が「富士山と伊勢」を結ぶ「太陽の道」が導く方向をたどるようにして伊勢から日向へと向かい、高千穂峯に天降っていく。

八岐大蛇神話の本質

そういう見方をしたときに、この富士山を扇の中心とした「富士山と白山」、「富士山と出雲」を結ぶ二本の「太陽の道」の関係は、須佐之男命の八岐大蛇《やまたのおろち》退治の神話の本質を暗示しているように思えるのである。その理由を図解と共に整理してみる。(【図39】)

大和に根拠地を構えた新政権の大和王権は、この列島における自らの正当性を示すために、天照大神や須佐之男命や邇邇芸命《ににぎのみこと》などによる新たな神話を構築していった。その一つが須佐之男命による八岐大蛇《やまたのおろち》神話だった。神話の始まりにおいて最初に目をつけたのが、富士山を扇の要とする夏至の日没方向に向かう「太陽の道」の上に位置する「白山」と、富士山から真西方向に向かう「太陽の道」の上に位置する「出雲」の関係だった。

元来、「越のしらやま」である白山には、いくつにも頭が分かれた九頭龍《くずりゅう》神という地主神が棲んでいた。大和王権が神話を創造していく中で、白山の九頭龍《くずりゅう》神は「高志《こし》の八岐大蛇《やまたのおろち》」として、出雲の櫛名田比売《くしなだひめ》を襲う悪神に位置づけられた。出雲を取り込んでいく神話の冒頭で、「高志《こし》の八岐大蛇《やまたのおろち》」は出雲の鳥髪山に天降った須佐之男命によっていきなり抹殺されることになる。

「高志《こし》の八岐大蛇《やまたのおろち》」を退治した須佐之男命は、「富士山と出雲」を結ぶ「太陽の道」の上に位置する出雲の須賀に宮を築いた。その後、大国主命をめぐる数々の神話が語られた後、大和王権は大国主命が治めていた出雲を国譲りによって自らの手中に収めていった。

つまり、大和王権は出雲神話を通して、白山がそびえる「高志《こし》（越）」や、大国主命によって治められていた「出雲」という地域を自分たちの支配下に組み込んでいくシナリオを演出していったわけである。それが『古事記』や『日本書紀』に描かれる出雲神話の基本構造であり、「富士山と白山」、「富士山と出雲」を結ぶ二本の「太陽の道」の関係である。

そして、大和王権は「富士山」とつながるもう一本の「太陽の道」の上に位置する「伊勢」に、大和王権自らの皇祖神となる天照大神を祀っていくことになる。伊勢の朝熊ヶ岳《あさまがたけ》や二見浦からは夏至の太陽が富士山から昇ってくるのを直接眺めることができる。天照大神はその伊勢国を「常《とこ》世《よ》の浪がいくたびも打ち寄せてくるすばらしい国」であると絶賛し、朝熊《あさま》ヶ《が》岳《たけ》西麓に伊勢神宮を築き、そこに奉斎された。

神宮正殿床下には忌柱である「心《しん》の御柱《みはしら》」が打ち込まれ、地中に眠る地主神たちが暴れださないように封印された。さらにその後、伊勢神宮外宮が創設され、「丹波国の比治の真奈井」から八乎止女《やおとめ》たちが斎き祀る宇迦之御魂《うかのみたま》である豊受大神が呼び寄せられた。「ウカ（宇迦）」の「ミタマ（御魂）」の霊力による伊勢の龍蛇神の鎮魂がなされたのである。

この八乎止女《やおとめ》らの父である丹波道主王《たにはのみちぬしのおう》が居城としていた場所が但馬の「養父《やぶ》」である。「養《や》父《ぶ》」の真西には須佐之男命が宮を築いた「出雲」の須賀があり、冬至の日の出方向に天照大神が宮を築いた「伊勢」が位置している。宇迦之御魂《うかのみたま》を奉斎し、水の信仰によって荒ぶる神である地主神たちを鎮魂するための祭祀のベクトルが、この「太陽の道」が示す二つの方向に向かって作用していくのである。

さらに出雲神話に続く『古事記』や『日本書紀』の天孫降臨神話では、天照大神の孫神である邇邇芸命《ににぎのみこと》が「富士山と伊勢」を結ぶ「太陽の道」が指し示す方向をたどるようにして「伊勢」から「日向」へと向かい、高千穂峯に天降っていく。その際、邇邇芸命《ににぎのみこと》は「此地《このくに》は韓国《からくに》に向ひ笠沙《かささ》の御前《みさき》にま来通りて、朝日の直刺《たださ》す国、夕日の日照《ひで》る国なり。かれ此地《このくに》ぞいと吉《よ》き地」と語り、その場所を絶賛している。邇邇芸命《ににぎのみこと》を導いた猿田彦命が仕えた「御前《みさき》（御崎）」を足摺岬と読み取ると、そこからは九州に向かう三本の「太陽の道」が発せられる。それは邇邇芸命《ににぎのみこと》が語った「韓国《からくに》に向う」道であり、「笠沙《かささ》の御前《みさき》にま来通る」道であり、「朝日の直刺《たださ》す国、夕日の日照《ひで》る国」に至る道だった。邇邇芸命《ににぎのみこと》はその真西に向かう「太陽の道」上の高千穂峯に天降り、高千穂宮を築いたのだった。

このように、富士山を扇の要として延びる「太陽の道」は、「白山」から「出雲」へと移り、そして最終的に「伊勢」へと集約した後、さらに「日向」へと延びていくのである。『古事記』や『日本書紀』が伝える神代の神話の背景には、富士山を扇の要とした三本の「太陽の道」が基軸となって存在しており、それを元にこの国の古代神話が実に計画的に組み立てられていることが理解できると思う。

「富士山」を扇の要とする三本の「太陽の道」という見方で古代神話を読んでいくと、神話の構造が実に明瞭な形で見えてくる。これらの「太陽の道」が指し示す「白山」や「出雲」や「伊勢」では元来、九頭龍《くずりゅう》神や大国主神や興玉《おきたま》神などの地主神が地元の人々によって深く信奉されていた。おそらく、大和王権以前の太古の時代から、富士山を扇の要とした三本の「太陽の道」の構造自体がこの列島に住む人々によって知られていたのではないだろうか。

新しい政権である大和王権はそれらのことを十分に理解した上で、「富士山」を扇の要とする三本の「太陽の道」の構造を自らの神話の中で新しい物語として組み立て直していったのだろう。そのことは天照大神や須佐之男命や邇邇芸命《ににぎのみこと》が宮を築いた場所の在り処《ありか》を検証することからも確認できる。彼らは実に正確に、これらの「太陽の道」の上に自らの宮を築いているのだ。

2　千引《ちびき》の石《いわ》

謎の神・菊理《くくり》媛命《ひめのみこと》

泰澄による開山以降、「越のしらやま」である白山には、加賀、越前、美濃の三方面からの登拝経路が開かれてきた。それぞれの経由地には登拝拠点として馬場が設けられ、白山信仰を伝える神社や寺院が祀られてきた。

北側からの白山登拝拠点となる石川県白山市の加賀馬場には、『延喜式』神名帳の式内社で、加賀国一宮でもある白山比咩《しらやまひめ》神社が祀られている。白山比咩《しらやまひめ》神社には菊理媛命《くくりひめのみこと》が主祭神として祀られていて、伊弉諾尊《いざなぎのみこと》、伊弉冉尊《いざなみのみこと》が配祀されている。白山山頂には白山比咩《しらやまひめ》神社の奥宮が祀られているが、そこは菊理媛命《くくりひめのみこと》のみを祭神として祀っており、それらのことからも、菊理《くくり》媛命《ひめのみこと》を社名にある白山比咩《しらやまひめ》とする見方が強い。なお、社伝によれば白山比咩《しらやまひめ》神社は崇神《すじん》天皇七年の創建と伝えられている。

西側の越前からの登拝拠点である福井県勝山市平泉寺町の越前馬場には、平泉寺の白山神社がある。こちらは伊弉冉尊《いざなみのみこと》を祀り、かつては平清水、越前白山社、白山権現などと呼ばれていた。

もう一つの登拝口が南側の美濃からの経路で、岐阜県郡上市白鳥町長瀧には美濃馬場が設けられ、長瀧白山神社が祀られている。長瀧白山神社も菊理媛命《くくりひめのみこと》や伊弉諾尊《いざなぎのみこと》、伊弉冉尊《いざなみのみこと》などを祭神として祀っているが、その名前にもあるように、神社の北方にはかつて長瀧と呼ばれた阿弥陀ヶ瀧があり、白山信仰における斎戒沐浴の場となってきた。

阿弥陀ヶ瀧から桧峠を越え西に向かうと、岐阜県郡上市白鳥町石徹白《いとしろ》に通じるが、そこに白山中居《ちゅうきょ》神社が祀られている。鬱蒼とした木立の中に建つ白山中居《ちゅうきょ》神社には伊弉諾尊《いざなぎのみこと》、伊弉冉《いざなみの》尊《みこと》が祀られており、景行《けいこう》天皇十二年にこの二神が近くの橋立山に天降り、石徹白《いとしろ》の当地に社殿が建てられたと伝えられている。

さて、これらの白山信仰を伝える神社の多くで主祭神として祀られ、白山比咩《しらやまひめ》とも称される菊《くく》理媛命《りひめのみこと》については、『日本書紀』一書〔第十〕に不可解な記述が載っている。伊弉諾尊《いざなぎのみこと》は亡くなった伊弉冉尊《いざなみのみこと》が忘れられず、黄泉の国を訪れるが、あまりに変わり果てた妻の姿に驚き、そこから急いで逃げ出した。その途中、伊弉諾尊《いざなぎのみこと》は黄泉比良坂《よもつひらさか》の坂本に千引《ちびき》の石《いわ》を置いて追いかけてくる伊弉冉尊《いざなみのみこと》の行く手を塞ぎ、その岩を間にして別れの言葉を告げるが、その時、菊理媛命《くくりひめのみこと》という謎の神が登場するのである。

そこでは黄泉《よみ》の国の入口を守る泉守道者《よもつちもりびと》が伊弉冉尊《いざなみのみこと》の伝言を伊弉諾尊《いざなぎのみこと》に伝え、菊理媛《くくりひめの》命《みこと》が何かを述べたとある。その言葉を聞いた伊弉諾尊《いざなぎのみこと》は誉め称えた、と記されているが、菊《く》理媛命《りひめのみこと》が何を言ったのかについては全く記されていない。これは他の黄泉《よみ》の国神話には全く現れない記事で、しかも、菊理媛命《くくりひめのみこと》は、『日本書紀』においてもこの場面にしか登場せず、『古事記』にも全く記載がない。

その菊理媛命《くくりひめのみこと》について、折口信夫は『水の女』の中で、次のように記している。

> いざなぎの禊ぎに先だって、よもつひら坂に現れて「白《もう》す言《こと》」あった菊理媛《くくりひめ》(日本紀一書)は、みぬま類の神ではないか。(中略)その言うことをよろしとして散去したとあるのは、禊ぎを教えたものと見るべきであろう。くくりは水を潜《くぐ》ることである。泳の字を宛てているところから見れば、神名の意義も知れる。くくり出た女神ゆえの名であろう。いざなぎの尊ばかりの行動として伝えたため、この神は陰の者になったのであろう。(傍線筆者記入)

ここで、折口信夫は菊理媛命《くくりひめのみこと》が水の信仰を持つ「みぬま(水沼、水間)」と関連があるのではないかと述べ、千引《ちびき》の石《いわ》をはさんで立つ伊弉諾尊《いざなぎのみこと》に禊ぎを教えたと言っている。また、菊理《くくり》媛命《ひめのみこと》の「くくり」は潜《くぐ》るであり、水と関連が深いことを示唆している。先に、折口は出雲の阿《あ》遅須枳高日子命《ぢすきたかひこのみこと》が禊ぎと深い関係を持つと言い、ここでもまた、菊理媛命《くくりひめのみこと》が禊ぎを教えたと言うのである。

ここでいう「みぬま神」と同じ水の信仰を持ち歩いていたのが丹波の和奈佐の翁《おきな》や八乎止女《やおとめ》たちだった。彼らは水の信仰を持ち歩きながら、丹波や出雲や阿波などの地を「太陽の道」に沿いながら移動していたが、その八乎止女《やおとめ》の父である丹波道主王《たにはのみちぬしのおう》の居城があった但馬の養父《やぶ》と「越のしらやま」である白山とは、ほぼ冬至日没↑↓夏至日の出の関係にある。つまり、水の信仰を持ちながら丹波↑↓出雲↑↓阿波という「太陽の道」を歩いた和奈佐の翁《おきな》や八乎止女《やおとめ》たちの足跡が、もう

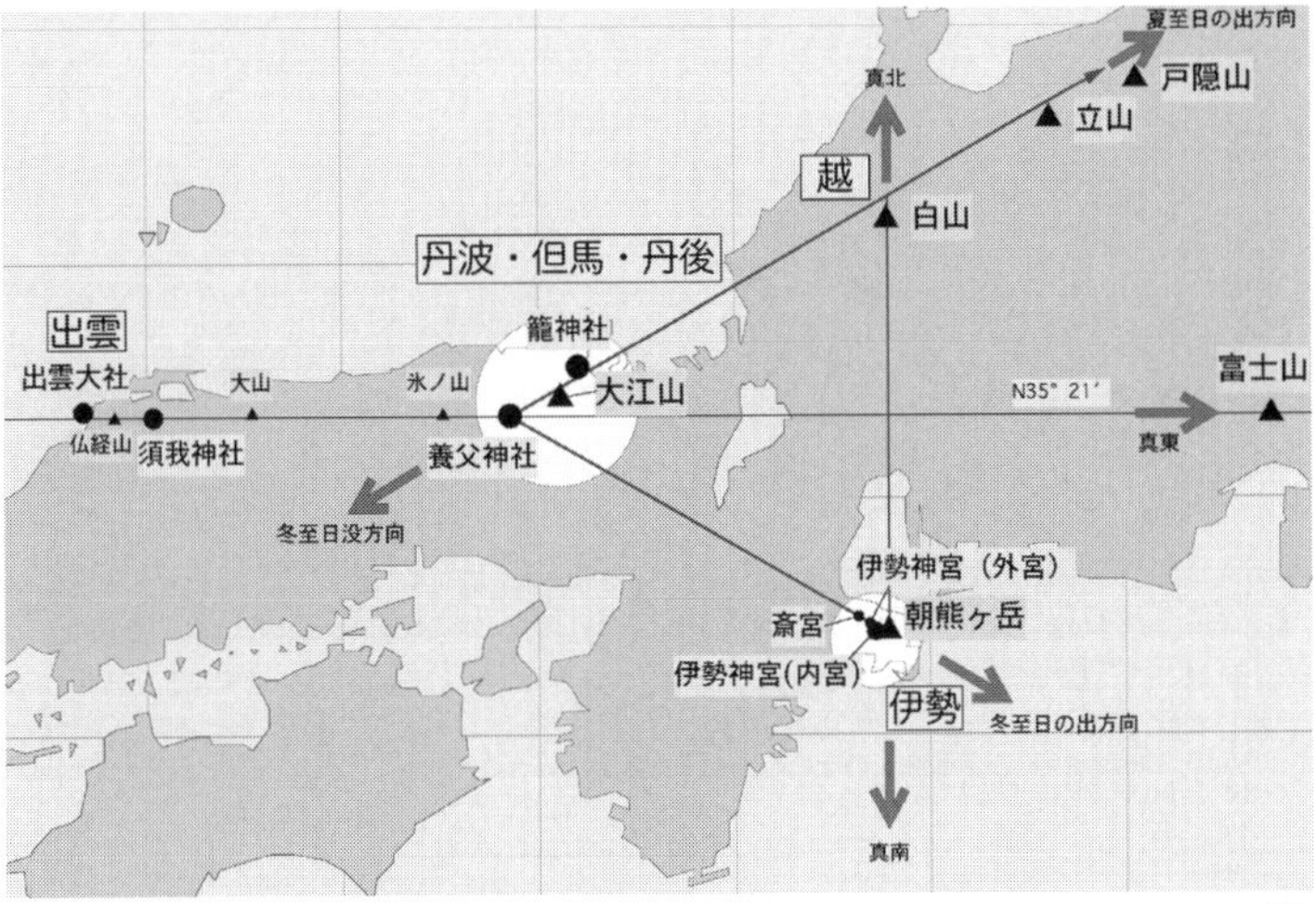

【図 40】　伊勢－白山－養父の関係　養父と「越のしらやま」である白山とは、ほぼ冬至日没－夏至日の出の関係にある。水の信仰を持ちながら「太陽の道」を歩いた和奈佐の翁や八乎止女たちが丹波から白山への夏至日の出方向に向かった可能性がある。白山の夏至日の出方向には立山や戸隠山も位置しているが、戸隠山にも白山と同じく九頭龍神にまつわる伝承が残る。また、伊勢から見た夏至の日没方向の養父と真北方向の白山には八乎止女と菊理媛命という「水の女」の存在がある。そこからは「太陽の道」に重なりあいながら邪なるものを浄める聖なる「水の道」が流れている。

一つの「太陽の道」である丹波から白山への夏至日の出方向に向かった可能性があるのだ。（【図40】）

丹波と白山

実は、この丹波と白山を結ぶ冬至日没⇅夏至日の出ライン上には日本三景の一つである天橋立が位置していて、そこに「丹波の比治の真奈井」の伝承地である籠《この》神社の奥宮の真名井神社が祀られている。そして、そこからは天気さえ良ければ、日本海を挟んで白山の姿を見通すことができ、夏至の朝日が白山連峰の左手から昇ってくるのである。白山に祀られる菊理《くくり》媛命《ひめのみこと》と、丹波の和奈佐の翁や八《や》

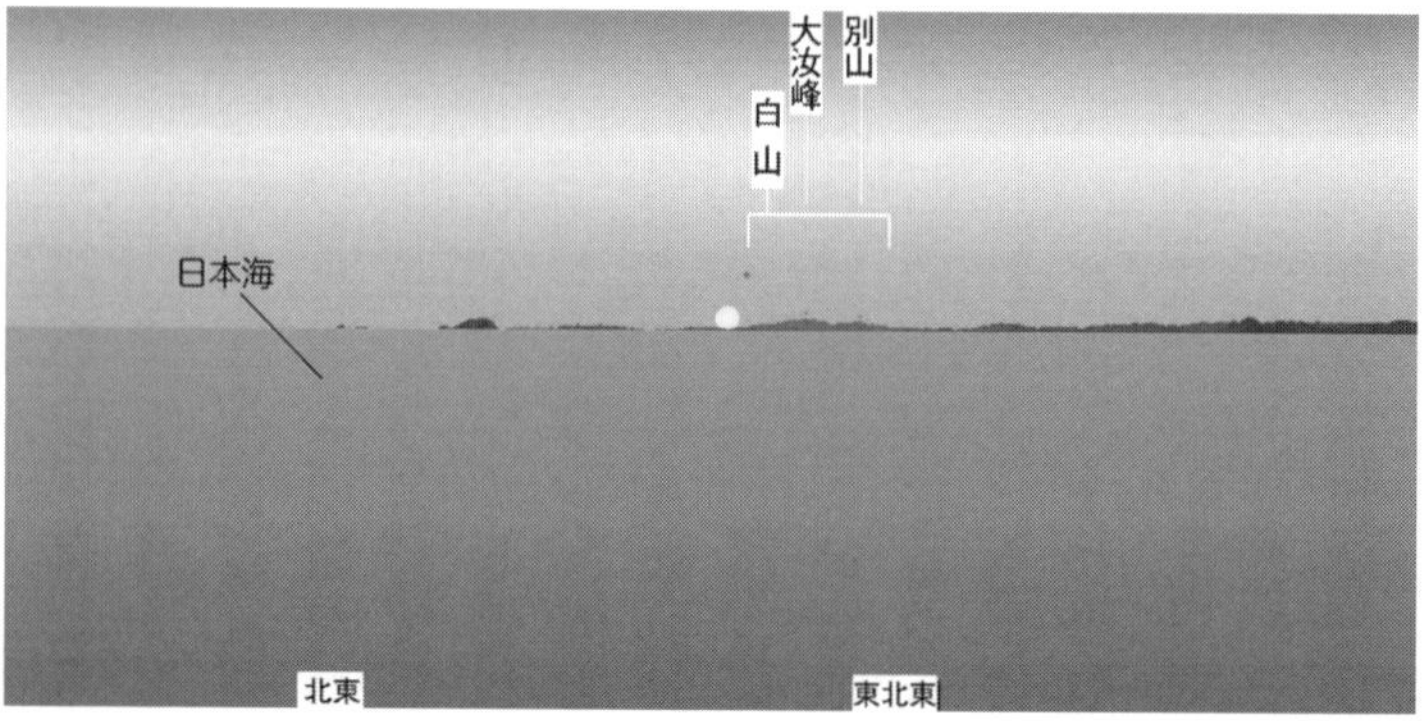

【図 41-1】 天橋立からの夏至の日の出風景〔シミュレーション図〕籠神社の祀られる天橋立付近からは日本海を挟んで白山の姿を見通すことができ、夏至の朝日が白山連峰の左手方向から昇ってくる。

乎止女《おとめ》との関係はさほどかけ離れた存在ではない。（【図41―1】）

谷川健一氏は『古代海人の世界』の中で、丹後半島の伊根と越前の四ヶ浦《しがうら》との間に密接な関係があり、漁師たちが盛んに行き来していたことを記しているが、丹後半島の伊根は天橋立から丹後半島を十数km北上した漁村であり、越前の四ヶ浦《しがうら》は天橋立から見て、ちょうど夏至の太陽が昇る方向の越前の海際に位置している。これらのことが示すように、人々が船で自在に海を行き来していた時代には、丹後半島と越前の村々は互いに目に見える関係にあり、海を介してつながりあっていた。お互いの場所を訪れる場合にも、現代のように陸地を行くよりも、一直線に船を漕ぎ出すほうが断然近かったのである。

さらにそれとは別に、山と山でつながる関係もある。鬼退治で有名な酒呑童子伝説を伝える丹波の大江山山頂からは、「越のしらやま」である白山を望むことができる。鬼が棲んでいたという丹波の山と龍神が棲んでいたとい

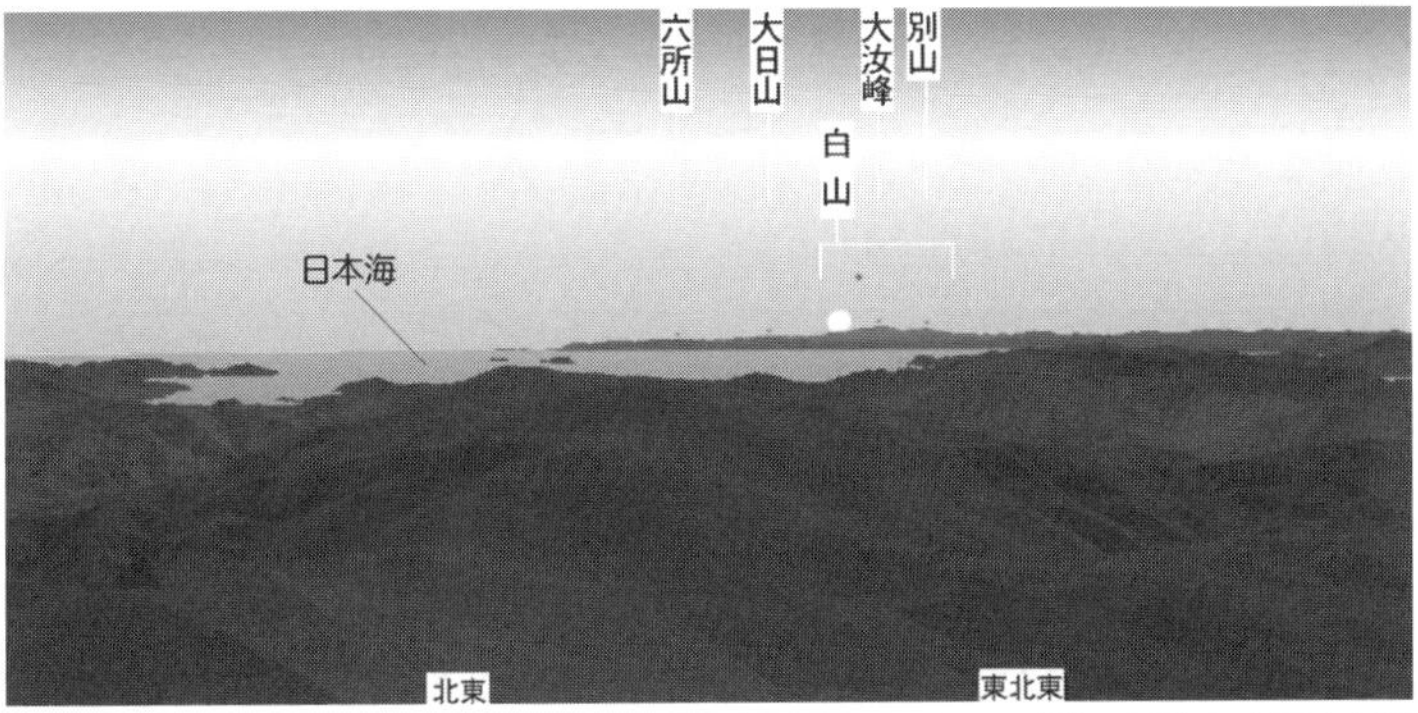

【図41-2】 大江山からの夏至の日の出風景〔シミュレーション図〕 丹波の大江山山頂からは、「越のしらやま」である白山を直接望むことができ、夏至の朝日が白山連峰から昇る。

う越国の山は、お互いの視界の中の世界にあった。(【図41—2】)

また、夏至の早朝、白山山頂に立って太陽が昇ってくる方向に目を移すと、そこに立山がそびえ、その立山山頂から朝日が昇る光景を眺めることができる。立山は富士山、白山とともに日本三霊山の一つとされているが、白山を中心にして冬至の日の出方向に富士山が、夏至の日の出方向に立山が位置していることになる。三霊山もまた、特別な太陽の方位関係で結ばれている。

白山から眺める時、その立山のさらに先には戸隠山が位置している。戸隠山にも白山と同じく九頭龍神にまつわる伝承が残っている。戸隠山の山麓に祀られている戸隠神社の一社に九頭竜社があるが、そこには戸隠山の地主神であったとされる九頭龍神が祀られている。(【図40】)

戸隠神社に伝わる縁起では、九世紀の中頃、この石窟で修行していた僧が法華経を唱えたところ、そこに九頭龍が現れたという。お経を聞いた九頭龍は自ら成仏し、再びその石窟の奥に消え去った。そこで、僧が大きな岩戸で奥を隠すように封鎖したので、そこを戸隠と言ったと縁起は伝えている。

この九頭龍神は水神でもあり、この地にあった沼に棲んでいた神でもあったと言われている。旱魃の際に戸隠神社の奥社近くにある種池の水を貰って帰る風習は今でも行われており、九頭龍神の効力によって恵みの雨がもたらされるという。

白山の水

白山の水に対する信仰も古く、各地に広く浸透している。川村二郎氏は『白山の水—鏡花をめぐる』の中で、美濃の長瀧白山神社に詣でた際の印象を、次のように述べている。

白山から下る水に全ての馬場は接している。加賀馬場は手取川、越前馬場は九頭龍川、そしてこの美濃馬場は長良川。源流に近いだけ、社の前を流れる水はまことに透明に澄んでいて、夏の陽の真下できらめくしぶきを上げながら、南の海をめざして下り続けている。幅の狭い河原の白い礫も目にまぶしい。

白山に降り積もった雪は大量の雪解け水となって四方に流れ下り、北陸や東海の平野を幾筋もの川の流れとなって潤しながら、日本海や伊勢湾へと注いでいる。その勢いと量はこの国有数のものと言ってもよい。白山から南側に流れ出た水は、長良川となって水を集め勢いを増すが、その川沿いに長瀧白山神社が祀られている。

長瀧白山神社境内には「千蛇ヶ清水」と呼ばれる霊水が湧き出している。白山山頂の千蛇ヶ池には泰澄が千匹の大蛇を封じ込めたという伝説が残っているが、この「千蛇ヶ清水」はその千蛇ヶ池と通じているといういわれがある。北から南に流れる地底の「水の道」を通じて、龍蛇と一体化した水が湧き上がるのである。

毎年、春の風物詩として奈良の東大寺二月堂で行われている「お水取り」の水もまた、北から南へと地底を流れてやってくるという。東大寺の真北に位置する若狭の遠敷《おにゅう》では二月堂の「お水取り」に先立って「お水送り」の行事が行われ、そこから送られた水が地下深くを流れ、東大寺二月堂の前にある若狭井という井戸に湧き上がると言われている。古代における見えざる水の行方にも明確な方向性が示されているのだ。

白山の水を源流とする長良川は、美濃や尾張の各所を潤しながら伊勢湾へと注いでいるが、その流れは見事に北から南へという方向性に貫かれている。その流れを遡るかのように、南から北を見渡すことのできる場所が伊勢の朝熊ヶ岳《あさまがたけ》である。朝熊ヶ岳《あさまがたけ》山頂から見た時に、真北の端に見える山が白山であり、その向こう側は険しい山並みに遮られた未知の世界と言ってもよかった。おそらく、「太陽の昇る国」である明るい伊勢から見たとき、白山の向こう側の世界は黄泉《よみ》の国にも匹敵する場所だったのだろう。その未知の世界からこちら側の世界を守っていたのが、白山に祀られる白山比咩《しらやまひめ》（菊理媛命《くくりひめのみこと》）だったのだ。菊理媛命《くくりひめのみこと》が白山比咩《しらやまひめ》として白山という境界の山に祀られていることと、神話の中で、菊理媛命《くくりひめのみこと》が黄泉比良坂《よもつひらさか》において伊弉諾尊《いざなぎのみこと》と伊弉冉《いざなみの》尊《みこと》の二人の間を取り持ち、現実世界と黄泉の国との関係を保ったと記されていることとの間には、全く同じ意味合いの構図が隠されている。

白山中居《ちゅうきょ》神社の千引《ちびき》の石《いわ》

その関係を如実に示している場所が、先に紹介した岐阜県郡上市白鳥町石徹白《いとしろ》の白山中居《ちゅうきょ》神社である。白山中居《ちゅうきょ》神社は伊勢の朝熊ヶ岳と白山を結ぶ南北線上に正確に位置しているが、ここには伊弉諾尊《いざなぎのみこと》と伊弉冉尊《いざなみのみこと》が間に挟んで言葉を交わしたという千引《ちびき》の石《いわ》が実際に残っている。「船岡坂路の千引岩《ちびき》」と呼ばれる巨大な磐境《いわさか》がそれで、古代からこの石《いわ》を巡って祭祀が執り行われてきた。（【図42】）

石徹白《いとしろ》という地名も千引《ちびき》の石《いわ》の「石」と、伊弉諾尊《いざなぎのみこと》と伊弉冉尊《いざなみのみこと》の別れの理《ことわり》である許等度《ことど》の「度」が「徹」になったことなどから生まれた地名であると言われている。まさに、伊弉諾《いざなぎの》尊《みこと》と伊弉冉尊《いざなみのみこと》の神話がそのまま地域の歴史や地名になっているような所であると言ってもよい。伊勢と白山という地形上の南北の関係でその神話を読み解く場合にも、石徹白《いとしろ》の千引《ちびき》の石《いわ》を挟んで、北にそびえる白山の向こう側には黄泉の国が控え、南側が現世であるという構図が成立する。

白山中居《ちゅうきょ》神社に祀られている千引《ちびき》の石《いわ》は、まさに白山中居《ちゅうきょ》神社の「中居《なかおり》」という概念に適合している。「中居《なかおり》」とは、黄泉の国であるあちら側の世界と、現世としてのこちら側の世界の「中に居る」場所である。そこに伊弉諾尊《いざなぎのみこと》と伊弉冉尊《いざなみのみこと》を隔てた千引《ちびき》の石《いわ》が祀られている。

そういえば、伊弉諾尊《いざなぎのみこと》が黄泉の国に詣で、亡くなった伊弉冉尊《いざなみのみこと》の姿を見た時、『古事記』には、「頭には大雷《おおいかづち》居り、胸には火の雷《いかづち》居り、腹には黒雷《くろいかづち》居り、陰《ほと》には析雷《さくいかづち》居り、左の手には若雷《わかいかづち》居り、右の手には土雷《つちいかづち》居り、左の足には鳴雷《なるいかづち》居り、右の足には伏雷《ふしいかづち》居り、合わせて八種の雷神が現れていた」と記され、『日本書紀』一書〔第九〕にも、「八色の雷公《いかづち》」が伊弉冉《いざなみの》尊《みこと》の体の上にいたと記されている。「雷《いかづち》」の「ツチ」とは蛇を表す古語と言われているが、黄泉の国の伊弉冉尊《いざなみのみこと》の体に出現した「八種の雷神」や「八色の雷公《いかづち》」は、八つに体が分かれた八岐大蛇《やまたのおろち》の姿とも重なってくる。

【図42】　白山中居神社の千引岩　石徹白の白山中居神社には「船岡坂路の千引岩」と呼ばれる巨大な磐境が祀られている。この千引岩を挟んで、北にそびえる白山側には黄泉の国が控え、南側には伊勢につながる世界が広がるという彼岸と此岸の構図が成立する。

白山に棲むという九頭龍神もまた、「八種の雷神」や「八色の雷公《いかづち》」のイメージと同類である。南の伊勢から見た時に、北側の白山の向こう側に黄泉の国が幽《かく》され、そこに伊弉冉尊《いざなみのみこと》の屍に宿った「八種の雷神」や「八色の雷公《いかづち》」が現れる。その姿は白山に棲む九頭龍神となり、伊勢側の生なる世界を脅かす。

「中居《なかおり》」に据えられた千引《ちびき》の石《いわ》はその脅威を防ぐ標《しる》べとなり、白山にはもう一人の「水の女」である菊理《くくり》媛命《ひめのみこと》が祀られるのである。「水」の力による禊ぎによって、邪なるものが清められ、皇祖神を祀る伊勢もまた守られていく。この構図は、伊勢神宮内宮の天照大神を守るために、伊勢の地主神である龍蛇神を鎮める目的で「丹波国の比治の真奈井」から宇迦之御魂《うかのみたま》である豊受大神を外宮に呼び寄せた構図とも似ている。

伊勢から見た夏至の日没方向と真北方向の二本の「太陽の道」の向こう側に、八乎止女《やおとめ》と菊理《くくり》媛命《ひめのみこと》という異なる二組の「水の女」の存在が見え隠れしている。そこからは「太陽の道」に重ね合わせるようにしながら、邪なるものを浄める聖なる「水の道」が流れているのだ。

3　四道将軍の派遣

四道将軍の派遣方向

社伝によれば、加賀の白山比咩《しらやまひめ》神社は崇神《すじん》天皇七年の創建と伝えられており、白山中居《ちゅうきょ》神社の創建は景行《けいこう》天皇十二年とされている。白山に関わる重要な神社の創建が、崇神《すじん》天皇を始めとした大和王権の創世の頃の出来事として伝えられているのである。白山そのものは泰澄によって養老元年（七一七）に開山されたことになっているので、各社に伝わる伝承を信用すれば、そのはるか昔に白山を斎き祀るための空間がこの山の各所にすでに設けられていたことになる。

崇神《すじん》天皇の時代には、「太陽の道」の上に連なる三輪山の祭祀を行い、境界となる坂尾の神を祀り、水分《みくまり》神社や新たな人造池の築造などの水の瀬の祭祀空間の整備が行われた。また、崇神《すじん》天皇と垂仁《すいにん》天皇の両時代にかけて、皇祖神天照大神を祀り上げるために伊勢の聖地化が進められ、そこに丹波の八乎止女《やおとめ》らが持ち歩く水の信仰が持ち込まれていった。本牟智和気《ほむちわけ》命の障害を取り除くために出雲の大国主命を祀り上げたと記されるのも、この時代のことである。崇神《すじん》天皇と垂《すい》仁《にん》天皇の時代とは、新しい政権である大和王権を存立させていくために、大和近辺の整備が進められると同時に、列島各地の要所の制圧化が進められていった時代でもあった。

『古事記』や『日本書紀』によれば、その崇神《すじん》天皇の時代に四道将軍と呼ばれる将軍を列島各地に派遣していったことが記されている。『古事記』には、

> 大比古命《おおびこのみこと》を高志《こし》の道に遣わし、その子の建沼河別命《たけぬなかわわけのみこと》を東方《ひがしのかた》十二道に遣わして、服《まつろ》わぬ人たちを平定させ、また日子坐王《ひこいます》を丹波国に遣わして、玖賀耳《くがみみ》の御笠を殺させた。

とあり、大比古命《おおびこのみこと》と建沼河別命《たけぬなかわわけのみこと》と日子坐王《ひこいます》の三人がそれぞれ高志《こし》（越）の道、東方《ひがしのかた》十二道、丹波国に派遣されたと伝えている。

それに対して、『日本書紀』崇神《すじん》天皇一〇年条には、

> 大彦命《おおびこのみこと》（大比古命《おおびこのみこと》）を北陸《くぬがのみち》に遣わす。武渟川別《たけぬなかわわけ》（建沼河別命《たけぬなかわわけのみこと》）を東海《うみつみち》に遣わす。吉備津彦《きびつひこ》を西道《にしのみち》に遣わす。丹波道主命《たにはのちぬしのみこと》を丹波に遣わす。詔して、「もし教えに従わない者があれば、兵を挙げて討て」と言われた。それぞれ共に印綬を授かって将軍となった。

と記されている。四道将軍という呼称はこの『日本書紀』の記載によるもので、ここでは大比古命《おおびこのみこと》、建沼河別命《たけぬなかわわけのみこと》、吉備津彦《きびつひこ》、丹波道主命《たにはのちぬしのみこと》の四人の将軍がそれぞれ、北陸《くぬがのみち》、東海《うみつみち》、西道《にしのみち》、丹波の四つの道や国に派遣されたことになっている。『古事記』と『日本書紀』では丹波に遣わされた人物が異なるが、『古事記』に記された日子坐王《ひこいます》は丹波道主命《たにはのちぬしのみこと》の父であり、丹波に派遣されているのは共に同じ系譜の人物である。ここで、四道将軍が派遣された場所と方位について、一つの仮説を提示してみたい。それは、先ほどから示してきた富士山―伊勢―白山―丹波に関わる方位との関連性である。

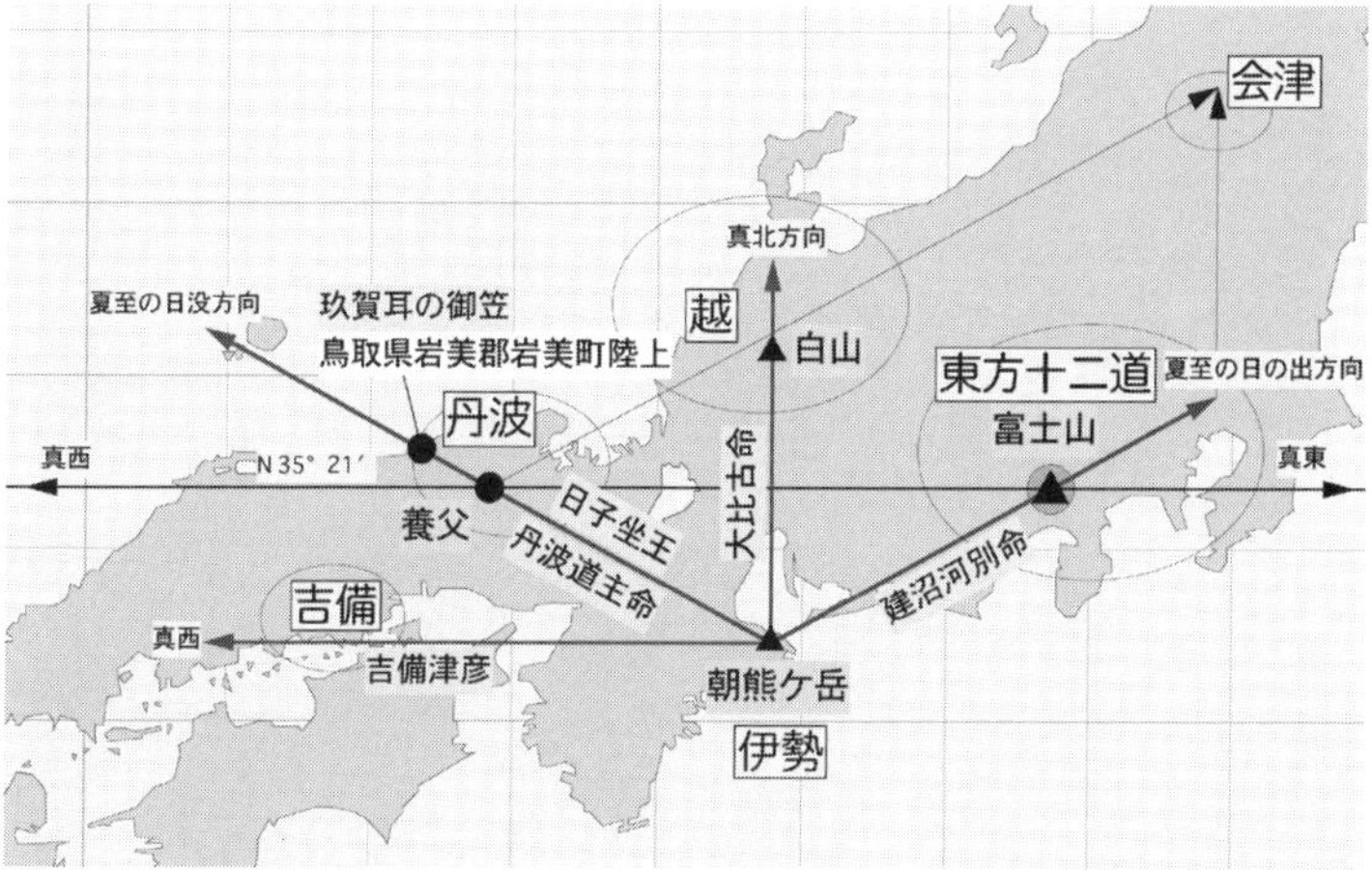

【図 43】　四道将軍の派遣　伊勢を中心に考えた時、真北に位置する白山は「高志（越）」を象徴する山であり、その「高志（越）の道」に大比古命が派遣された。また、夏至の朝日は「アヅマ（東国）」の中心である富士山から昇ってくるが、その「東方十二道」に建沼河別命が派遣された。伊勢の真西に向かう「西道」には吉備を制したと言われる吉備津彦が派遣されている。伊勢から夏至の日没方向に位置する丹波には日子坐王と丹波道主命の親子が派遣されたが、そこには丹波道主命を祀る養父神社が祀られている。さらにその先の日本海の海際には玖賀耳の御笠の根拠地とも考えられる鳥取県岩美郡岩美町陸上の地もある。

白山は伊勢の朝熊《あさま》ヶ《が》岳《たけ》の真北に位置していた。富士山は朝熊《あさま》ヶ《が》岳《たけ》から見て、夏至の日の出方向にそびえている。また、伊勢神宮外宮の神を呼び寄せた丹波は、伊勢からは夏至の日没方向に位置していた。この各地の配置が、四道将軍の派遣方向と見事に一致しているのである。（【図43】）

　もう少し詳しく説明すると、天皇家の皇祖神を祀る伊勢を中心に考えた時、伊勢の朝熊《あさま》ヶ《が》岳《たけ》山頂からは白山が真北に見えるが、白山は「越のしらやま」と呼ばれた「高志《こし》（越）」や「北陸《くぬがのみち》」を象徴する山である。伊勢からその方向へと「高志《こし》（越）の道」は続いている。まず、そこに大比古命《おおびこのみこと》が派遣された。

また、朝熊ヶ岳《あさまがたけ》山頂から望む時、夏至の日の太陽が「アヅマ（東国）」の中心とも言える富士山から昇ってくる。伊勢湾が伊勢と伊良湖岬を隔てるその方向は、まさに「海つ道」と呼ぶ東海の道にふさわしい。『古事記』ではその道を「東方十二道《ひがしのかた》」と称しているが、富士山は東国各地から見ることのできる山であり、同時に東国各地を結びつける山でもあった。

江戸時代に秋山永年によって描かれた『富士見十三州輿地《よち》之全図』という地図があるが、ここには富士山を眺めることのできる関東地方の十三州が、富士山を中心に配置され、一枚の巨大な絵図として描かれている。その地図にイメージされるような「東方十二道《ひがしのかた》」に大比古命《おおびこのみこと》の息子の建沼河別命《たけぬなかわわけのみこと》が派遣された。

次に、『日本書紀』では、吉備津彦《きびつひこ》を「西道《にしのみち》」に派遣したと記されている。吉備津彦《きびつひこ》とは、備前国一宮の吉備津彦神社や備後国一宮の吉備津神社に祀られている神であり、かつての吉備国を治めていたとされる人物である。この吉備地方が伊勢の朝熊ヶ岳《あさまがたけ》から見て、ほぼ真西にあたる。『日本書紀』の中で「西道《にしのみち》」と言っているのは、まさにこの方向性を示す道である。

そして最後に、丹波に派遣されたのが日子坐王《ひこいます》と丹波道主命《たにはのちぬしのみこと》の親子である。すでに述べたように、伊勢の朝熊ヶ岳《あさまがたけ》から夏至の日没方向に向かった先に、丹波が位置している。さらに詳しく言うと、その夏至の日没ライン上に丹波道主命《たにはのちぬしのみこと》を祀る養父《やぶ》神社が位置しているのである。しかも、養父《やぶ》は富士山とは東西の関係にあり、白山とはほぼ夏至の日の出↑↓冬至の日没の方位関係にある。

地主神の抹殺

崇神《すじん》天皇が派遣した四道将軍とは白山―富士山―吉備―丹波というこの列島上の要所を抑えるための将軍だったのではないか。それも、皇祖神を祀る伊勢を中心として、夏至や冬至や春分・秋分の太陽が昇り沈みする方向や真北方向という特別な太陽方位に位置する地域への派遣である。天照大神という太陽神を祀る皇室にとって、伊勢は重要な太陽の聖地だった。大和王権にとってみれば、その皇室の聖地・伊勢を照らし出す夏至や冬至や春分・秋分の特別な太陽が昇り沈みする方位や真北方位もまた、支配すべきものだったのだろう。

おそらくそれらの地域は、大和王権が伊勢に進出する以前から、富士山や伊勢を中心とした列島上の聖なる場所であり、白山には九頭龍《くずりゅう》神という地主神が棲み、丹波にも和奈佐の翁《おきな》や八《や》乎《お》止《と》女《め》に代表されるような独自の水の信仰があったのだろう。それらの要所を占めていた氏族や信仰を大和王権は巧みに取り込んでいった。

そういう視点から考えれば、丹波の日《ひ》子《こ》坐《います》王と丹波道《たにはのち》主《ぬし》命《のみこと》などは崇神《すじん》天皇によって派遣されたのではなく、元々、丹波を居城としていた彼ら氏族を大和王権側に引き込んでいったと考えるべきなのではないだろうか。『古事記』には、日《ひ》子《こ》坐《います》王に「玖《く》賀《が》耳《みみ》の御笠」を殺害させたと記しているが、大和王権に反する勢力を丹波の王である日《ひ》子《こ》坐《います》王によって抑え込ませたのだろう。

日本海に面した鳥取県岩美郡岩美町に陸上《くがみ》という集落がある。吉田東伍はこの地名に注目し、『大日本地名辞書』の中で、次のような趣旨のことを記している。

　丹波、但馬、丹後の旧丹波国内には玖賀耳《くがみみ》の地名が残っていないが、唯一、そこに隣接する因幡国の陸上《くがみ》にその名が現存している。因幡国も日子坐王《ひこいます》の末裔が支配した国であることから、そこに陸上《くがみ》の地名があるのは何かの関連があるのだろう。玖賀耳《くがみみ》とは国神《くがみ》の意味であり、国神《くがみ》の御笠がそこにいたために後の世にまでクガミ（陸上《くがみ》）の名を残したのだろう。

　この鳥取県岩美郡岩美町陸上《くがみ》が伊勢と養父《やぶ》をつなぐ夏至の日没方向軸の延長線上の日本海際に位置している。つまり、そこは伊勢を照らす夏至の夕日が沈んでいく最も端の日本海に面する場所だった。その太陽の聖地に「国神」を信奉していた「玖賀耳《くがみみ》の御笠」の根拠地があったのだ。伊勢に天照大神を奉り、列島の支配を目指した大和王権は、もう一つの古くからの太陽の聖地であった夏至の太陽が沈む最果ての地を手に入れる必要があったのだろう。そこでも「玖賀耳《くがみみ》（国神）」という地主神を抹殺していくわけである。

　白山や富士山などにおいても、山そのものに祀られていた地主神を抹殺することが重要な課題だった。白山の地主神であった九頭龍神もまた、「高志《こし》の八岐大蛇《やまたのおろち》」として出雲神話の冒頭で須佐之男命によって抹殺された。その後、出雲の国譲りによって出雲を手に入れた大和王権は、自らの皇祖神としての天照大神を伊勢に祀り、最終的に神話の中心は伊勢へと集約していくのである。白山比咩《しらやまひめ》神社や石徹白《いとしろ》の白山中居《ちゅうきょ》神社が崇神《すじん》天皇や景行天皇の時代に創建されたという伝承を持ち、菊理《くくり》媛命《ひめのみこと》という女神がそこに祀られていく経緯もまた、大和王権による神話の創作と呼応している。

富士山の場合はもっと極端だった。『古事記』や『日本書紀』には「富士山」という名称が一切登場しないのだ。垂仁《すいにん》天皇の孫にあたる倭建命《やまとたけるのみこと》の東征神話の中でも、倭建命《やまとたけるのみこと》が富士山の麗姿を間近に眺めていたにもかかわらず、どの場面にも富士山は登場しない。大和王権の神話の上では、富士山の神は最初から居ないものとして取り扱われているのである。端《はな》から抹殺されたことになっているのだ。

その後、『古事記』には大比古命《おおびこのみこと》と建沼河別命《たけぬなかわわけのみこと》の親子について、次のような記載がある。

大比古命《おおびこのみこと》は先の命令に従って高志《こし》（越）の国に行った。東の方から遣わされた建沼河別《たけぬなかわわけの》命《みこと》は相津《あいづ》（会津）に行き、そこで父の大比古命《おおびこのみこと》と出会った。それで、その地を相津《あいづ》（会津）という。ここにおいて、それぞれに遣わされた国の政を終えて御返事申し上げた。

「越国」に遣わされた大比古命《おおびこのみこと》と「東方《ひがしのかた》十二道」に遣わされた建沼河別命《たけぬなかわわけのみこと》の親子はその後、会津で落ち合ったというのである。会津とは現在の福島県の会津地方のことを指すが、この場所はすでに図で示した養父―天橋立―白山―立山―戸隠山を結ぶ冬至日没↑↓夏至日の出ラインを延長した先に位置している。しかも、そこは建沼河別命《たけぬなかわわけのみこと》が派遣された東国の真北方向にあたる。

このように、四道将軍の派遣物語に登場する地域を配列していくと、奇妙なことにそれぞれの場所が「太陽の道」の行方に重なってくるのがわかる。当時はここに示したような地図は無かったけれど、神話の上ではそれらの場所がきれいに配列され向かい合っていることを読み取ることができるのである。言ってみれば、四道将軍の派遣の物語は大和王権によって描かれた列島支配の神話による地図化でもあったわけだ。

4　常世の国と非時香菓《ときじくのかくのみ》

時を限ってより来る水

以前、長瀧白山神社を訪れた時、宮司の若宮多門氏が「白山から流れ出た水は長良川となって伊勢湾の海を満たす水になっている」と話されるのをうかがったことがある。伊勢湾は渥美半島や志摩半島によって大きく囲まれた港湾をなしている。白山から流れ出た水はそこに流れ込んでいる。一年を通して豊富な水量に恵まれる白山の水は、長良川の清流を生み出し、美濃、尾張を南下して、伊勢の水とも直接つながっているのである。

その栄養分豊かな水が伊勢湾で獲れる海産物の源泉にもなっていて、伊勢志摩は若狭や淡路などと共に御食国《みけつくに》として古代の食の宝庫にもなってきた。古代においては、伊勢と白山は、直接、目で見てつながる関係であったばかりでなく、双方を流れる水によって二つの地域環境も密接につながりあってきたのである。水にはあらゆるものを溶け込ませ、生命の営みを生み出し、人々の暮らしを支え合う不思議な力が秘められている。

折口信夫は『水の女』の中で、その「水」という言葉の語源について次のように語っている。

みづのをひものみづは瑞《みづ》と考えられそうである。だが、それよりもまだ原義がある。このみづは「水」という語の語原を示している。聖水に限った名から、日常の飲料をすら「みづ」と言うようになった。聖水を言う以前は、禊ぎの料として、遠い浄土から、時を限ってより来る水を言うたらしい。満潮に言うみつも、その動詞化したものであろう。だから、常世波として岸により、川を遡《さかのぼ》り、山野の井泉の底にも通じて春の初めの若水となるものである。

（傍線筆者記入）

垂仁《すいにん》天皇の皇女の倭姫命《やまとひめのみこと》が天照大神《あまてらすおおみかみ》の鎮座する場所を求めて近江や美濃を巡った末に伊勢に至った時、天照大神《あまてらすおおみかみ》は「この神風の伊勢の国は常世《とこよ》の浪がいくたびも打ち寄せてくるすばらしい国なのでこの国にいたい」という神託を発した。この「常世《とこよ》の浪」が、ここで折口信夫が言うところの「常世波」である。折口信夫はその「常世波」が、「遠い浄土から、時を限ってより来る水」の一つであると言っている。

伊勢国が他の国とは異なって、「常世《とこよ》の浪がいくたびも打ち寄せてくるすばらしい国」であった理由は、そこから海を隔てた所に直接富士山を眺めることができ、しかも、夏至の頃の朝日がその富士山から昇ってくるという特殊性にある。蓬莱《ほうらい》山という別称を持つ富士山は、常世《とこよ》信仰を有する霊峰であり、まさしく「常世《とこよ》の浪」は富士山という常世《とこよ》の方向から押し寄せてくるのである。夏至の頃の早朝、富士山から昇る朝日に照らされて伊勢へと押し寄せる波とは、折口信夫が言う「遠い浄土から、時を限ってより来る水」そのものである。伊勢の二見浦で伊勢神宮参拝のための禊ぎが行われてきたのは、そういった特別な「水」が打ち寄せる場所だったからである。

田道間守《たじまもり》の常世行き

『古事記』垂仁《すいにん》天皇条や『日本書紀』垂仁《すいにん》天皇九十年条には、田道間守《たじまもり》をその常世の国に遣わせたことを綴る話が載っている。田道間守《たじまもり》は垂仁《すいにん》天皇に命じられ、非時香菓《ときじくのかくのみ》を求めて常世の国へと旅立った。『日本書紀』によれば、田道間守《たじまもり》は十年もの歳月を経た後、常世の国から非時香菓《ときじくのかくのみ》を持ち帰ったと伝えられる。しかしその時、垂仁《すいにん》天皇はすでに亡くなっており、そのことを嘆いた田道間守《たじまもり》も泣き叫んで亡くなったという。

この非時香菓《ときじくのかくのみ》については、『古事記』も『日本書紀』も共に、それを「橘」のことであると記しているが、常世の国の在《あ》り処《か》については詳しくは記されていない。ただ、『日本書紀』に、「万里《とおく》浪を踏んで、遥かに弱水《よわのみず》を渡る。この常世国は神仙の隠れたる国、俗人の行けるような所に非ず」とあり、そこが海のはるか彼方の地であったことだけはわかる。

その常世の国とは、伊勢から見て常世の浪が押し寄せる先に位置する富士山の方向にあったのではないか。そう考える理由をいくつか挙げてみる。『古事記』や『日本書紀』などには、田道《たじ》間守《まもり》の常世の国神話の他にも、常世の国が登場する場面がある。

まず、常世の国への方向性の問題について考えてみたい。『古事記』や『日本書紀』の出雲神話の段では、大国主命と少名毗古那神《すくなびこなのかみ》による国づくりが行われた後、少名毗古那神《すくなびこなのかみ》が常世の国に渡っていったと記されている。特に『日本書紀』一書〔第六〕には、少名毗古那神《すくなびこなのかみ》が熊野の御碕《みさき》に到った後に常世《とこよ》の国に行ったと書かれ、また淡嶋《あわしま》に至った後に、粟の茎にはじかれて常世《とこよ》の国に行ったとも記されている。

熊野の御碕《みさき》とは出雲の熊野を指すものとみられていて、現在の島根県松江市八雲町熊野付近を言う。八雲町熊野の八雲山（424m）の麓には出雲国一宮の熊野大社が祀られており、その反対側の麓に須佐之男命が宮を築いた場所である須賀が位置している。また、淡嶋とは鳥取県米子市に張り出している夜見ヶ浜（弓ヶ浜）にある粟島を意味していると考えられている。『伯耆国風土記』逸文にも、この粟島について、少名毗古那神《すくなびこなのかみ》が粟を蒔いてよく実った時に、その粟に乗って常世《とこよ》の国にはじかれて行ったことが記されている。その出雲の熊野が位置する八雲山山頂から眺めた時、夏至の日の太陽は弓ヶ浜の粟島の方向から昇ってくる。つまり、少名毗古那神《すくなびこなのかみ》が渡っていった常世の国の方向とは、夏至の日の出の方向であり、それは伊勢の朝熊ヶ岳や二見浦から富士山を望む方向と同じである。

また、『日本書紀』皇極天皇三年条には、東国の富士川のほとりにいた大生部の多という人物が、橘の木や山椒の木につく蚕のような虫を「常世の神」と言いふらし、この神を祀る者は富と長寿が得られるという信仰が広く流行したことが記されている。山椒の木はミカン科で橘と同類であり、非時香菓《ときじくのかくのみ》である橘を求めて常世の国に出向いた田道間守《たじまもり》の伝承にその源流があるともみられる逸話だが、その「常世の虫」信仰が、富士山の麓を流れる富士川のほとりの出来事として語られている。ここでも常世は富士山の方向へとつながっている。

さらに、『常陸国風土記』の冒頭には、常陸の国が非常に恵まれた所であって、海や陸の宝庫として物産の楽土であると記され、古《いにしえ》の人が「常世の国」と言っている場所はこの常陸のことだろうという記載がある。伊勢の朝熊ヶ岳《あさまがたけ》から見た時に、常陸国もまた富士山のさらに先の方向に位置し、夏至の太陽が昇ってくる方向にあたっている。

もちろん富士山自体にも蓬莱信仰や常世信仰が残されてきているわけだが、これらの常世の国や常世に関する様々な記述はさらにいっそう、富士山の常世性を裏付ける要因となっている。天照大神が「常世《とこよ》の浪がいくたびも打ち寄せてくる」方向のその先に見ていたものは、やはり富士山の姿だったのだろう。

「非時《ときじく》」の時間

田道間守《たじまもり》が常世の国から持ち帰った非時香菓《ときじくのかくのみ》について、吉武利文氏は『橘』（ものと人間の文化史87：法政大学出版局）の中で、山部赤人の富士山を詠んだ『万葉集』の歌を引き合いに出しながら次のように述べている。

天地《あめつち》の　分《わ》かれし時ゆ　神《かむ》さびて　高く貴《たふと》き　駿河《するが》なる　布士《ふじ》の高嶺《たかね》を　天《あま》の原　振《ふ》り
放《さ》け見れば　渡る日の　影《かげ》も隠《かく》らひ　照る月の　光も見えず　白雲《しらくも》も　い行きはばかり　時
じくそ　雪は降りける　語り継《つ》ぎ　言ひ継ぎ行かむ　不尽《ふじ》の高嶺《たかね》は　〔三一七〕

（傍線筆者記入、訳省略）

ここでは、いつも雪をかぶっている富士山に対して「時じくぞ　雪は降りける」と歌われている。「非時」は時にあらずという意味である。「時じく」の「じ」は否定を示す助動詞で、赤人の歌も、夏にかかわらず雪がある状態を「時じく」と表現したのである。

赤人のこの歌や前後の歌から、富士山が当時から霊峰として、神の宿る神々しい山としてあがめられていたことがよくわかる。つまり、神々としての山は、「時じく」の時間のあるところであった。それは日常の時間とは異なる永遠の時を表わしている。

この後、吉武氏は橘の持つ常緑性や芳香性について触れ、非時香菓《ときじくのかくのみ》である橘が富士山と同様に永遠性のシンボルとして、神々の領域である常世の国で常に香りを放つ果実としてとらえられていたのではないかと記している。

常世の国には永久に年をとらない特別な時間が流れている。それを「非時《ときじく》」の時間と言った。おそらく、垂仁《すいにん》天皇は常世の国に生い茂る不老不死の「非時《ときじく》」をもたらす「香菓《かくのみ》」を取ってくるように田道間守《たじまもり》に命じたのであろう。ところが、田道間守《たじまもり》が永遠性のシンボルである非時香菓《ときじくのかくのみ》を常世の国から持ち帰った時、垂仁《すいにん》天皇はすでに息絶えていたのである。神々が棲む常世の国に流れる時間を我々が住む現世に持ち込むことはできなかったのだ。常世の国を流れる時間と、人が住む世界の時間とでは、本質的な「時」の次元が異なっていた。「非時《ときじく》」の時間とは、我々が思い描くような「時」ではない時間であり、常に変わらない不変の「時」である。

しかし、その神々の領域である常世の国の姿や常世の「非時《ときじく》」の時間が、こちら側の現世の時空間とほんの一瞬だけつながり合う瞬間がある。その一つが、夏至や冬至や春分・秋分などの特別な太陽が昇り沈みするひと時だったのだろう。折口信夫が、「遠い浄土から、時を限ってより来る」と言っているその限られた「時」のことである。

我々が今でもその時を祝う正月やお彼岸などは、元を正せば、冬至や春分・秋分の祀りと軌《き》を一《いっ》にしている。現在はこどもの日と称している端午の節句なども、「端」の字に「はじめ」の意味があるように、古代中国では夏至の日を指していたと言われている。古代の人々は、それらのけじめとなる日を祝い、その時にだけ神々や祖霊がこちら側の世界にやってくると信じていたのである。

常世の方向性

折口信夫はそういった「遠い浄土から、時を限ってより来る」神々や、常世の国から祖霊を運んでくる者たちのことを、マレビトと呼んだ。場合によっては、マレビトは白鳥の姿を借りて飛来し、あるいは羽衣をまとった天女となって舞い降りた。

そして同時に、その限られた「時」には、限られた「方向性」というものも存在した。それが夏至や冬至や春分・秋分などの太陽が昇り沈みする方位としての特別な方向性である。本書の中で、これらの方位に対してとりわけこだわってきたのは、そういった理由がある。これらの特別な方位とは神々の世界とつながることができる方位であり、特別な太陽が昇り沈みするわずかな時間こそが、常世の「非時《ときじく》」の時間を感じることのできる瞬間だったのである。

『倭姫命世紀』の中で、天照大神の御魂を鎮めるために豊鍬入姫命が巡ったと記される丹波「与佐宮」や紀伊「奈具佐浜宮」や吉備「名方浜宮」などの地も、これまで各所で眺めてきたように、特別な太陽が昇り沈みする常世の国に至る地域として設定されている。

本牟智和気命《ほむちわけ》のために白鳥を追った山辺大鶙《やまべのおおたか》や天湯河板挙《あめのゆかわたな》が、「太陽の道」をたどって行ったのも、常世の国への道取りと関連している。また、和奈佐の翁《おきな》は丹波や出雲や阿波を巡り、「山野の井泉の底」に通じる水の信仰を伝えたが、その足取りにも常世の国とつながる方向性がある。八乎止女《やおとめ》らが斎き祀る豊宇賀能売命《とようかのめ》も、豊受大神として丹波から伊勢神宮外宮へと呼び寄せられたが、それもまた、冬至の日の出方向という常世の国につながる聖なる「太陽の道」に重なっていた。

また、常世の国は根の国や根の堅洲国《かたすくに》ともつながっていた。須佐之男命は根の国を治めたと言われ、妣《はは》の国を求めて根の堅洲国に行き着いた。マレビト神でもある須佐之男命は出雲の鳥髪山に天降り、八岐大蛇《やまたのおろち》を退治した後、妣《はは》が眠る熊野・花の窟《いわや》の先の根の堅洲国へと行き着く。出雲は夏至の太陽が沈む方向であり、熊野・花の窟は冬至の太陽が昇ってくる方向である。地中・海中の世界である根の国や根の堅洲国は黄泉国のように暗闇の世界ではあるけれども、同時に、太陽が昇ってくる常世の国に至る所でもあったわけだ。

その常世の国から押し寄せる波が「常世の浪」だった。夏至や冬至や春分・秋分の特別な太陽が昇り沈みする常世の国へは「太陽の道」が続いていたが、そこには同時に、「常世の浪」が押し寄せるはるかなる「水の道」も通じていたのである。

第一章の冒頭で、広瀬大社に伝わる『河相宮縁起』について紹介したが、その中に橘に関する話が記されていた。龍神の棲む池が埋め立てられた後に、高さ二丈ほどの橘の木が一万本余りも生い茂っていたというあの逸話である。しかも、後に持統天皇がここを参詣した時に、犬が地面に落ちていた橘の実を食べ、狂い始めたという。

冬至の日の早朝、広瀬大社からは三輪山山頂に太陽が昇るのを拝することができる。その広瀬大社に非時香菓《ときじくのかくのみ》である橘にまつわる縁起が伝えられてきたことも常世との関連性と無関係ではない。広瀬大社には若宇加能売命《わかうかのめのみこと》が祀られているが、この神は宇迦之御魂《うかのみたま》であり、水の信仰を伝える八乎止女《やおとめ》らが斎き祀ってきた豊宇賀能売命《とようかのめ》と同じ神でもあった。冬至の日の出↑↓夏至の日没という常世の方向性の元に太陽と水の信仰が集約され、そこにも橘にまつわる神話が生み出されているのである。

折口信夫は『龍の伝説』と称した小文の中で、「タチバナ」という地名について、大和に「橘」があり、河内に「龍華《タチバナ》」と表記される場所があることを記し、「昔は龍《タツ》をおそらく『タチ』と発音したろうと思う」と述べている。「橘」とはまた、「龍華《タチバナ》」でもあったわけだ。

そうすると、広瀬大社に伝えられてきた『河相宮縁起』において、水足池《みずたるいけ》に棲む龍神が埋められてしまった後に「橘」が生い茂ったと記される由縁も、すんなりと理解ができる。「橘」は「龍華《タチバナ》」であり、抹殺された龍神の化身でもあったわけだ。持統天皇に関わる縁起の中で、犬が

「橘」の実を食べ狂い始めたというのも、その実が「龍華《タチバナ》」という龍に縁《ゆかり》の木の実であり、埋められた龍神の祟りでもあったということになる。

こうして「常世」と「橘」と「龍神」が広瀬大社を舞台とする縁起によって一つに結びつけられることになる。今もなお広瀬大社では「橘」が社紋として掲げられているというが、そこにははるか彼方の太古からの根深い信仰の一端が秘められているのである。

エピローグ

今から三年近くも前のことになるが、江戸時代の仏師である円空（一六三二―一六九五）を長らく研究されてきた長谷川公茂氏に案内していただいて、美濃に残る円空仏を一日がかりで見てまわったことがある。僕自身も、子供の頃から円空仏に接する機会があったこともあり、円空をわりあい身近な存在として感じていた。

その時、長谷川氏にいろいろとお話をうかがう中で、二種類の特徴的な円空仏があることを知った。その一つが、男神として彫られた天照皇太神像だった。通常、女神であるべき天照大神を円空は男神として彫り残していた。本書の中でも、天照大神が猿田彦命と「幽《かく》れたる契《ちぎ》り」を交わすことで、伊勢の太陽神の座を譲り受けたのではないかと記したが、円空はすでにその男神である太陽神の存在を知っていたわけである。

そして、もう一つの特徴的な円空仏が宇賀神像《うがじん》と呼ばれる神像だった。宇賀神像《うがじん》は現代アートとしても十分通用するような独特のフォルムを呈している。宇賀神《うがじん》の名が示すとおり、それは蛇神を見事に抽象化した神像だった。円空は善女竜王像や八大竜王像などの竜王像も数多く彫っているが、宇賀神像《うがじん》はそれらの原形を成しているようにも思えた。かつて、この列島の各地で祀られていた龍蛇神は八岐大蛇《やまたのおろち》として退治され、水足池《みずたるいけ》の龍神として埋められ葬られてきた。その龍蛇神が円空の手を通して各所に甦っている。

円空が生きていた時代というのは、崇神《すじん》・垂仁《すいにん》天皇の時代からすでに一千数百年以上もの歳月を経た時代だったにもかかわらず、円空は古代の歴史の中に沈潜してきた信仰の澱《おり》のようなものをすくい取っている。円空にとってみれば自らが信じた信仰を純粋に形として表現していただけだったのかもしれないが、しかしそれは同時に、権力によって制圧されてきた側に秘められた長い歴史を具象化したものでもあった。

かつて、「太陽の道」を追いかけた水谷慶一氏は、『知られざる古代』の巻末に近い部分で、次のような言葉を綴っている。

「太陽の道」に古代のロマンを見てはならない。それを文学的イメージでくるんではならない。そこに見なければならないのは、むしろ、支配する者とされる者という、いつにかわらぬ人間社会の冷厳さである。歴史のリアリティである。

『古事記』や『日本書紀』は、制圧した側の視点で神話が組み立てられ語られている。その中で、制圧される側は「まつろわぬ人々」や「荒ぶる神々」などと呼び習わされてきた。場合によっては「国栖《くず》」や「土蜘蛛《つちぐも》」という名で呼び捨てられている場合さえある。その「まつろわぬ人々」が信仰してきた神々の一つが興玉神《おきたま》と呼ばれる太陽神であり、もう一つが各所に水神として祀られてきた龍蛇神だった。大和王権が記した神話や歴史書の中では、それらの神々は「荒ぶる神々」として描かれ、恐れられてきた存在でもあった。

『古事記』や『日本書紀』に記載される神話は、大和王権による創建神話として緻密に構成され、まとめあげられている。そのことは、本書で詳しく見てきたとおりである。しかし同時に、これらの書物の背後には、「まつろわぬ人々」や「荒ぶる神々」として制圧されてきた側の人々の膨大な歴史が隠されていることを忘れてはいけない。それらの膨大な歴史とは、彼らが制圧される以前の太古の昔から、長い年月をかけて育んできた文献には残されていない歴史である。特に、それらの神代《かみよ》の物語の中に現れる場所や地名の背後には、歴史の闇の中に沈み込んでいった人々の声や思いが埋め込まれている。

今も昔も変わらず日々繰り返し昇り沈みする太陽は、現代を生きる私たちにも、古代人《びと》たちが歩んだと同じ「太陽の道」の道筋を指し示してくれる。赤々と海原を照らしながら昇ってくる朝日や、はるか彼方の山間《やまあい》へと静かに沈んでいく夕日は、堆積する時間の闇の中に葬られてきた歴史の在《あ》り処《か》を再び照らし出す。

そして、その太陽が照らし出す道をたどりながら、水の信仰を伝えた人々がいた。彼らが歩いた道のりは「太陽の道」であり、「水の道」であった。そこにも、深い歴史の闇に埋もれた世界がある。本書を通して、その闇に隠され沈んできた歴史の在《あ》り処《か》を少しでも汲み取っていただけたら幸いである。

主要参考文献

・『日本の神々』1九州／2山陽・四国／3摂津・河内・和泉・淡路／4大和／5山城・近江／6伊勢・志摩・伊賀・紀伊／7山陰／8北陸／9美濃・飛騨・信濃／10東海　谷川健一編〔白水社〕
・『大日本地名辞書』第一巻汎論・索引／第二巻上方／第三巻中国四国／第四巻西国／第五巻北陸東国／第六巻坂東　吉田東伍著〔冨山房〕
・『日本庶民生活史料集成』第二十六巻神社縁起　谷川健一他編〔三一書房〕
・『日本思想大系』19中世神道論〔岩波書店〕
・『続群書類従』第一輯上　塙保己一編集〔続群書類従完成会〕
・『神皇正統記』（岩波文庫）北畠親房著〔岩波書店〕
・『日本伝説大系』第6巻／第7巻／第8巻／第9巻〔みずうみ書房〕
・『伊勢参宮名所図会』日本名所図会全集12　名著研究所編纂〔名著普及会〕
・『神社と古代王権祭祀』大和岩雄著〔白水社〕
・『神社と古代民間祭祀』大和岩雄著〔白水社〕
・『稲荷信仰事典』山折哲雄編〔戎光祥出版〕
・『知られざる古代―北緯34度32分をゆく』水谷慶一著〔日本放送出版協会〕
・『増補大和の原像』小川光三著〔大和書房〕
・『古事記の世界』西郷信綱著〔岩波書店〕
・『青銅の神の足跡』谷川健一著〔集英社〕
・『白鳥伝説』上下（小学館ライブラリー）谷川健一著〔小学館〕

・『中世神話』（岩波新書）山本ひろ子著［岩波書店］
・『異神』上下（ちくま学芸文庫）山本ひろ子著［筑摩書房］
・『山の神―易・五行と日本の原始蛇信仰』（講談社学術文庫）吉野裕子著［講談社］
・季刊『自然と文化』33　柱のダイナミズム［観光資源保護財団］
・『折口信夫全集』第2巻古代研究民俗学篇1　折口博士記念会 編［中央公論社］
・『折口信夫全集』第3巻古代研究民俗学篇2　折口博士記念会 編［中央公論社］
・『解読「謎の四世紀」』小林惠子著［文芸春秋］
・『蛇―不死と再生の民俗』谷川健一著［冨山房インターナショナル］
・『古代日本の輝き』上田正昭著［思文閣出版］
・『日本の古代語を探る～詩学への道～』西郷信綱著［集英社］
・『日本地名伝承論』池田末則著［平凡社］
・『地名伝承論　大和古代地名辞典』池田末則著［名著出版］
・『古代海人の世界』谷川健一著［小学館］
・『白山の水―鏡花をめぐる』（講談社文芸文庫）川村二郎著［講談社］
・『橘』（ものと人間の文化史87）吉武利文著［法政大学出版局］

ほか

【著者紹介】

池田　潤（いけだ・じゅん）

1957年京都府生まれ。

名古屋大学工学部建築学科卒業。

建設会社、毛綱毅曠建築事務所を経て、現在、有限会社池田潤建築設計工房主宰。建築家、一級建築士。

著書に『朝日の直刺す国、夕日の日照る国 ―古代の謎・北緯35度21分の聖線』（郁朋社・2003年）『古事記の暗号―太陽の聖軸と隠された古代地図』（戎光祥出版・2011年）。

龍神《りゅうじん》のコード《暗号》
――太陽《たいよう》のライン（聖軸）が告《つ》げる日本《にほん》の深層《しんそう》

平成二十八年七月一日　初版初刷発行

著　者　池田　潤
発行者　伊藤光祥
発行所　戎光祥出版株式会社
〒一〇二-〇〇八三　東京都千代田区麹町一-七
相互半蔵門ビル八階
電　話　〇三-五二七五-三三六一（代表）
ＦＡＸ　〇三-五二七五-三三六五
装　丁　堀　立明
制作　株式会社イズシエ・コーポレーション
印刷・製本　モリモト印刷株式会社

http://www.ebisukosyo.co.jp
info@ebisukosyo.co.jp

ISBN 978-4-86403-212-4